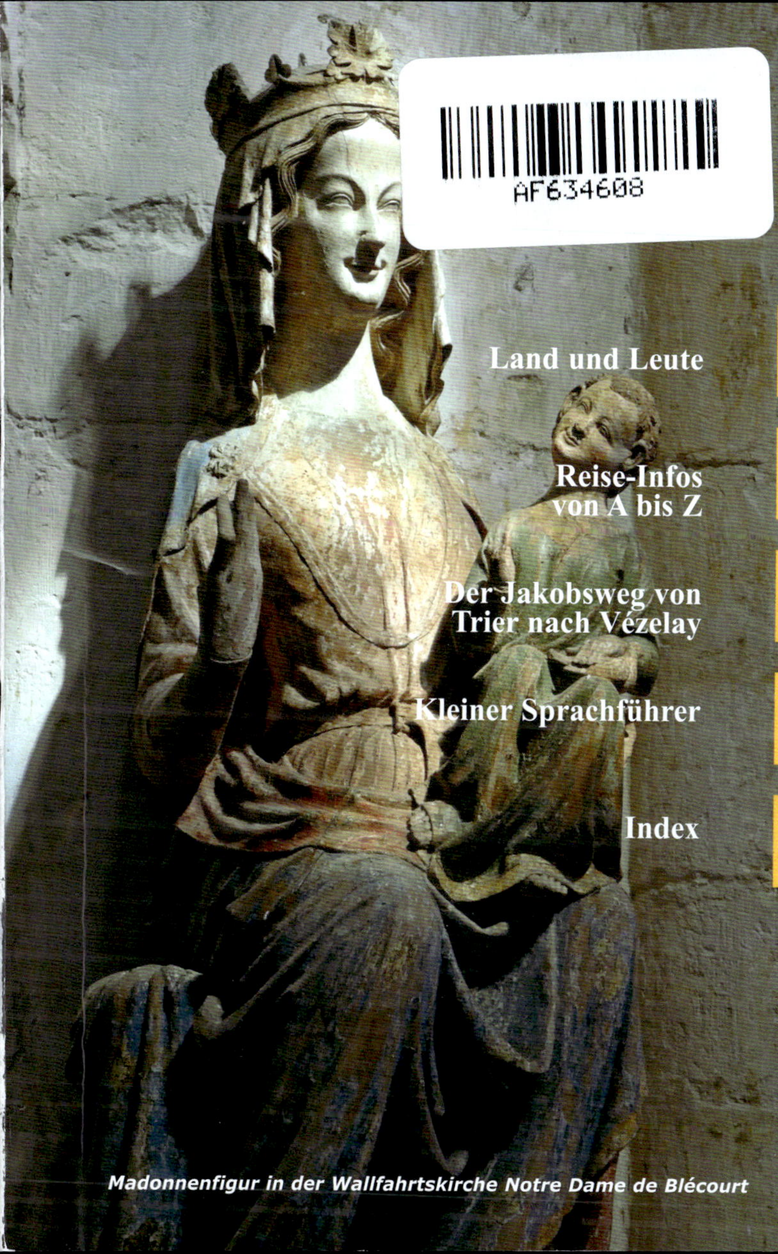

Madonnenfigur in der Wallfahrtskirche Notre Dame de Blécourt

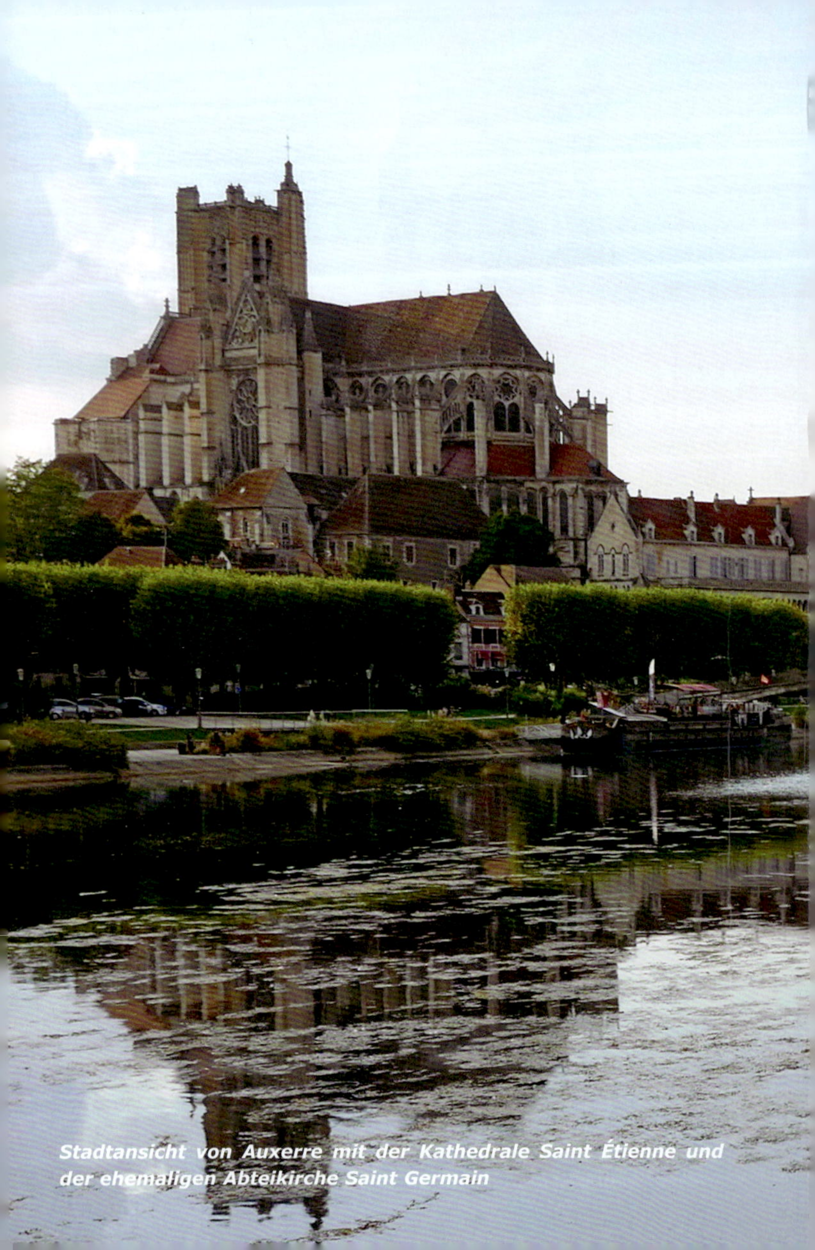

Stadtansicht von Auxerre mit der Kathedrale Saint Étienne und der ehemaligen Abteikirche Saint Germain

Band 194

OutdoorHandbuch

Martin Simon
Ingrid Retterath

Jakobsweg Trier – Vézelay

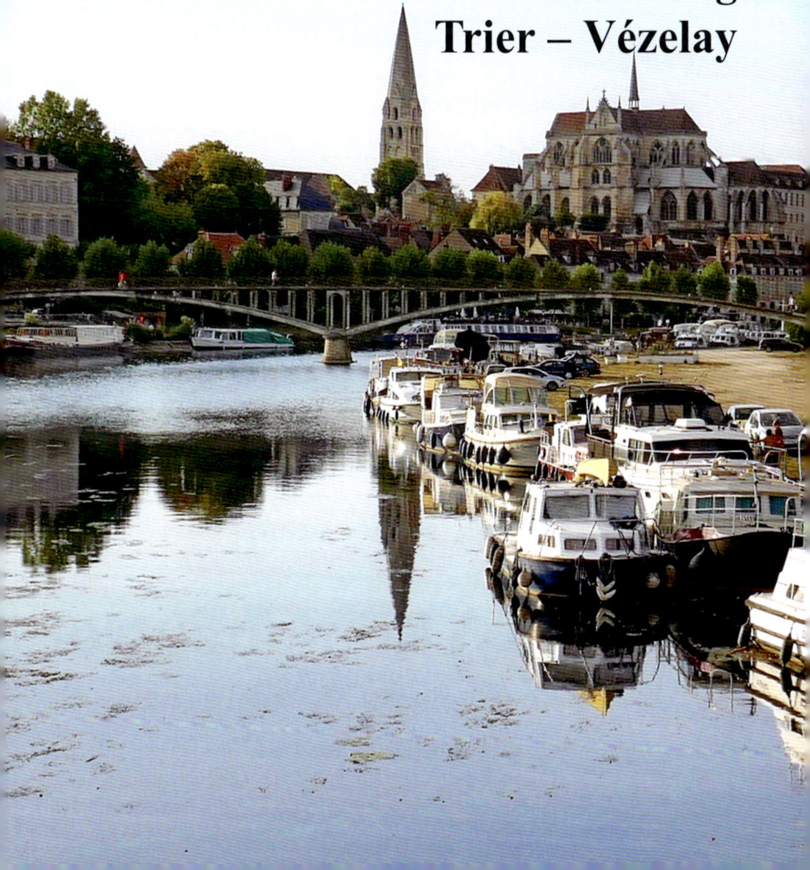

Jakobsweg

Alle Informationen, schriftlich und zeichnerisch, wurden nach bestem Wissen zusammengestellt und überprüft. Sie waren korrekt zum Zeitpunkt der Recherche. Eine Garantie für den Inhalt, z. B. die immerwährende Richtigkeit von Preisen, Adressen, Telefonummern und Internetadressen, Zeit- und sonstigen Angaben, kann naturgemäß von Verlag und Autoren – auch im Sinne der Produkthaftung – nicht übernommen werden.

Die Autoren und der Verlag sind für Lesertipps und Verbesserungen (besonders per E-Mail) unter Angabe der Auflagen- und Seitennummer dankbar.

Dieses OutdoorHandbuch hat 224 Seiten mit 41 farbigen Abbildungen sowie 19 farbigen Kartenskizzen im Maßstab 1:220.000, 19 farbigen Höhenprofilen, 2 farbigen Stadtplänen und einer farbigen, ausklappbaren Übersichtskarte. Es wurde auf chlorfrei gebleichtem, FSC®-zertifiziertem Papier gedruckt, in Deutschland klimaneutral hergestellt und transportiert und wegen der größeren Strapazierfähigkeit mit PUR-Kleber gebunden.

FSC
www.fsc.org
MIX
Papier aus verantwortungsvollen Quellen
FSC® C009051

Klimaneutral
Druckprodukt
ClimatePartner.com/10951-2104-1007

Dieses Buch ist im Buchhandel und in Outdoor-Läden erhältlich und kann im Internet oder direkt beim Verlag bestellt werden.

OutdoorHandbuch aus der Reihe „Der Weg ist das Ziel", Band 194

ISBN 978-3-86686-688-1 3., überarbeitete Auflage 2021

Text: Martin Simon und Ingrid Retterath
Fotos: Martin Simon
Karten: Manuela Dastig
Lektorat: Anna-Lena Ebner
Layout: Alexandra Sauerland

Gesamtherstellung: gutenberg beuys feindruckerei

Dieses OutdoorHandbuch wurde konzipiert und redaktionell erstellt vom:

Conrad Stein Verlag GmbH, Kiefernstr. 6, 59514 Welver,
☏ 023 84/96 39 12,
info@conrad-stein-verlag.de,
www.conrad-stein-verlag.de

Besuchen Sie uns bei Facebook & Instagram:

www.facebook.com/outdoorverlag

www.instagram.com/outdoorverlag

Titelfoto: Das charmante Dorfzentrum von Essoyes

Inhalt

Vorwort

Trier stand bereits im hohen Mittelalter im Fokus vieler Jakobspilger, die über das Pilgerdrehkreuz Köln Trier erreichten. Das Grab des Apostels Matthias in der Abteikirche war Anlass, den Weg nach Santiago de Compostela über Trier zu wählen.

Aus einer Information der Sankt Matthias-Bruderschaft Anrath geht hervor, dass Papst Eugen III. anlässlich seines Aufenthaltes in der Abtei Sankt Matthias am 11. Januar 1148 einen in der Mitte der Kirche stehenden Altar zu Ehren des hl. Kreuzes und der hl. Apostel Matthias und Jakobus weihte. Jakobus als Nebenpatron einzusetzen war damals die übliche Form, den Bedürfnissen der Jakobspilger zu entsprechen und die Pilgerströme zu lenken.

Von Trier aus zogen die Pilger entlang der alten Römerstraßen durch den Saargau, Lothringen und Burgund in das Zentralmassiv nach Le Puy-en-Velay, aber auch über Joinville, Clairvaux, Chablis und Auxerre nach Vézelay. Sowohl der Wallfahrtsort Vézelay als auch das mit dem Attribut „europäische Hauptstadt der Jakobspilger" (frz. *Capitale européenne du Saint-Jacques-de-Compostelle*) versehene Le Puy-en-Velay sind – früher wie heute – Sammelpunkte der Jakobspilger und Startpunkte großer, inzwischen zum Weltkulturerbe zählender französischer Wege.

Nachdem ich im Jahr 2019 dem Hauptweg nach Le Puy-en-Velay gefolgt war und ihn für diesen Verlag in einer Überarbeitung beschrieben hatte, war ich im Folgejahr gespannt, was mich wohl erwarten würde, wenn ich im kleinen Örtchen Chalaines am Dorfbrunnen vom Hauptweg Richtung Vézelay abbiege. Das im Marstal, in nur 1 km Entfernung, Chalaines direkt gegenüberliegende Vaucouleurs kannte ich bereits. Es liegt schon am Weg nach Vézelay, bietet aber auch den Pilgern, die im Marstal südwärts Richtung Le Puy ziehen, eine Überachtungsmöglichkeit, Bar, Restaurant und Supermarkt. Der Wirt des Hotels verabschiedete sich damals von mir mit den Worten: „Wo wollen Sie denn hin? Nach Le Puy geht's in diese Richtung, nach Vézelay aber in jene." Mit den Armen wies er dabei in unterschiedliche Himmelsrichtungen. So selbstverständlich wie der Wirt die Existenz beider Wege kommunizierte, war ich davon ausgegangen, einen ebenso gut markierten Weg der Jakobspilger vorzufinden wie ein Jahr zuvor.

Die bis heute markierte Vielzahl der Jakobswege mag manchem vielleicht inflationär erscheinen oder einer Mode geschuldet zu sein. Sicher trägt die immer noch zunehmende Zahl der Pilger auch dazu bei, dass immer mehr Wege entstehen und markiert werden können.

Ein Teil der freiwilligen Helfer und Wegepaten rekrutiert sich schließlich aus den aktiven und ehemaligen Pilgern, außerdem sind die Wanderwege dort besonders gut ausgebaut, wo die Menschen leidenschaftlich wandern.

Es gibt allerdings keine Beliebigkeit bei der Auswahl der Pilgerwege. Pilgerwege folgen mutmaßlichen Routen, welche die Pilger des Mittelalters nahmen, und die Markierung mit dem für ganz Europa einheitlichen Symbol, der stilisierten, gelben Muschel auf blauem Grund, setzt Beweise und die Anerkennung des Weges durch eine Expertenkommission voraus. Die Markierung mit dem Muschelsymbol ist sozusagen das Siegel für die „Echtheit" eines Pilgerwegs.

So war ich zunächst einigermaßen verunsichert, da ich hinter Vaucouleurs nicht ein einziges Muschelsymbol finden konnte. Handelte es sich bei der von meinen Vorgängern Ingrid Retterath und Norbert Rother gewählten und beschriebenen Route überhaupt um einen „echten" Jakobsweg? Oder hatten es die in der französischen Region Grand Est aktiven Jakobusfreunde einfach nur noch nicht geschafft, diesen Weg entsprechend zu erforschen und zu markieren, bzw. andere Prioritäten gesetzt?

Schattige, ausgedehnte Wälder hinter Clairvaux

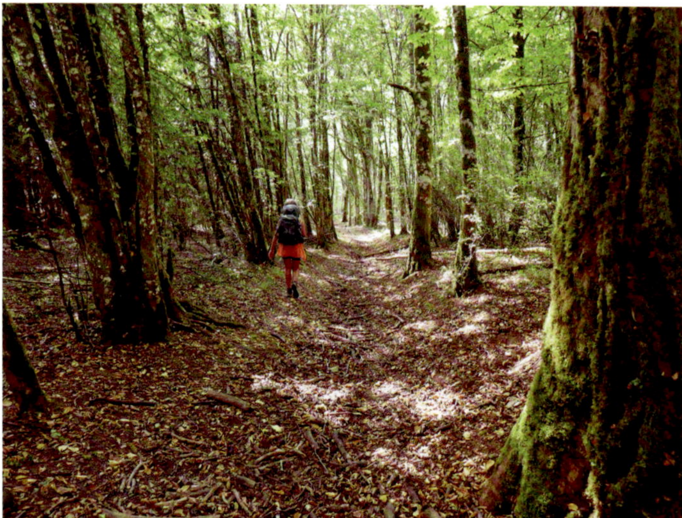

Die Beantwortung der Fragen musste warten. Die Irritation wich schnell der Freude über die einsame Schönheit der Landschaft. Indizien für das Vorhandensein eines mittelalterlichen Weges, dem auch Pilger folgten, gab es genug. Vaucouleurs an der Mars war Flussübergang und umkämpfter Standort einer Burg am Kreuzungspunkt zweier Straßen. In Joinville setzten Reisende über die Marne. Auch hier gab es schon um das Jahr 1000 herum eine Burg und einen günstigen Flussübergang am Kreuzungspunkt zweier Straßen und schließlich nahm die Nationalheldin Frankreichs, die berühmte Jeanne d'Arc, am 23. Februar 1429 diesen Weg, als sie von Vaucouleurs nach Chinon an der Loire zum Königshof ritt. Warum sollten nicht auch Pilger in den Jahrhunderten zuvor diesem Weg gefolgt sein? Die Logik der nach Südwest gerichteten Geradlinigkeit war bestechend.

In Vézelay ruhten die Gebeine der Maria Magdalena vermutlich ab dem 9. Jh. Die christliche Kultstätte lag somit am noch weiten Weg zum Grab des Apostels Jakobus in relativer Nähe. Reliquien, das heißt, die sterblichen Überreste sowie die Kleidung und Accessoirs bedeutender Frauen und Männer der Geschichte des Christentums, galten den Menschen des Mittelalters als wahre Heilsbringer mit wundersamen Kräften. Und Maria Magdalena, die nach ihrer Herkunft auch Maria aus Magdala genannt wird, war eine der weiblichen Begleiterinnen Jesu. Sie sah der Kreuzigung zu und entdeckte am Ostermorgen das leere Grab. Auch war sie die Erste, die den Auferstandenen sah und den Auftrag bekam, die Botschaft den anderen Jüngern zu überbringen.

Das einst mächtige Benediktinerkloster Cluny, zu dem auch das Kloster Vézelay gehörte, verstand es prächtig, den Magdalenenkult zu fördern. Den Höhepunkt erlebte er im 12. Jh.

Mit ähnlichen Fragen hatten sich offenbar auch die Mitglieder der Jakobusbruderschaft Düsseldorf beschäftigt, als sie 2003 und 2004 eine Pilgerreise von Toul nach Vézelay organisierten. Horst Degen hat diese Reise beschrieben und in der Vereinszeitschrift „Die Kalebasse" in den jeweiligen Folgejahren veröffentlicht (☞ Literatur). Er beschreibt eine ganze Reihe von Indizien, die auf eine mögliche Jakobspilgerroute hindeuten. Der bedeutungsvollste Anlass aber, der dann auch zur Herausgabe eines eigenen Pilgerpasses für die Strecke Toul – Vézelay geführt hat, war die Entdeckung mittelalterlicher Landkarten, „auf denen diese Querverbindung von Toul über Joinville nach Auxerre als Variante zu den klassischen Jakobswegen eingezeichnet war" (Die Kalebasse 35, S. 10).

Freuen können Sie sich demnach auf einen authentischen Weg der Jakobspilger, dem im mittleren Teil zwar die Jakobsmuscheln fehlen, aber nicht die Markierungen. Von Toul bis Bagneux-la-Fosse ist in Erinnerung an die einstige, schillernde „Lichtgestalt“ ein großer Weitwanderweg eingerichtet, der Sentier de Jeanne d'Arc (GR 703), im Departement Haute-Marne auch als Sentier historique de Jeanne d'Arc bezeichnet, dem Sie überwiegend folgen werden. Als echter Wanderweg verhält er sich in Teilen allerdings so „verspielt“, dass Pilger, die am Vorankommen interessiert sind, vielleicht über manche Schleife entnervt die Nase rümpfen. Ich habe versucht, einen Kompromiss zwischen Geradlinigkeit, die mitunter ein Laufen auf kleinen Straßen bedingt, und waldbodenweichen Wegen zu finden und dabei auch diverse Wegführungen aus der zweiten Auflage verändert.

In Bagneux-la-Fosse endet der Jeanne-d'Arc-Weg, jedenfalls noch 2020, mit dem Eintreffen auf den GR 654, der auch als Sentier de Saint Jacques de Compostelle bezeichnet wird und nicht nur bis nach Vézelay führt, sondern als Via Lemovicensis (frz. Voie limousine oder Voie de Vézelay) bis an den Rand der Pyrenäen. Auch diesem Weg folgt meine vorgeschlagene Wegführung nicht immer. Um ihn herum sind Varianten konstruiert, die mir in manchen Fällen näher lagen. In einem Kommentar der Jakobusbruderschaft im nördlichen Burgund heißt es dazu: „À chacun et à chacune de choisir son Chemin“ (dt. „Jeder wählt seinen eigenen Weg“). Betrachten Sie bitte meine Beschreibungen und Auswahl als Vorschläge. In manchen Bereichen habe ich auch auf mögliche Abwandlungsmöglichkeiten hingewiesen, sodass ein Spielraum für einen kreativen Umgang besteht.

Hinweis: Ich, Martin Simon, habe die von Ingrid Retterath verfasste zweite Auflage komplett überarbeitet und die Wegführung in Teilen verändert beziehungsweise an eine veränderte Markierungssituation angepasst. Es sind einige neue Texte entstanden, Beschreibungen der Sehenswürdigkeiten aber auch in Teilen erhalten geblieben. Die Formulierungen in der ersten Person Singular beziehen sich auf meine Person.

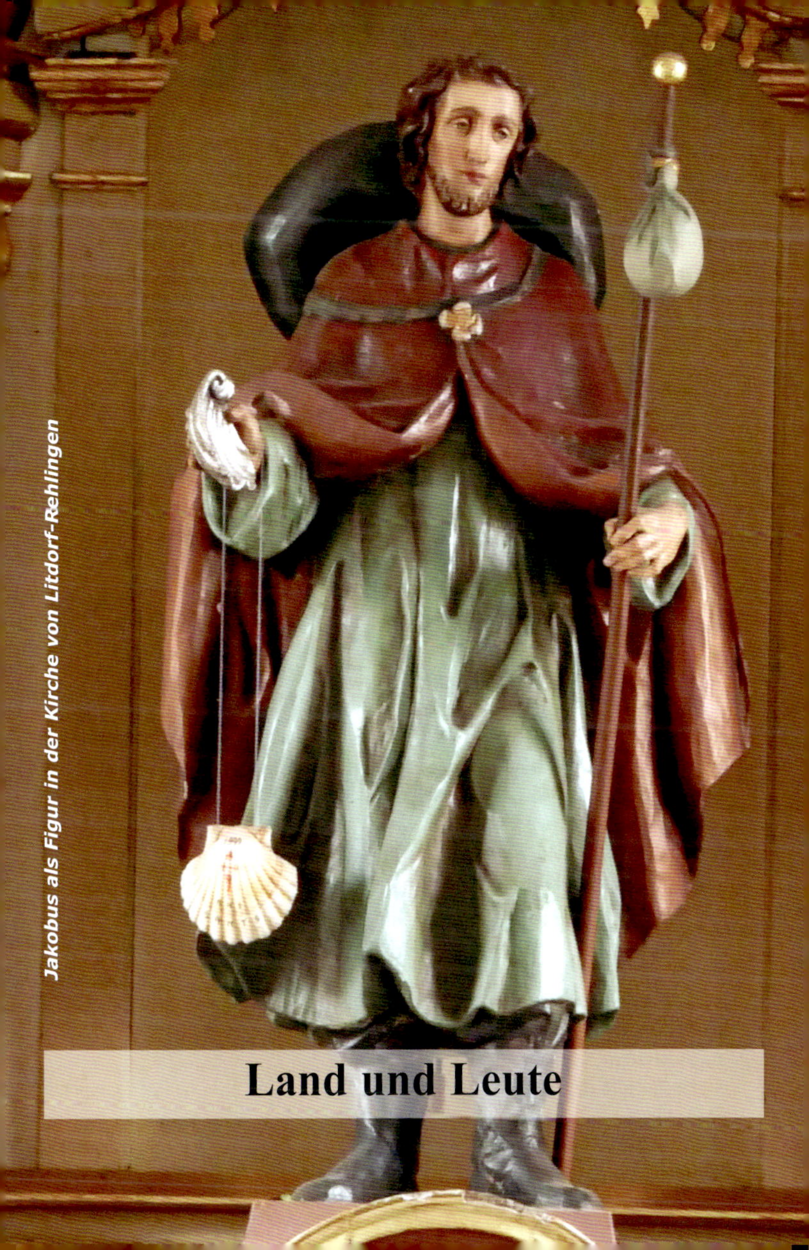

Jakobus als Figur in der Kirche von Litdorf-Rehlingen

Land und Leute

Bis heute sind Teilstücke der römerzeitlichen Straßen im Landschaftsbild auszumachen und da, wo es eben möglich ist, nutzt der moderne Pilgerweg diese Trassen. Ingrid Retterath hat sie in der zweiten Auflage dieses Pilgerführers treffend als „herrlich geradlinig" beschrieben. Ganz häufig sind sie aber auch besonders aussichtsreich, denn sie wurden bevorzugt über die Höhenrücken gelegt. Die Flusstäler, durch die heute gerne die großen Straßen und Bahnlinien verlaufen, waren vor 2.000 Jahren von Überschwemmungen bedroht und durch Sümpfe geprägt.

In Trier erinnert eine Steinbrücke aus dem 2. Jh. noch an so eine Straße. Bereits am ersten Tag treffen Sie mit dem Örtchen Tawern auf eine ehemalige Ausspannstation und auf dem Metzenberg auf eine rekonstruierte Tempelanlage an der Via Agrippa, wie das Netz von Fernstraßen genannt wurde. Der römische Feldherr Marcus Vipsanius Agrippa war zur Zeit des Augustus, des ersten römischen Kaisers, Statthalter in Gallien und sorgte für den Bau der Straßen. Von Augusta Trevorum, dem heutigen Trier, orientiert sich Ihr Weg also zunächst an dem aus Köln kommenden Teilstück der Via Agrippa über Metz nach Toul.

Südlich von Trier laufen Sie durch den **Saargau**. Die heutige Landschaftsbezeichnung für die Höhen zwischen Saar und Mosel und dem Dreiländereck mit Frankreich und Luxemburg ist einer alten fränkischen Grafschaft entlehnt. Hier ist man an Reisende gewöhnt. Pilger genießen die letzten Übernachtungen ohne Sprachbarrieren und mit üppigem deutschem Frühstück.

Bei einem Abstecher ins **luxemburgische Schengen** wird Ihnen alles so französisch vorkommen, dass Sie Apach vielleicht schon als zweiten Ort in Frankreich empfinden. Sie haben nun **Lothringen** (frz. Lorraine) erreicht, dessen Küche weit mehr als die Quiche Lorraine zu bieten hat. Das Gebiet des historischen Lothringens, das der alten Verwaltungsregion mit Metz als Hauptstadt entsprach, ist heute gemeinsam mit den ehemaligen Regionen Elsass und Champagne-Ardenne in der Region Grand Est (dt. „Großer Osten") aufgegangen. Die gemeinsame Verwaltung sitzt nun in Straßburg. Die sympathischen Menschen, die hier an der Mosel und am Oberlauf der Maas wohnen, sind die gleichen geblieben. Sie zeigen sich an Fremden interessiert und äußern ihr Interesse oft dadurch, dass sie aus der eigenen Biografie oder der Familienhistorie eine Verbindung nach Deutschland hervorkramen. Einige der älteren Menschen sprechen wie im Saargau noch den Obermoseldialekt.

Ein Blick in die Geschichte zeigt die besondere Lage zwischen den Gebieten der Deutschen und der Franken auf und gibt auch einen Hinweis, warum manche geografischen Bezeichnungen oder Straßennamen noch deutsch sind oder zumindest so klingen.

Wenn Sie 1.200 Jahre in der Geschichte zurückgehen, dann stehen Sie hier im Zentrum des Frankenreiches unter Karl dem Großen (747-814) und gerade diese zentrale Lage hat bis in die Neuzeit immer wieder dazu geführt, dass dieses Gebiet umkämpft war.

Karl der Große hatte sein ausgedehntes Reich seinem Sohn Ludwig dem Frommen (778-840) vermacht und nach Ludwigs Tod teilten dessen Söhne das Reich im Vertrag von Verdun unter sich auf: Karl der Kahle (823-877) bekam den Westen, den Vorläufer des heutigen Frankreichs, Ludwig der Deutsche (806-876) bekam den östlichen Teil, Vorläufer des Heiligen Römischen Reiches, des Deutschen Reiches und Deutschlands, und Lothar I. (795-855) bekam die Mitte, die sich von den Niederlanden und Belgien über Burgund bis nach Italien erstreckte.

855 wurde dieses Gebiet erneut geteilt und Lothar II. (835-869), ein Sohn Lothars I., erhielt den Teil zwischen Maas und Rhein, der Nordseeküste und Besançon. Nach ihm erhielt Lothringen seinen Namen (lat. *Lotharii regnum* = „Reich des Lothar") und über Jahrhunderte schielten die westlichen und östlichen Nachbarn begehrlich auf diese Region. Bis 1733 gehörte Lothringen zur Einflusssphäre des Heiligen Römischen Reiches, danach meist zu Frankreich, zwischen 1871 und 1918 aber auch zum Deutschen Reich (Elsass-Lothringen).

Bis Toul sind Sie auch der Mosel gefolgt, weichen nun aber über einen verhältnismäßig hohen Bergriegel in das Maastal ab. Die Maas ist der längste Nebenfluss des Rheins. Sie erreicht ihn aber erst in seinem Delta, wenn die Niederländer ihn schon Waal nennen. Die Mosel ist der zweitlängste Nebenfluss des Rheins. Sie vereint sich mit ihm am Deutschen Eck in Koblenz. Zum Flusssystem der Seine, dessen Namen die meisten wohl mit Paris verbinden, gehören die weiteren Flüsse, die Sie auf Ihrem südwestlich gerichteten Weg überqueren. Zunächst kommen Sie an die Marne, dann zur Aube und schließlich an die Seine selbst. Ganz im Westen Ihres Weges folgen Sie von Auxerre aus der Yonne, einem linken Nebenfluss der Seine, aufwärts. Maas, Marne, Aube und Seine entspringen dem weiter südlich gelegenen sogenannten Plateau de Langres, einem riesigen Karstgebiet aus Kalkstein. Es wird auch als größter Wasserspeicher im zentralen Frankreich bezeichnet.

Im brüchigen Kalkgestein versickert das Wasser schnell und irgendwo kommt es als Karstquelle wieder an das Tageslicht. Ihr Weg führt am nordwestlichen Rand des Karstgebietes entlang und befindet sich damit im Spannungsfeld zwischen aufsteigendem Mittelgebirge und dem Pariser Becken, einer der weitläufigen Kornkammern Frankreichs.

Karst bedeutet auch karg. Die Landwirtschaft hat es auf den häufig flachgründigen und mit Steinen übersäten Böden schwer. Die im zentralen Frankreich im Jahr 2020 schon im fünften Jahr herrschende außergewöhnliche Sommertrockenheit verstärkt die Probleme. Viele für die Landwirtschaft ungeeignete Gebiete sind mit Wald bewachsen. Das Land ist extrem dünn besiedelt. So dünn, dass sich ungeliebte Industrien ohne viel Proteste ansiedeln können. In Saudron treffen Sie auf einen Laborkomplex mit dem Auftrag, die Möglichkeiten eines atomaren Endlagers auszuloten.

Für den Pilger bedeutet die spärliche Besiedlung, dass er nicht auf Bars oder Gasthöfe unterwegs hoffen kann. Die Übernachtungssituation ist dabei gar nicht mal ganz so schlecht. Dazu tragen auch zugezogene Menschen, die die Einsamkeit suchen, bei. Hier und da trifft man auf Holländer oder Belgier, die sich mit einem B&B ein neues Zuhause aufbauen.

Noch bevor Sie die Marne erreichen, haben Sie Lothringen verlassen. Es schließt sich der Landschaftsraum der Champagne an. Auf den Weinbau müssen Sie allerdings noch warten. Der findet an der Marne zwar statt, aber sehr viel weiter nördlich Richtung Reims. Dafür werten Windmühlen die kargen Böden auf. In langen Reihen besetzen sie die Höhenrücken.

Den Weinbau für den berühmten Vater allen Sekts, den Champagner, finden Sie erst im Bereich der Flüsse Aube und Seine um Bar-sur-Aube, Essoyes und Les Riceys. Es sind kleinere Gebiete, die sich gefällig in die Landschaft eingliedern und oft im Wechsel mit Wald, Garigue, Obstwiesen und anderen Feldern stehen. In Les Riceys haben die Winzer sich sogar etwas ganz Besonderes ausgedacht. Der Rosé des Riceys ist eine Spezialität, die nur in den drei Ortschaften von Les Riceys produziert wird und auch ganz ohne Sprudel auskommt.

Im Westen Lothringens und in der Champagne liegen erst mal keine größeren Zentren mehr am Weg. Die Dörfer haben zumeist weniger als 100 Einwohner und sie schrumpfen mit nur wenigen Ausnahmen weiter. Ein wenig städtisches Flair hat Joinville, das im Tal der Marne liegt, mit seinen etwas über 3.000 Einwohnern zu bieten. Berühmter Sohn der Stadt war Jean de Joinville (um 1224-1317), Biograf von Ludwig dem Heiligen, Jakobspilger und Kreuzfahrer. Vom Siebten Kreuzzug soll er die bedeutende Reliquie, den Gürtel Josefs, mitgebracht haben. Dieser ist in der Kirche Notre Dame von Joinville ausgestellt. Valérie Weber, die deutschsprachige Schweizerin, die hier schon seit vielen Jahren ein B&B betreibt, beschreibt Joinville, nachdem auch hier die Bevölkerungszahlen in den letzten 50 Jahren um ein Viertel gesunken sind, als einen im Aufwind befindlichen Ort mit viel Potenzial für kulturelle und wirtschaftliche Entwicklung.

Meine Frage, ob denn die räumliche Nähe zum geplanten atomaren Endlager dem nicht entgegensteht, beantwortet sie damit, dass diesbezüglich ja noch keine Endscheidung gefallen sei. Trotz der wenigen städtischen Strukturen am Weg brauchen Sie auch jenseits des Moseltals auf kulturelle Anregungen nicht zu verzichten. Am Weg liegen weitere Wirkstätten bedeutender Persönlichkeiten. Colombey-les-deux-Églises war Wohnort von Charles de Gaulles. Hier ist er auch gestorben und begraben. Ein Museum ist eingerichtet. Nicht weit davon entfernt war Bernhard von Clairvaux Abt der Zisterzienser mit viel Einfluss auf die Geschehnisse seiner Zeit. Auguste Renoir, der berühmte Maler des Impressionismus, lebte lange Zeit in Essoyes. Seine Ehefrau stammte aus diesem Ort. Sie werden Gelegenheit haben, sich mit seinem Leben und Werk auseinanderzusetzen.

Wem es dann noch nicht reicht, der fährt nach Troyes. Die ehemalige Residenz der Grafen der Champagne und die alte Bischofsstadt mit der imposanten Kathedrale und der vom Fachwerk geprägten Altstadt kann gut z. B. an einem Regen- oder Pausentag von Joinville oder Clairvaux aus mit Bus und Bahn erreicht werden.

Vézelay liegt bereits im Burgund (frz. Bourgogne), das heute in der Region Bourgogne-Franche-Comté aufgegangen ist, und zwar in seinem nördlichsten, nach dem Fluss Yonne benannten Département. Die Hauptstadt von Yonne ist Auxerre und damit haben Sie doch noch eine Stadt am Weg. Mit rund 35.000 Einwohnern ist es eine Kleinstadt. Wer vom Fluss auf die Stadt blickt, hat nach Ansicht von Horst Degen mit der Kirche Saint Pierre, der Kathedrale Staint Étienne und der ehemaligen Abteikirche Saint Germain eine der schönsten Stadtansichten Frankreichs vor sich (Kalebasse 37, S. 46).

Mit der Flusslandschaft der Yonne beginnt noch einmal ein ganz neuer Wegabschnitt. Zwar schafft der Fluss, da eng mit dem Canal du Nivernais verwoben, eine schiffbare Verbindung vom Flusssystem der Loire zum Flusssystem der Seine, genutzt wird sie südlich von Auxerre heute aber nur noch von Freizeitkapitänen, deren Schiffe passend für die für heutige Ansprüche viel zu kleinen Schleusen sind. So gestalten sich die verbleibenden zwei bis drei Tage auf dem Weg nach Vézelay zunächst gemütlich, bis es zuletzt im Bergland des Naturparks Morvan wieder hügelig wird. Auch zur romanischen Basilika Sainte-Marie-Madeleine, die auf einem Hügel gelegen schon von Weitem sichtbar die Richtung weist, führt der Weg steil und steinig bergauf.

Wenn man mich fragt, was mich auf diesem Weg zwischen Trier und Vézelay am meisten beeindruckt hat, dann fällt die Antwort eindeutig aus. Wann immer ich an einer der zahlreichen Nebenbäche der Mosel oder an Maas, Marne, Aube, Seine oder Yonne inklusive ihrer Zuflüsse auf einer Brücke stand und ins Wasser blickte, sah ich die Fische schwimmen. Das heißt, sie schwammen nicht im eigentlichen Sinn, sondern sie standen, mit scheinbar mühelosen Flossenbewegungen die Position korrigierend, gegen den Strom gerichtet im fließenden Wasser, immer bereit, einen vorbeiziehenden Nahrungsbrocken aufzufangen. Das hatte ich mit dieser Regelmäßigkeit noch nirgendwo sonst gesehen. Achten Sie mal drauf.

Ich nehme es als Indiz für die Sauberkeit der Gewässer und schaute mir einige Zahlen an. Frankreich hat im Vergleich zu Deutschland eine Einwohnerdichte von 106 zu 233 Menschen pro km^2. Ob das ein Grund sein kann?

Lauschiger Uferweg

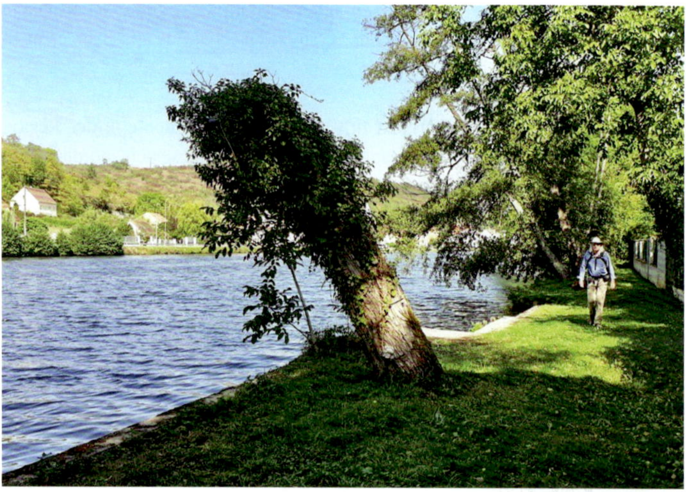

Reise-Infos von A bis Z

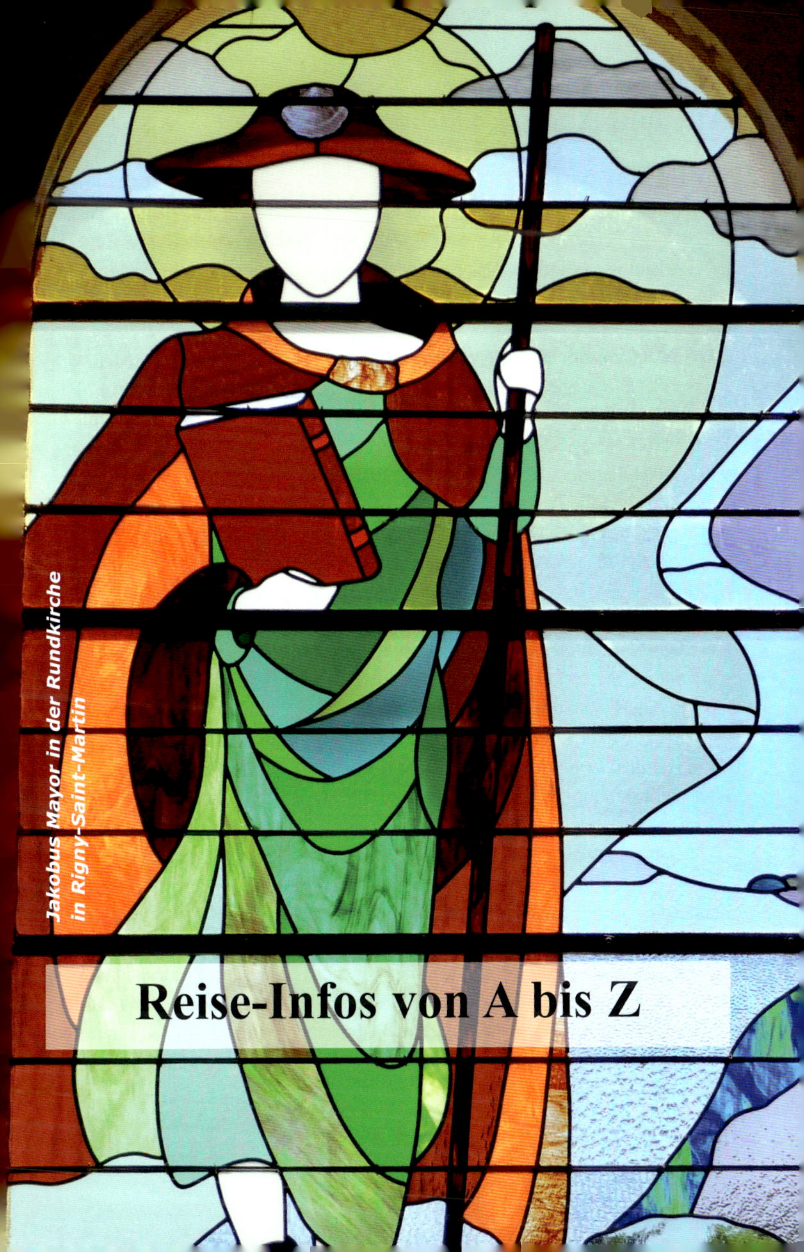

Jakobus Mayor in der Rundkirche in Rigny-Saint-Martin

An- und Abreise

Zu Fuß

Wer vor der eigenen Haustür gestartet ist, erreicht Trier vermutlich auf einem der Pilger- oder Fernwanderwege. Von Aachen sind dies der Matthiaspilgerweg und der Eifelsteig, von Koblenz ist es der Mosel-Camino, von Andernach der Eifel-Camino, aus dem Hunsrück der Ausoniusweg und von Köln/Bonn die Via Coloniensis.

📖 **Deutschland: Eifelsteig** von Ingrid Retterath, Conrad Stein Verlag, ISBN 978-3-86686-698-0, € 16,90
- **Mosel-Camino** von Karl-Heinz Jung und Wolfgang Welter, Conrad Stein Verlag, ISBN 978-3-86686-699-7, € 9,90
- **Eifel-Camino** von Wolfgang Scholz, Franz Blaesar, Dieter Preß & Heinz Schäfer, Conrad Stein Verlag, ISBN 978-3-86686-489-4, € 12,90
- **Jakobsweg Via Coloniensis** von Ingrid Retterath, Conrad Stein Verlag, ISBN 978-3-86686-628-7, € 14,90

Mit dem Auto

Aus dem Norden erreicht die A1 über Köln das Moseltal östlich von Trier. Von dort fahren Sie weiter über die A602 (B49) nach Trier. Gleiches gilt für die Anfahrt aus dem Süden. Auch von Saarbrücken gelangen Sie auf der A1 zur Mosel und weiter über die A602 nach Trier. Aus dem Westen (Frankfurt) führt die B50 zur A1, auf der es weiter nach Süden geht. Von Luxemburg aus ist Trier über die luxemburgische A1 zu erreichen, die ab der deutschen Grenze zur A64 wird.

Viel wichtiger als das, was man heute über jeden Routenplaner erfährt, ist die Frage nach den Parkmöglichkeiten in Trier. Denn wer eine längere Pilgerreise mit dem Auto startet, muss es irgendwo sicher abstellen. Eines der Trierer Innenstadtparkhäuser zu nutzen, ist sicher keine so gute Idee. Die Kosten betragen rund € 15 für jeden Werktag. Eine Alternative bieten die Park&Ride-Plätze Messepark und Verteilerkreis Trier-Nord. Dort ist (außer bei besonderen Veranstaltungen) das Parken kostenlos und ein Bustransfer von Mo-Fr in die Innenstadt gewährleistet. Weitere und vor allem aktuelle Informationen erhalten Sie auf folgenden Webseiten:

💻 www.trier-info.de/parken

💻 www.trier.de ➔ umwelt-verkehr ➔ parken ➔ park-ride

💻 www.parken-in-trier.de

Mitfahrgelegenheiten auch in Frankreich organisiert.
💻 www.blablacar.de, 💻 www.blablacar.fr.

Mit der Bahn

Ihre individuellen Anreisemöglichkeiten nach Trier können Sie auf den Seiten der Deutschen Bahn AG heraussuchen und auch buchen. Alternativ suchen Sie eines der in vielen Bahnhöfen befindlichen Reisezentren auf. Dort hilft man Ihnen kompetent weiter. Auch wenn Sie nicht im Internet buchen, empfiehlt es sich aber, schon im Vorfeld die möglichen Verbindungen und Preise zu eruieren, damit Sie auch genau den Fahrschein bekommen, den Sie haben wollen. Ob Spar-, Superspar- oder Flexpreis, ob Sie einen durchgehenden Zug favorisieren oder auch evtl. günstigere oder schnellere Umsteigeverbindungen akzeptieren, können nämlich nur Sie selbst beantworten. Gut informiert ein Reisebüro zu betreten, ist jedenfalls immer zu empfehlen.

💻 www.reiseauskunft.bahn.de

Für die Rückreise aus Vézelay fahren Sie mit dem Bus oder dem Taxi zum Bahnhof **Vézelay-Sermizelles**. Der liegt etwa 9 km nördlich von Vézelay im Tal der Cure (vom Weg aber nur 3 km und noch vor Vézelay.) Wer noch kein Rückfahrticket hat, findet am Bahnhof einen Automaten. Internationale Verbindungen lassen sich dort allerdings nicht buchen. Fahren Sie nach Paris oder Straßburg und buchen Sie dort die Weiterfahrt. Sehr viel bequemer ist das Buchen eines Tickets im Internet (☞ Tipp). Die Verbindungssuche funktioniert über die Seite der Deutschen Bahn recht ordentlich.

Die Auswahl der Verbindungen erscheint mir allerdings nicht unbedingt umfassend. Nehmen Sie auch die französische Bahnseite zur Auswahl zur Hand.

💻 bahn.de
💻 de.oui.sncf

☺ Gehen Sie fremd und buchen beim englischen Anbieter Trainline. Über die Webseite oder besser über die Handyapp buchen Sie Fahrkarten für Bus und Bahn für Österreich, Deutschland, Schweiz, Frankreich, Spanien, Italien, Großbritannien sowie Skandinavien auch grenzüberschreitend. Bezahlt wird unkompliziert mit Kreditkarte oder Paypal. Die Tickets erhalten Sie zuverlässig auf Ihr Handy. Zwei bis drei Tage vor der Reise zu buchen, spart in aller Regel sehr viel Geld. ✋ Nicht jedes Ziel außerhalb Frankreichs lässt sich an einem Tag von Vézelay aus erreichen. Planen Sie in dem Fall eine Zwischenübernachtung ein.

💻 www.thetrainline.com/de

Bus

Fernbusse der DB AG verbinden Trier mit den Flughäfen Luxemburg, Hahn und Frankfurt/Main. Flixbusse erreichen Trier aus vielen Städten Deutschlands.

www.flixbus.de

Die Fernbuslinien in Frankreich werden von Blablabus bedient. Sowohl mit Flixbus als auch mit Blablabus können Sie von Frankreich in andere europäische Länder wie z. B. Deutschland grenzüberschreitend fahren. Dazu müssen Sie allerdings zuerst mit dem Zug nach Paris oder Straßburg kommen.

www.blablabus.com

Flug

Das Flugzeug gehört mit großem Abstand zu den klimaschädlichsten Verkehrsmitteln und sollte deshalb nicht allzu leichtfertig und selbstverständlich das Transportmittel der ersten Wahl für Reisen innerhalb Europas sein. Ganz häufig sind vermeintliche Zeiteinsparungen bei ehrlicher Rechnung auch unbedeutend oder gar nicht vorhanden.

Wer sich für eine Anreise mit dem Flugzeug entscheidet, wählt als praktikablen Zielflughafen Luxemburg, Ziel vieler Direktflüge aus europäischen Metropolen.

www.lux-airport.lu

Der Vézelay am nächsten gelegene Flughafen ist Paris Charles de Gaulle bzw. einer der anderen Pariser Airports.

Buchungsportale für Flugreisen sind:

www.momondo.de

www.skyscanner.de

Ausrüstung

Ich verzichte hier auf eine detaillierte Auflistung der erforderlichen Gegenstände, möchte aber auf ein paar grundlegende Erfordernisse für die Hauptreisezeit von April bis Mitte November hinweisen.

Der Schuh kann eher leicht sein (Kategorie A/B oder B). Nehmen Sie den Schuh, mit dem Sie die besten Erfahrungen bei Wegen in Mittelgebirgen haben.

Im Übrigen braucht es leichte und weite Kleidung, die den Körper möglichst vollständig bedeckt. Sonnenschutz ist das A und O. Trotzdem sollten Sie den Schutz gegen kalte Winde, die auf den Höhen sowie in der Übergangszeit immer mal auftreten können, nicht vernachlässigen. Eine leichte Windjacke, ein dünner Schal und die Kopfbedeckung (im Sommer unbedingt ein breitkrempiger Hut) gehören immer ins Gepäck. Selbstverständlich ist auch auf guten Regenschutz zu achten.

Auch den Mückenschutz sollten Sie nicht vergessen. Insbesondere in den Wäldern und in den Flusstälern können Mücken in den Monaten April/Mai zeitweilig zu einem Problem werden, wenn auch nicht gerade zu einem übermäßigen. Wer unter Allergien leidet, muss mit erhöhtem Pollenaufkommen (z. B. Birke, Buche u. a.) im April und Mai und in späteren Monaten mit Gräserpollen rechnen und entsprechend vorsorgen. Wanderstöcke sind eigentlich nur denjenigen zu empfehlen, die es gewohnt sind, damit auch normale Wege zu gehen. Als Steig- oder Abstiegshilfe oder zum Balancehalten auf schwierigen Wegstücken werden sie aller Voraussicht nach nicht benötigt. Allenfalls nach starken Regenfällen könnten einige Wegabschnitte schon mal rutschig werden.

Obwohl ich auch in der besonders heißen Zeit, bei Temperaturen bis 35° C unterwegs war, bin ich mit meiner 1-l-Wasservorratsflasche gut zurechtgekommen. Es gibt unterwegs eigentlich immer genug Möglichkeiten, den Vorrat wieder aufzufüllen.

Das Trinkbedürfnis kann aber von Mensch zu Mensch auch sehr unterschiedlich empfunden werden. So richten Sie sich bei extremen Wetterverhältnissen auf einen etwas größeren Wasservorrat ein.

☺ Im Text finden Sie die Wasserstellen unterwegs mit dem Symbol 💧 gekennzeichnet. Im Notfall, z. B. im eher einsamen und quellenarmen Hochland Lothringens, könnten Sie ansonsten einfach an jedem Haus fragen.

☺ Gewöhnen Sie sich bei heißem Wetter an, Ihren Vorrat an Wasser, wann immer möglich, wieder ganz aufzufüllen. Machen Sie an Wasserstellen Trinkpausen, bei denen Sie in Ruhe vorzugsweise das temperierte Wasser aus dem Vorrat zu sich nehmen, ☞ Essen und Trinken.

☺ Vielleicht ist es nicht für jeden umzusetzen, es braucht sicher auch ein wenig Training, ich praktiziere es schon seit vielen Jahren mit sehr guten Erfahrungen: Trinken Sie außer am Abend auch morgens zum Frühstück so viel wie eben möglich in Form von Tee, Saft und Wasser, ohne dabei Industriezucker zu sich zu nehmen. Das spült den Körper kräftig durch und schafft ein Depot.

Wer viel schwitzt, verliert viele Mineralien. Immer wieder wird diskutiert, diese in Form von Nahrungsergänzungsmittel einzunehmen. Insbesondere Magnesium wird sehr häufig empfohlen. Ich habe es nie ausprobiert, kenne aber durchaus Zustände der Erschöpfung, die auf Elektrolytverluste zurückgehen. Meine Strategie besteht darin, besonders viel frisches Obst zu mir zu nehmen. Insbesondere Apfelsinen und Trauben, aber auch Äpfel haben eine gute Wirkung. Gemüse für unterwegs, z. B. Möhren, sind den beliebten Müsliriegeln vorzuziehen. Trockenfrüchte sind besser als Nüsse.

Die Energie liefert das Abendessen und nach einer Einlaufzeit von zwei bis drei Tagen das Depot des eigenen Körpers.

Zu ungewöhnlich hohem Salzverlust kommt es in der Regel aber nur, wenn Sie wirklich einmal eine Reihe besonders heißer Tage erwischen sollten. Der Weg selbst ist im Durchschnitt nicht so fordernd, dass besondere Verhaltensmaßnahmen erforderlich werden. Und übrigens – das tägliche Glas Wein trägt auch zum Elektrolytausgleich bei.

Hinweisen möchte ich auch darauf, dass es Sinn macht, einen leichten, aber weiten Leinen- oder Seidenschlafsack mitzuführen. Er sollte möglichst groß bemessen sein, damit er bequem ist und den Körper von Kopf bis Fuß ganz umhüllt. Es gibt zwar nicht allzu viele Herbergen auf diesem Weg, die Betten ohne Bettwäsche anbieten, solch ein Schlafsack wiegt aber nicht mehr als 80 g-130 g. Im Fall der Fälle ist er dann dabei. Auch ein leichtes (kleines) Handtuch gehört immer ins Gepäck.

Aufgefallen ist mir, dass es auf der gesamten Wegstrecke relativ selten ⩲ Pausenbänke oder Picknickplätze gibt. Da habe ich diverse Male eine Sitzunterlage vermisst, die mir auch bei nassem Wetter die wohlverdiente Pause erleichtert hätte.

Meine Beobachtungen und Kontakte zu Pilgern haben mir gezeigt, dass keine andere Wandergruppe das Gebot zur Reduzierung des Gepäcks auf das Allernötigste so gut beherrscht wie die der erfahrenen Pilger. Vermutlich liegt das an einer Regel, die Teil und Zweck des modernen Pilgerns geworden ist, nämlich den Ballast des Alltags abzuwerfen. Was als mentale Übung, im Gehen und Voranschreiten Unbearbeitetes zu lösen, gedacht ist, manifestiert sich im Äußeren. Viele Pilger kommen ohne modisches Outdoor-Outfit und Ultralight-Hightech zurecht. Sie gehen so leicht wie möglich und nutzen das, was praktisch ist.

Sollten Sie nicht zur Gruppe der erfahrenen Pilger gehören, empfehle ich Ihnen folgende Buchauswahl.

- **Pilgern auf den Jakobswegen** – *Packliste • Anfängertipps • Wegeauswahl* von Raimund Joos, Conrad Stein Verlag, Basiswissen für draußen, ISBN 978-3-86686-394-1, € 9,90
- **Ausrüstung I** – *von Kopf bis Fuß* von Markus Gründel und Johann Schinabeck, Conrad Stein Verlag, Basiswissen für draußen, ISBN 978-3-86686-417-7, € 10,90
- **Trekking ultraleicht** von Stefan Dapprich und Stefan Kuhn, Conrad Stein Verlag, Basiswissen für draußen, ISBN 978-3-86686-654-6, € 9,90

Einkaufen

Der Pilgerweg berührt zwar einige Städte und Orte mit guter Infrastruktur, bietet unterwegs aber auch auf größeren Strecken weder Einkehr- noch Einkaufsmöglichkeiten. Achten Sie darauf, immer etwas Tagesverpflegung im Rucksack mitzuführen. Orte mit Einkaufsmöglichkeit habe ich mit den Symbolen für Supermarkt (frz. *supermarché*) und für kleinere Läden (frz. *épicerie*) gekennzeichnet. Im zweiten Fall kann das mitunter nur eine Bäckerei oder ein Kiosk sein.

Gewöhnlich können Sie etwa zwischen 8:00 und 19:00 einkaufen, im ländlichen Bereich sind die Läden zur Mittagszeit geschlossen (12:30 bis 15:00 oder auch bis 16:00). Die großen Supermärkte sind von 8:00 bis 20:00 geöffnet. Samstags und sonntags schließen die Läden oft schon mittags. Bäckereien und manchmal auch kleinere Läden haben montags häufig geschlossen, in einigen Landesteilen auch mittwochs.

Essen und Trinken

Die Kunst des guten Essens bedeutet für den Wanderer auch immer, sich auf die unterschiedlichen Situationen einstellen zu können. Das betrifft sowohl die von Region zu Region unterschiedliche Angebotspalette, als auch die mal mehr und mal weniger guten Gelegenheiten auch wirklich zu ergreifen und auch mal mit fehlenden Angeboten klarzukommen. Wer die Spezialitäten eines Landes, wie z. B. den Viez (Apfelwein) des Saargaus sucht, muss genau dann zugreifen, wenn er die Gäste nicht die Bier-, sondern die weißen Steinkrüge heben sieht. Im nächsten Dorf kann es schon wieder so scheinen, als hätte man vom Viez noch nie etwas gehört.

Lothringens Spezialitäten finden sich am zuverlässigsten in der Hauptstadt Metz. Aber auch dort muss man wissen, wo man hingeht. Wer z. B im angesagten, hochmodernen, neuen Bahnhofsviertel um das Centre Georges-Pompidou nach lothringischer Küche sucht, wird enttäuscht werden. Da bekommt man zweifellos gute Qualitäten in den zahlreichen schicken Straßencafés. Hipp sind aber eher Burger, Sushi, Lasagne oder Tapas. Wer Quiche Lorraine (Speckkuchen), Fontainebleue (Quarkspeise) oder die köstlichen Mirabellenkuchen von Metz sucht, wird eher in der Altstadt fündig. In Liverdun, eine Tagesetappe vor Toul, liegt die Verführung nicht direkt am Weg. Um die Madeleines von Liverdun zu naschen, müssen Sie sich schon zum Bahnhofscafé begeben.

Ähnliches gilt für die Champagne und das Département Yonne im Burgund. Wer den Champagner mag, wird eine Gelegenheit finden, ihn zu probieren. Etwas ganz Besonderes bietet das Örtchen Les Riceys mit seinem Rosé des Riceys, der ganz ohne Schaum auskommt. Das Örtchen Chablis liegt bereits im Burgund. Es punktet mit seinen fruchtigen Chardonnay-Weinen.

Die Chance auf eine warme Mittagsmahlzeit (frz. *déjeuner*) ist am ehesten in den Orten entlang der Mosel gegeben und ganz zuletzt am Weg im Burgund an den Ufern von Yonne und Cure. Über weite Strecken, vor allem im Westen Lothringens und in der Champagne, sollten Sie besser etwas Leckeres im Rucksack dabeihaben. Franzosen essen zeitig und pünktlich zu Mittag. Wer zu spät kommt, bekommt schon mal nichts mehr ab. Im Idealfall sind Sie um 12:00 am Restaurant und können dann recht preiswert ein Tagesgericht (frz. *plat de jour*) zu sich nehmen.

Für das Abendessen (frz. *dîner*) ist aber in der Regel gesorgt. Manchmal wird es in den Privatunterkünften angeboten. In den Restaurants können Sie ab 19:30 und auch häufig noch am späteren Abend à la carte essen. In Orten mit Tourismus empfiehlt es sich, sobald Sie wissen, was Sie wollen, anzurufen und einen Tisch zu bestellen oder einen Plan B zu haben, falls Sie mal keinen Platz bekommen.

In wenig touristischen Gebieten, also fast überall am Weg außer in den größeren Orten, ist damit zu rechnen, das Restaurants sonntagabends, montags und dienstags geschlossen haben. Das ist aber keine feste Regel.

Der Grund für die frühe Mittagsmahlzeit ist das Frühstück, das in Frankreich *petit déjeuner* genannt wird. Die Betonung liegt auf *petit* (dt. „klein"). Es besteht in der Regel zumindest aus Kaffee/Tee, Baguette, Butter und Konfitüre, wird in einigen Hotels aber auch ergänzt durch Käse, Wurst, Ei und Süßspeisen. Man hat sich also auf die unterschiedlichen Gewohnheiten in einigen Nachbarländern eingestellt. Erlebt man das Morgenmahl aber einmal in einer Familie, sei es in einem B&B oder einer Pilgerunterkunft, sieht man dem Appetit des Deutschen eher unverständlich und gelangweilt zu. Das frühe Essen gilt dem Franzosen nichts.

Kaffee aber schon, in Frankreich trinkt man Espresso, den man *café noir* oder einfach *café* nennt. Braucht man ein bisschen mehr Flüssigkeit, greift man zum *grand café noir*, das ist ein mit heißem Wasser verlängerter Espresso. Und der *café au lait*, ein Espresso mit viel Milch, ist ja auch aus den europäischen Cafés nicht mehr wegzudenken. Im Gegenzug hat sich mancherorts, so in Lothringen und der Champagne, der Filterkaffee in Hotels und Pensionen durchgesetzt.

Hier einige Vokabeln, um unterwegs satt zu werden:

baguette	Stangenweißbrot
beurre	Butter
chardon	Disteln (in Lothringen werden damit süße Leckerbissen mit delikater Füllung bezeichnet, meist mit Likör gefüllte Schokoladenpralinen)
cassecroute	belegtes Brötchen
cidre	Apfelwein
crêpe	süß gefüllter, dünner Pfannkuchen
croissant	Blätterteighörnchen
escargots	Schnecken in Weißwein
flûte	ganz dünnes Stangenweißbrot
galette	herzhaft gefüllter, dünner Pfannkuchen
madeleine (de Commercy)	typisch lothringisches Sandplätzchen
macaron	feines Gebäck aus Eiweiß, Zucker und Mandeln (Makronen)
merguez	scharfe Rindsbratwurst (von den Einwanderern aus Tunesien, Algerien und Marokko übernommen)
quiche lorraine	Lothringer Speckkuchen mit Speck, Crème fraîche und Ei
pain	Brot
panaché	Radler, Alster (Bier mit Limonade)
Schmier	Butterbrot im Trierer Raum (Kässchmier = Käsebrot ...)
tourte	gefüllte Blätterteigpastete
viande	Fleisch
Viez	Apfelwein im Saargau

Trinkwasser

Wasser an Privathäusern hat Trinkwasserqualität, bei öffentlichen Brunnen steht es immer dran (*eau potable* = Trinkwasser, *eau non potable* = kein Trinkwasser, *eau non controlée* = Wasser wird nicht kontrolliert). Bei nicht kontrolliertem Wasser handelt es sich in aller Regel nicht um Leitungs-, sondern Quellwasser. Ob Sie es trinken wollen oder nicht, ist eine Entscheidung, die nur Sie selbst für sich treffen können. In ganz vielen Fällen ist eine regelmäßige amtliche Beurteilung der Wasserqualität den Gemeinden einfach nur zu aufwendig und zu teuer. Die Einheimischen wissen aber in der Regel gut Bescheid, ob Verunreinigungen zu erwarten sind oder ob das Wasser vielleicht sogar besser ist als das Leitungswasser.

Das Trinkwasser in Frankreich ist oft relativ stark gechlort. Mehrere Leser beklagten den unangenehmen Geschmack, der sich in der Trinkflasche und im Trinksystem der Rucksäcke festsetzte. Lassen Sie das Wasser über Nacht, falls möglich, in einem offenen Behältnis stehen und füllen Sie es am Morgen erst ab. Ein Teil des Chlors ist dann verflogen. Benutzen Sie nach Möglichkeit keine Kunststoffflaschen oder -behältnisse für das Leitungswasser.

Die Toten und das Wasser

Auf vielen Friedhöfen in Frankreich gibt es Trinkwasser

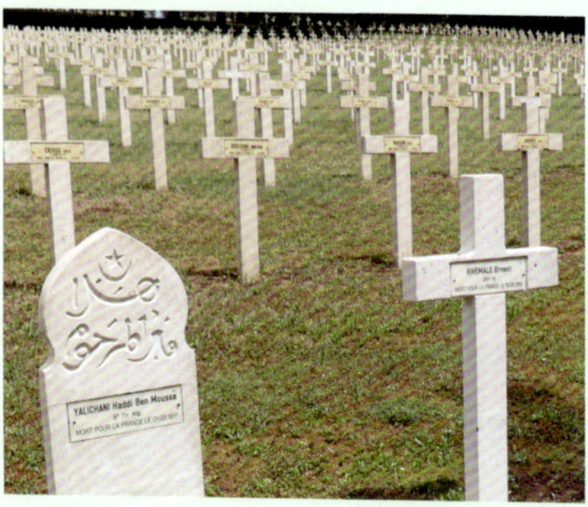

Ein Pilger erzählte, er sei auf seinem Weg nach Le Puy durstig zu einem Bauern gegangen und habe ihn um Wasser gebeten. Dieser habe ihm mit einem Schwall Französisch geantwortet, bei dem der Pilger nur durch Gestik und Mimik erkannte, dass der Bauer kein Wasser für ihn hatte. Als der Bauer merkte, wie schlecht der Pilger Französisch sprach, sagte er in sehr gebrochenem Deutsch: „Geh zu den Toten!" und zeigte zum Friedhof am Ortsausgang. Der Pilger war sehr gekränkt, weil er dies als eine andere Formulierung für „Fahr zur Hölle!" oder „Dann verreck eben!" auffasste. Erst durch ein Gespräch mit der nächsten (englischsprachigen) Pensionswirtin erfuhr er, dass der Bauer ihm einen lebensrettenden Tipp geben wollte: Aus allen Wasserhähnen auf französischen Friedhöfen fließt – wenn nicht anders gekennzeichnet – Trinkwasser! Ich habe auch keinen Friedhof gesehen, der keinen Wasseranschluss hatte, allerdings auch nicht jeden einzelnen überprüft.

Etappen

Die bevorzugte Etappenlänge ist insbesondere bei Pilgerwegen erfahrungsgemäß sehr unterschiedlich, da sowohl Menschen mit weniger Wandererfahrung als auch sportlich sehr trainierte unterwegs sind. Der insgesamt rund 500 km lange Weg von Trier nach Vézelay ist deshalb in Kurzetappen unterteilt. Sie enden immer in Orten mit Hotels, Pensionen, Herbergen oder Privatzimmern. Je nach Tagesform und generellem Leistungsvermögen können Sie sich daraus Ihre individuelle Etappenlänge zusammenstellen. Nachfolgend finden Sie aber auch einen Vorschlag zur Etappeneinteilung, der sich an durchschnittlich leistungsbereiten Pilgern orientiert. Von der Mehrheit der Menschen wird eine Tagesleistung von rund 20 km bevorzugt. Vor allem Weitwanderneulinge fangen mit kürzeren Etappen an und versuchen, nach und nach die Streckenlänge zu steigern. Das gilt übrigens auch für den Einstieg in eine längere Pilgerwanderung. Der Körper muss sich erst einlaufen und so an die tägliche Leistungsanforderung gewöhnen. Sie werden aber auch bald merken, dass in den relativ flachen, wenig bergigen Gegenden von Lothringen und Burgund auch schon mal 30 km Tagesbilanz nicht zur Überforderung wird und wenn doch, ruhen Sie sich auf einer kurzen Folgeetappe aus.

☺ Brechen Sie am Morgen möglichst früh auf, sodass Sie am Mittag schon mehr als die Hälfte des Weges geschafft haben. Dann können Sie, ohne in Zeitnot zu geraten, eine längere Mittagspause einrichten.

Mein Etappenvorschlag:

Nr.	Start und Ziel	Länge in km	Aufstieg in m	Abstieg in m	Höhe min.-max. in m
Saargau, Rheinland-Pfalz/Saarland					
1	Trier, Sankt Matthias – Mannebach, Abzweig	16,9	212	12	124-336
2	Mannebach, Abzweig – Perl	27,5	266	390	217-406

Nr.	Start und Ziel	Länge in km	Aufstieg in m	Abstieg in m	Höhe min.-max. in m
Lothringen (frz. Lorraine), Region Grand Est					
3	Perl – Saint-Marguerite	18,2	270	213	145-308
4	Saint-Marguerite – Saint-Hubert	21,2	131	187	182-337
5	Saint-Hubert – Metz	24,6	325	368	164-314
6	Metz – Vandières	27,0	53	57	164-209
7	Vandières – Liverdun	29,4	519	457	179-351
8	Liverdun – Toul	21,0	142	166	192-278
9	Toul – Chalaines	20,5	276	224	206-400
10	Chalaines – Gondrecourt-le-Château	22,1	226	188	255-385
11	Gondrecourt-le-Château – Cirfontaines-en-Ornois	14,1	188	115	294-394
12	Cirfontaines-en-Ornois – Joinville	25,2	214	389	179-401
13	Joinville – Ambonville	21,2	303	222	195-393
14	Ambonville – Colombey-le-Deux-Églises	21,5	416	341	230-381
15	Colombey-le-Deux-Églises – Clairvaux	12,5	12	178	185-363
16	Clairvaux – Essoyes	27,2	248	256	182-376
17	Essoyes – Les Riceys	17,8	270	263	168-306
18	Les Riceys-Étourvy	21,7	395	367	173-319
19	Étourvy – Tonnerre	19,5	224	278	133-310
20	Tonnerre – Chablis	16,6	278	283	130-282
21	Chablis – Auxerre	23,6	318	355	95-285
22	Auxerre – Accolay	22,2	116	107	94-200
23	Accolay – Lac Sauvin/La Jarrie	19,1	307	204	111-214
24	Lac Sauvin/La Jarrie – Vézelay	11,4	264	182	152-297

Feiertage, (Schul-)Ferien

Auf der Gesamtstrecke werden einheitlich gefeiert: Neujahr (1. Jan), Ostermontag, Maifeiertag (1. Mai), Christi Himmelfahrt (Do 10 Tage vor Pfingsten), Pfingstmontag (7 Wochen nach Ostern), Allerheiligen (1. Nov) und 1. Weihnachtstag. In Rheinland-Pfalz werden auch Karfreitag, Fronleichnam (Do 10 Tage nach Pfingsten),

Tag der Deutschen Einheit (3. Okt) und 2. Weihnachtstag gefeiert. Zu Heiligabend, Silvester und Karneval (11. Nov und Weiberfastnacht bis Aschermittwoch) sind viele Geschäfte und öffentliche Institutionen geschlossen oder im „Notbetrieb".

Luxemburg feiert außerdem den 23. Juni (Nationalfeiertag) und Maria Himmelfahrt (15. Aug). Bis zu zwei Feiertage, die auf einen Sonntag fallen, können auf den darauffolgenden Montag gelegt werden.

Frankreich feiert zusätzlich den 8. Mai (Tag des Sieges), den 14. Juli (Nationalfeiertag) und Maria Himmelfahrt (15. Aug, Tag der Pilger). Der Karfreitag und der 2. Weihnachtstag werden nur in Lothringen im Département Moselle gefeiert. Im Saarland ist wie in Luxemburg und Frankreich Maria Himmelfahrt (15. Aug) ein arbeitsfreier Tag.

In den Schulferien ticken die Uhren anders. Die Auswirkungen betreffen Busfahrpläne, Öffnungszeiten der Museen und die Auslastung und Preise der Unterkünfte. In Frankreich verteilen sich die Ferien insbesondere in den Sommermonaten nicht wie in Deutschland. Im Juli und August ist für die ganze Nation schulfreie Zeit. Da Franzosen gerne im eigenen Land urlauben, kommt es zwar in manchen Regionen zum Gedränge, den Weg betrifft das aber kaum. Ausnahme sind vielleicht die attraktiven Städte wie Metz, Toul, Auxerre und Chablis sowie der Wallfahrtsort Vézelay.

In Busfahrplänen sind die Gültigkeiten der zu den Ferien abweichenden Fahrzeiten farblich gekennzeichnet. Beachten müssen Sie dafür neben den Sommerferien auch die Winter-, Frühlings-, Herbst- und Weihnachtsferien, die im Einzelnen auf folgender Webseite beschrieben werden:

www.schulferien.org/frankreich/ferien

Frauen

Viele Pilger laufen den Jakobsweg allein, darunter sind ebenso viele Männer wie Frauen. Wenn man sie fragt, ob der Jakobsweg auch für Frauen ohne männliche Begleitung geeignet sei, werden diese sofort mit Ja antworten. Ingrid Retterath war bei ihren Recherchen für die erste Auflage ganz allein unterwegs, für die zweite Auflage manch einen Tag nur mit ihrer einjährigen Tochter. Keine Sekunde war ihr mulmig zumute. Ihnen werden männliche und weibliche Einzelpilger begegnen, die sich weder fürchten, noch Böses im Schilde führen. Diese Begegnungen sind aber eher selten. Mit zufälligen Mitpilgern können Sie eventuell bei Ihrem Eintreffen auf den GR 654 in Bagneux-la-Fosse rechnen. Pilger aus Belgien oder Aachen treffen hier auf Ihren Weg. In Auxerre mündet auch ein aus Paris kommender Weg ein. Einstellen sollten Sie sich aber eher auf eine Pilgerfahrt allein.

Wenn es Ihnen nicht geheuer ist, ohne Begleitung durch die Wälder zu wandern, fragen Sie besser eine Freundin, ob sie Sie begleitet, oder suchen Sie in Pilgerforen nach Mitreisenden, die Sie dann vor dem Beginn der Pilgerfahrt schon treffen und kennenlernen können!

Geld

Nehmen Sie nicht unnötig viel Bargeld mit auf den Weg. In jedem größeren Ort gibt es Geldautomaten. Es sollte aber so viel sein, dass Sie auch mehrere Tage lang die Übernachtungskosten in bar zahlen können. Frankreich ist zwar Kreditkartenland, aber privat ist niemand darauf eingestellt. Sorgen Sie vor allem auch für eine kleine Stückelung des Bargeldes in 10- und 20-Euro-Scheine.

Erkundigen Sie sich besser vor der Abreise, ob Sie mit Ihrer Karte auch in Frankreich Geld abheben können und unter welchen Bedingungen. Die Kosten können erheblich sein. Kostenfrei sind Geldabhebungen in der Eurozone bei den meisten Direktbanken (DKB, Consorsbank, Comdirekt), sofern man die ebenfalls kostenfreie Kreditkarte einsetzt. Zwar weist z. B. die DKB-Bank auch darauf hin, dass unter Umständen vom Automatenbetreiber unabhängig Gebühren erhoben werden können, erlebt habe ich das in Frankreich aber in keinem Fall. Auch gibt es immer noch das bewährte Postsparkonto, bei dem vier Auslandsabhebungen pro Jahr gebührenfrei sind.

Der Trend geht zur Zweitkarte! Es passiert nicht selten, dass eine Karte an einer bestimmten Stelle mal nicht funktioniert. Da ist es gut, wenn man eine andere in Reserve hält.

Bei Verlust oder Diebstahl können Sie viele Karten unter der Nummer ☏ 00 49 11 61 16 schnell sperren lassen. Zu beachten ist, dass Sie dafür Ihre Kartennummer benötigen. Die sollten Sie deshalb fotografiert oder anderweitig eingespeichert haben und, da ja auch das Telefon verloren gehen könnte, in einer Cloud gespeichert von jedem Computer aus zugänglich halten.

☺ Karten und Bargeld sollten Sie getrennt aufbewahren, denn so kann nicht alles gleichzeitig verloren gehen.

☺ Allgemeine und konkrete Information zur Kartensicherheit finden Sie auf folgender Webseite:

💻 www.kartensicherheit.de

☺ Machen Sie sich nicht zu viele Sorgen um das Geld. In aller Regel treffen Sie auf ehrliche Menschen. Gefahrenschwerpunkte sind Hostels und andere Gemeinschaftsunterkünfte, wo viele Menschen zusammenkommen.

Gepäck und Gepäckservice

Manch ein Pilger möchte zumindest auf einzelnen Teilstrecken darauf verzichten, alle für die Übernachtung benötigten Dinge den ganzen Tag zu tragen. Hier bietet es sich an, nur mit Tagesrucksack zu wandern und sein Gepäck in die nächste Unterkunft vorauszuschicken. Insbesondere für kleine Gruppen ist der Transportpreis ein preiswert erkauftes Wandervergnügen. Besonders gilt dies für Camper.

In fast jedem größeren Ort gibt es Taxiunternehmen, die Ihr großes Gepäck zum nächsten Vermieter oder Campingplatz bringen und Ihnen sicher auch bei der Organisation für weitere Stationen behilflich sind. Gepäckservice bieten auch manche Vermieter an. Für ein paar Etappen im Moseltal ist die Nutzung der öffentlichen Verkehrsmittel für gepäckfreie Touren von einem festen Standort aus möglich.

GPS

Die moderne Form der Orientierung im Gelände wird durch das vom US-Militär entwickelte Satellitennavigationssystem GPS (Global Positioning System) ermöglicht. Es besteht aus rund 30 Satelliten, die die Erde in einer Höhe von etwa 20.000 km umkreisen. Durch die Abfrage der Daten von mehreren Satelliten kann ein GPS-fähiges Gerät seine Position bis auf wenige Meter genau bestimmen. Diese Technik, die in den meisten Last- und Personenkraftwagen inzwischen Standard ist, gewinnt auch bei Wanderern zunehmend an Beliebtheit, zumal die meisten Menschen einen solchen Empfänger im Smartphone ständig bei sich tragen.

Der große Vorteil gegenüber der Orientierung mithilfe von Papierkarten ist die jeweils mögliche genaue Positionsbestimmung. Ein Nachteil bleibt der in der Regel sehr kleine sichtbare Kartenausschnitt auf tragbaren Geräten. Die Orientierung in der weiteren Umgebung ist somit erschwert. Voraussetzung für eine Nutzung sind elektronische Karten, die erstens offline verfügbar sind, zweitens außer den Straßen auch die Wanderwege abbilden, und drittens müssen Sie wissen, wo es jeweils weitergehen soll. Der Weg muss also auf der Karte abgebildet sein.

Auf der Verlagshomepage 💻 www.conrad-stein-verlag.de finden Sie zu diesem Zweck unter dem entsprechenden Buchtitel einen GPS-Track (aus den Positionspunkten zusammengesetzte Linie, die den Weg abbildet) zum Download für Ihr GPS-Gerät oder Smartphone.

Wer erste Erfahrungen mit dem Handy sammeln will, ist z. B. mit der für alle Betriebssysteme geeigneten, sehr schnellen und zuverlässigen Smartphone-App Guru Maps gut beraten. Vergessen Sie nicht, bereits zu Hause oder im WLAN eines Hotels, an Bahnhöfen oder der Touristinformation etc. die passenden Wanderkarten herunterzuladen.

💻 gurumaps.app

📖 **GPS** *Grundlagen · Tourenplanung · Navigation* von Michael Hennemann, Conrad Stein Verlag, Basiswissen für draußen, ISBN 978-3-86686-495-5, € 9,90

Hunde

Ingrid Retterath ist bei ihren Recherchewanderungen mit ihren beiden großen Neufundländern Maxim und Bathida gelaufen. Sie haben jede von ihr geplante Etappe geschafft, waren aber abends immer im wahrsten Sinne des Wortes hundemüde.

Die weiten schattenlosen Freiflächen belasten im Sommer schon den Menschen sehr, stellen also auch eine Herausforderung für Hunde dar. Noch unangenehmer sind die Teerstrecken, hier können an heißen Tagen die armen Pfoten ganz schön qualmen. Nur wenige schmale Pfade verlangen Trittsicherheit, einige Weiden mit grasendem Vieh und Wälder mit Wild sind zu durchwandern. Es sollten daher nur kerngesunde, gut leinengängige Hunde mitgenommen werden, die jederzeit abrufbar sind. Der Jagdtrieb sollte nicht allzu ausgeprägt sein. Alles andere ist eine Quälerei für Mensch und Tier.

Die Strecke ist für jeden Hund abwechslungsreich und spannend. Viele einheimische Hunde können begrüßt werden und die einheimischen Menschen sparen nicht an Streicheleinheiten (leider auch nicht an ungefragten Leckerchen!). Wasser gibt es unterwegs ausreichend. Sie werden nur nach langen Trockenperioden für den Hund Reserven im Rucksack mitnehmen müssen. Anwohnern boten Ingrid Retterath bei ihrer Recherche auch von sich aus Wasser für die Hunde an und beide Hunde hatten schnell gelernt, wie man aus einem Schlauch oder einem Wasserhahn herauslaufendes Wasser geschickt auffängt.

Viele Vermieter heißen auch mitwandernde Hunde willkommen, allerdings stets nur nach vorheriger Vereinbarung. Wer einen wasserliebenden Hund hat, sollte für ihn extra ein Handtuch mitnehmen, um eine Chance zu haben, bei den Vermietern am Ende der Tagesetappe Aufnahme zu finden. In Lokalen bringt die Bedienung oft schon einen Wassernapf für den Hund, bevor dessen Menschen überhaupt den Rucksack abgenommen haben.

📖 **Trekking mit Hund** von Heiko Kühr, Conrad Stein Verlag, Basiswissen für draußen, Band 143, ISBN 978-3-86686-550-1, € 9,90

Rechtliches: Zur Einreise mit deutschen Hunden nach Frankreich benötigen Sie den blauen EU-Heimtierausweis mit Beschreibung des Hundes, Adresse des Halters und Nachweis der Tollwutimpfung (mind. 21 Tage alt). Einreisende Hunde müssen zudem zur eindeutigen Identifikation gechipt sein. Bestimmte Hunderassen („Kampfhunde", Kategorie 1: Pit-Bull Terrier, Staffordshire Terrier, American Staffordshire Terrier, Mastiff, Tosa, strenge Auflagen für Hunde der Kategorie 2) und Hunde, die diesen ähnlichsehen (Achtung, Polizisten und Zöllner sind keine Kynologen = Hundekundler, sie halten mitunter auch einen muskulösen Boxer für einen Kampfhund), dürfen nicht einreisen, sie werden mitunter vor Ort von der Polizei beschlagnahmt und einem Amtstierarzt vorgeführt. Es besteht keine generelle Leinenpflicht. In Ortschaften und Parks müssen Hunde angeleint werden, ebenso auf Anweisung von Förstern und Polizisten.

Information

Fremdenverkehrsämter

Allgemeine Informationen erhalten Sie über die Tourismusvertretungen der Länder:

Ⓓ Atout France – Französische Zentrale für Tourismus, Postfach 100128, 60001 Frankfurt am Main, ☏ +49/69/74 55 56, 💻 de.france.fr

(CH) Atout France – Französische Zentrale für Tourismus, Rennweg 42, 8021 Zürich, 💻 ch.france.fr, ☏ +41/44/217 46 00, FAX +41/44/217 46 17

Ⓐ Atout France – Französische Zentrale für Tourismus, 1010 Wien, ☏ +43/1/503 28 92, 💻 at.france.fr

Office de Tourisme/Mairie/Hôtel de Ville

Vor Ort können Sie sich sehr gut in den örtlichen Touristenbüros mit Informationen zu Sehenswürdigkeiten und Übernachtungsmöglichkeiten versorgen. In

Orten, in denen es kein spezielles Büro gibt, wenden Sie sich bei Bedarf an die Mairie (dt. „Bürgermeisteramt") bzw. das Hôtel de Ville (dt. „Rathaus"). Wenn Sie am Dreiländereck die Grenze zu Frankreich überschreiten, informiert dort eine große Tafel über den Weg durch Lothringen, der dann vor Ihnen liegt. Betont wird dort in drei Sprachen, das alle Auskünfte über die Beherbergung in den Verkehrsbüros am Weg zu finden sind. Dazu zählen auch die nur Pilgern vorbehaltenen Privatunterkünfte. Also scheuen Sie sich nicht, die Hilfestellung anzunehmen. Das gilt auch für diejenigen Pilger, die bereits von zu Hause aus, manchmal Monate im Voraus, eine Pilgerwanderung akribisch planen. Ganz häufig werden Sie auch auf Ansprechpartner treffen, die Deutsch oder zumindest Englisch sprechen.

⊙ Zu den Öffnungszeiten bekommen Sie im Office de Tourisme oder der Mairie auch einen (Pilger-)Stempel für Ihren Pilgerausweis.

@ Die meisten Büros bieten Ihnen kostenfreies WLAN und eine Sitzmöglichkeit.

Nicht in allen Fällen konnte ich die Öffnungszeiten der Sehenswürdigkeiten und Kirchen vor Ort einwandfrei recherchieren. Wenn Sie also keine Zeiten angegeben finden, heißt das nicht, dass es keine Öffnungszeiten gibt. In der Regel können Sie damit rechnen, das touristisch interessante Einrichtungen zumindest im Sommerhalbjahr komfortable Öffnungszeiten haben. Fragen Sie im Zweifelsfall in der Touristeninformation vor Ort nach. In kleinen ländlichen Gemeinden fragen Sie bei Interesse, z. B. bei einer verschlossenen Kirche (was in Frankreich übrigens relativ häufig der Fall ist), in der Mairie nach, wer wohl einen Schlüssel hat. Häufig ist auch das Pfarramt ganz in der Nähe der Kirchen angesiedelt und kann weiterhelfen.

Jakobusgesellschaften

Die **Sankt Jakobusbruderschaft Trier** ist für die Betreuung und die Markierung der Wege im Raum Trier zuständig und erste Anlaufstelle für Pilger ab Trier. In der Dominformation, direkt gegenüber dem Dom, ist ein Pilgerbüro eingerichtet, an das Sie sich mit Fragen wenden können. Einfach und unkompliziert bekommen Sie hier auch Ihren Pilgerausweis direkt ausgestellt, ☞ Trier, Dominformation.

♦ Sankt Jakobusbruderschaft Trier e. V., Paulinstr. 5, 54292 Trier,
sekretaer@sjb-trier.de, www.sjb-trier.de

Die **Sankt Jakobusbruderschaft Düsseldorf** ist aktiv auf dem dort als „Kölner Weg“ bezeichneten Pilgerweg von Köln nach Le Puy-en-Velay. Sie ist Herausgeber der Zeitschrift „Die Kalebasse“ (☞ Literatur). Es werden unterschiedliche selbst entworfene Pilgerpässe auch für Teilstücke der Wege herausgegeben. Vertrieben wird auch ein Pilgerpass für Frankreich (☞ Pilgerpass).

- Sankt Jakobusbruderschaft Düsseldorf e. V., Lützowstr. 245, 42653 Solingen, ✉ sankt-jakobusbruderschaft@t-online.de, 💻 www.jakobusbruderschaft.de

Jakobusgesellschaften in Österreich und in der Schweiz

- Sankt Jakobus Bruderschaft zur Förderung der Pilgerbewegung nach Santiago, Stangaustraße 7, 2392 Sulz im Wienerwald, ☏ +43/22 38/82 70, ☏ +43/22 38/827 04, ✉ h.radolf@radolf.at, 💻 www.radolf.at
- Freunde des Jakobswegs der Schweiz, Les Amis du Chemin de Saint-Jacques, Association helvétique, Sekretariat deutsche Schweiz, Affolterstr. 24, 4542 Luterbach, ☏ +41/32/682 25 50, ✉ sekretariat@viajacobi4.ch, 💻 www.viajacobi4.ch

Die Betreuung der Wege, die Wegauswahl und die Markierung in Frankreich steht unter der Verantwortung folgender Vereinigungen:

Lothringen (frz. Lorraine)

- Association des Amis de Saint-Jacques-de-Compostelle Région Lorraines (dt. „Freundeskreis der Jakobspilger in Lothringen“), Jean Courivaud, 7 Rue des Sources, 88400 Geradmer, ✉ saintjacqueslorraine@gmail.com, 💻 www.st-jacques-lorraine.fr. Der Freundeskreis hat ein Begleitheft mit Kartenausschnitten im Maßstab 1:25.000 zum Weg „Chemin de Schengen à Langres" herausgegeben, ☞ Karten. Dem Heft liegt die aktuelle Liste der privaten Pilgerunterkünfte bei.

Burgund (frz. Bourgogne)

- Confraternité Saint Jacques en Bourgogne (dt. „Jakobusbruderschaft Burgund“), Maison Diocésaine, 9 bis Boulevard Voltaire, 2100 Dijon, ☏ 03 80 63 14 65, ✉ confraternite@st-jacques-bourgogne.org, 💻 www.st-jacques-bourgogne.org. Auf der Internetseite finden Sie eine Übersicht für die Wege im Burgund. Es wird auf Pilgerführer für zwei weitere Zugangswege nach Vézelay (Abzweige vom Hauptweg) hingewiesen.
- Confraternité des Pèlerins de Saint-Jacques en Bourgogne du Nord (dt. „Jakobusbruderschaft im nördlichen Burgund“), Yonne Compostelle, Maison des Randonneurs, 5 Rue Germain Bénard, 89000 Auxerre,

💻 yonne-compostelle.e-monsite.com. Hier finden Sie viele Informationen zu den Wegen und den Übernachtungsmöglichkeiten im Département Yonne (Mélisey – Vézelay). Unter obiger Adresse befindet sich auch ein Hostel. Im Café pèlerin des Hostels findet jeden Samstag von 15:00-17:00 ein Pilgertreff statt.

Wanderwege

Eine umfassende Informationsquelle zu Frankreichs Hauptwanderwegen bietet die Seite 💻 gr-infos.com/gr-de.htm. Hier finden Sie unter anderem die Routen und Tracks zum GR 703, dem Jeanne-d'Arc-Weg und dem GR 654 (der Via Lemovicensis), der 1.587 km durch Frankreich führt.

Karten

Wer mit dem GPS-Track und guten elektronischen Karten auf dem Smartphone oder dem GPS-Gerät unterwegs ist, braucht zum reinen Auffinden des Weges keine zusätzlichen Papierkarten. Wie einleitend erwähnt, verhält es sich auf einem Teilstück des Weges aber so, dass es keine Jakobswegmarkierungen gibt. Das schafft Spielraum für Varianten. Vielleicht finden Sie ja noch den ultimativ schöneren Weg und dabei sind die Papierkarten sehr hilfreich.

Der Blick in die Nahumgebung ist mit kleinformatigen Bildgebern nicht besonders komfortabel. Eine Papierkarte liefert immer eine bessere Übersicht. Ich persönlich habe trotz guter elektronischer Ausrüstung immer Papierkarten dabei. Auch für diejenigen, die sich am liebsten ganz auf den beschreibenden Text verlassen, ist der Blick in die Nahumgebung immer eine zusätzliche Hilfe, die Übersicht zu behalten. Das gilt vor allem auch für ungeplante Abstecher oder Notfälle, die ein Abweichen vom beschriebenen und markierten Weg erfordern.

🚲 Für Radfahrer sind die unten aufgeführten Karten im Maßstab 1:100.000 eine perfekte Hilfe zur flexiblen Planung der Wegführung. Für den Fußgänger reichen Sie zur Übersicht aus.

Von Trier bis Schengen/Sierck-le-Bains kommen Sie mit einer Karte im Maßstab 1:50.000 aus.

- Topografische Karte Naturpark Saar-Hunsrück, ISBN 978-3-89637-370-0, der Pilgerweg ist eingezeichnet. Im Buchhandel gibt es (Stand Nov 2020) noch einige Restexemplare. Eine Neuauflage ist nicht geplant.

- ♦ Alternative: Kompass-Kartenset 2202 Luxemburg, ISBN 978-3-85026-617-8
  Von der Association des Amis de Saint-Jacques-de-Compostelle Région Lorraine gibt es das Kartenheft im Maßstab 1:25.000.
- ♦ Das Kartenheft „Vers Saint-Jacques de Compostelle en passant par la Lorraine – Chemin de Schengen à Langres“ ist perfekt für die Strecke von Schengen bis Chalaines (Lothringen), ISBN 978-2-9548081-0-9, € 10, mit Stadtplänen von Metz, Pont-à-Mousson und Toul. Im Weiteren wird der Hauptweg bis Langres beschrieben. Eine Liste der privaten Pilgerunterkünfte und der Touristinformationen am Weg ist beigefügt. Es ist in den Touristeninformationen in Sierck-les-Bains und Metz erhältlich.

Damit das Gepäck nicht zu schwer wird, laufen und radeln die meisten Pilger in Frankreich mit den IGN-Karten im Maßstab 1:100.000. Das ist für kartenerfahrene Wanderer auch durchgängig unproblematisch.

- ▷ Nr. 111: Metz, Verdun, Luxembourg (Schongen bis Saizerais), ISBN 978-2-7585-2999-6
- ▷ Nr. 121: Nancy, Épinal (Saizerais bis Cirfontaine-en-Ornois), ISBN 978-2-7585-4080-9
- ▷ Nr. 120: Saint-Dizier, Chaumont (Cirfontaine-en-Ornois bis Les Riceys), ISBN 978-2-7585-4079-3
- ▷ Nr. 129: Dijon, Montbard (Les Riceys bis Tonnerre), ISBN 978-2-7585-4081-6
- ▷ Nr. 128: Auxerre, Montargis (Tonnerre bis Vézelay), ISBN 978-2-7585-4754-9

Sie sollten die Karten schon von zu Hause aus bestellen. Vor Ort werden meist Karten mit Maßstab 1:25.000 und 1:50.000 angeboten, die viel zu schnell abgewandert sind.

☺ Die Kartenempfehlungen wurden von der Geobuchhandlung Kiel überprüft. 💻 www.geobuchhandlung.de

Kinder

Ein Kind mit auf eine Pilgerfahrt zu nehmen, die für Erwachsene schon mit größten Mühen verbunden ist, will gut überlegt sein. Es funktioniert in der Praxis eigentlich nur in belastbaren Teams und Familien, die lange Touren gewöhnt sind. Ganz kleine Kinder in der Kraxe oder im Fahrradanhänger durch jedes Wetter zu transportieren, erfordert ein geduldiges Naturell von Eltern und Kindern sowie eine gute Kondition des Trägers bzw. Fahrers.

Gut vorbereitete und ausgerüstete Kinder, die gerne wandern bzw. radeln und mit verantwortungsvollen Erwachsenen unterwegs sind, werden die abwechslungsreiche Landschaft und die netten Leute schnell in ihr Herz schließen. Nur darf auf den langen Strecken die Laune nicht sinken, dabei helfen Spiele, Singen und spannend erzählte Geschichten.

📖 **Wandern mit Kind** von Kerstin Micklitza, Basiswissen für draußen, Conrad Stein Verlag, Basiswissen für draußen, ISBN 978-3-86686-015-5, € 7,90

Klima und Reisezeit

Klimadiagramme, welche die durchschnittlichen Wetterdaten der vergangenen 20 Jahre abbilden, sind im Umbruch der Zeit des Klimawandels kaum noch zuverlässig anwendbar. Wer länger unterwegs ist, muss sich sowieso mit wechselnden Gegebenheiten abfinden. Wer einen Zeitraum von 14 Tagen oder drei Wochen zur Verfügung hat, kann sich, sofern flexibel planbar, schon eher nach dem langfristigen Wetterbericht richten. Vézelay liegt in etwa auf dem Breitengrad von Basel. Also gar nicht so weit südlich. Trotzdem gab es in den letzten zwei Jahren Tageshöchsttemperaturen von bis zu 35° C nicht nur im Juli/August, sondern auch im Juni und September. Durch die seit 2016 herrschende extreme Sommertrockenheit im zentralen Frankreich werden die hohen Temperaturen im Westen Lothringens und der Champagne aber viel besser vertragen als z. B. im Raum Trier und auf dem Weg entlang der Mosel, wo es höhere Verdunstungsraten gibt. Wer empfindlich ist, weicht auf die Monate April/Mai bis Mitte Juni und Mitte September/Oktober aus, muss dann aber auch mit einer höheren Regenwahrscheinlichkeit rechnen. Durch die relative Höhe von bis zu 400 m, auf der sich der Weg bewegt, ist dann durchaus auch schon mit frischen bis kühlen Wetterlagen zu rechnen.

Grundsätzlich ist der Weg Trier – Vézelay ganzjährig zu begehen. Begrenzende Faktoren sind die kurze Lichtzeit im Winter. Die Hauptreisezeit ist von April bis Mitte November.

☺ Während Hitzeperioden ist die heißeste Zeit des Tages zwischen 14:00 und 17:00 zu erwarten. (Sehr früh aufbrechen!)

Wer in Trier startet und bis Santiago oder Finisterre gehen will, wird dies meist bis etwa Ende Juli getan haben, um am Pyrenäenpass nicht in den ersten Schnee zu kommen. So lautet jedenfalls eine Regel. Der erste Schneefall im Hochgebirge verschob sich allerdings in den letzten Jahren deutlich an das Jahresende. So habe ich den Somportpass auf der Via Tolosana 2017 Anfang November problemlos überschritten und im Norden Spaniens im Anschluss allerbestes Hochdruckwetter erlebt.

Literatur

Allgemeine Literatur zum Jakobsweg und zum Pilgern:

- Coelho, Paolo: **Auf dem Jakobsweg**. Der Klassiker unter den Tagebüchern zur Pilgerreise nach Santiago de Compostela. Das Hörbuch ist gegenüber der Taschenbuchfassung stark gekürzt. Diogenes 1999, ISBN 978-3-257-23115-1
- Joos, Raimund: **Pilgern auf den Jakobswegen**. Praktische Tipps und Nachdenkliches zur Vorbereitung der Pilgerreise. Basiswissen für draußen, Conrad Stein Verlag 2020, ISBN 978-3-86686-394-1

Pilger- und Wanderführer bis Trier: ☞ Anreise

Pilgerführer:

- Degen, Horst: **Pilgerwanderung 2002 von Trier nach Toul**. In: Die Kalebasse, Nr. 33, Solingen 2003, S. 3-45;
- Degen, Horst: **Pilgerwanderung 2003 von Toul nach Clairvaux**. In: Die Kalebasse, Nr. 35, Solingen 2004, S. 2-43
- Degen, Horst: **Pilgerwanderung 2004 von Clairvaux nach Vézelay**. In: Die Kalebasse, Nr. 37, Solingen 2005, S. 25-68
- Steffen, Wolfgang: **Von Apostelgrab zu Apostelgrab**, von Sankt Matthias in Trier bis Sainte Madeleine in Vézelay. Wegbeschreibung, Hintergründe. Galli Verlag Hohenwart 2009, ISBN 978-3-936990-49-2
- Töpner, Walter: **Wege der Jakobspilger**, Band 2 Rheinland, Eifel, Lothringen, Burgund. Detaillierte Beschreibungen zu historischen Hintergründen, Städten und Landschaften zur Tourvorbereitung. Paulinus 2005, ISBN 978-3-7902-1310-2

Pilgerführer für den Weg nach Santiago de Compostela:

- Fügen, Randolf: **Frankreich: Jakobsweg Via Lemovicensis**, Conrad Stein Verlag 2019, ISBN 978-3-86686-647-8
- Joos, Raimund: **Spanien: Jakobsweg Camino Francés**, Conrad Stein Verlag 2020, ISBN 978-3-86686-424-5

- Joos, Raimund: **Spanien: Jakobsweg – Küstenweg, Camino de la Costa, Camino del Norte und beliebte Varianten**, Conrad Stein Verlag 2020, ISBN 978-3-86686-405-4
- Joos, Raimund: **Nordspanien: Jakobsweg Camino Primitivo**, Conrad Stein Verlag 2018, ISBN 978-3-86686-482-5
- Joos, Raimund, **Spanien: Camino Inglés**, Conrad Stein Verlag 2018, ISBN 978-3-86686-608-9

Und außerdem:

- Gertz, Kurt-Peter: **Auf du und Du mit dem Pilgerapostel** – Französischer Jakobsweg von Vézelay in Burgund zu den Pyrenäen, Dialoge auf dem französischen Jakobsweg Via Lemovicensis. Kurt-Peter Gerz war bis 2009 Pastor in Ratingen-Homberg und hat ein ganzes Dorf mit seiner Pilgerleidenschaft angesteckt. Verlag U. Nink 2019, ISBN 978-3-934159-44-0

Markierungen

Markiert ist der Weg von Trier bis Chalaines und von Bagneux-la-Fosse bis Vézelay mit dem in Europa einheitlich verwendeten Symbol, der stilisierten, gelben Muschel auf blauem Grund. Die auf ein Zentrum (Santiago de Compostela) gerichteten Strahlen (Wege der Jakobspilger) geben Anlass dazu, dieses Kennzeichen an geeigneten Untergründen in der Landschaft so anzubringen, dass es auch die Richtung weist, das vom Strahlenbündel gebildete Zentrum also je nach Wegverlauf nach rechts, links oder vorne (an Laternenmasten, Verkehrsschildern o. Ä. nach oben) auszurichten. Dieses Prinzip ist auf der gesamten Wegstrecke nicht angewendet.

Im Saargau und in Lothringen ergänzen gelbe Pfeile die Zeichen.

In Frankreich sind auch die Pilgerwege in aller Regel als Wanderwege nach dem üblichen System sehr professionell gekennzeichnet. Oft sind dabei die Pilgerzeichen nur ergänzend und sporadisch gesetzt. Dies vor allem dann, wenn der Pilgerweg längere Zeit einem der Weitwanderwege folgt.

GR bedeutet ***Grandes Randonnées*** (dt. „große Wanderwege oder Weitwanderwege"). Diese führen oft über weite Strecken bzw. in manchen Fällen durch ganz Frankreich von einem Ort zum anderen.

GRP bedeutet ***GR de Pays*** und meint einen Rundwanderweg. Auch diese Wege können sehr lang sein und erschließen mitunter eine ganze Region (*pays* = dt. „Landschaft").

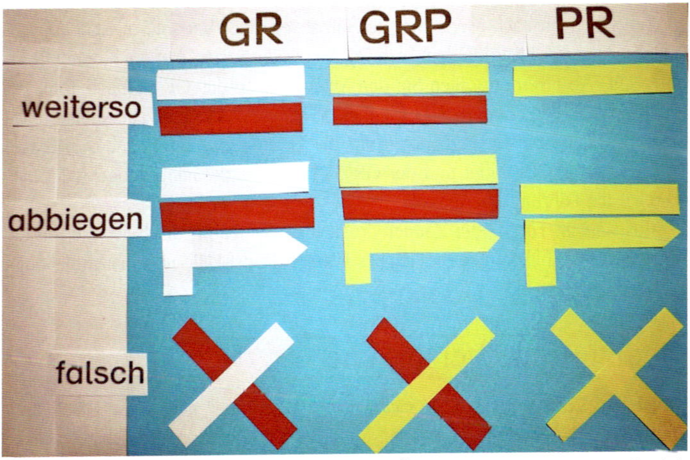

Die kleine Abbildung gibt eine gute Übersicht über die in Frankreich allgemein gültigen Zeichen

PR bedeutet ***Petit Randonnées*** (dt. „kleine Wanderwege"). Das sind Wege, die nur regionale Bedeutung haben (Spazierwege).

Die Wegzeichen bestehen aus liegenden Balken oder Strichen. Weitwanderwege tragen die Farben weiß und rot, Rundwanderwege gelb und rot und nur regional bedeutsame Wege sind gelb markiert. Das einfache Markierungszeichen bedeutet: geradeaus gehen (frz. *continuité du sentier*). Ein Richtungswechsel wird durch einen unter dem Zeichen angebrachten Pfeil dargestellt (frz. *changement de direction*). Falsche Wege sind in den jeweiligen Farben des Weges gekreuzt (frz. *mauvaise direction*).

Die GR-Wege tragen zusätzlich Nummern, um sie unterscheiden zu können. Da heißt es also immer mal wieder: Augen auf und nicht jedem weiß-roten Zeichen hinterherlaufen!

Die strengen Regeln für die Kennzeichnung von Wanderwegen können durchaus auch mal durch andere Markierungsfarben ergänzt werden. So laufen Sie auch in Teilen auf dem Weitwanderweg Metz – Nancy. Er ist durch zwei übereinanderliegende gelbe Balken gekennzeichnet. Im Département Yonne sind Varianten zum Hauptweg mit einem gelben und einem blauen übereinanderliegenden Balken gekennzeichnet. Häufig ist das Muschelsymbol integriert.

Von Schengen nach Metz folgt der Pilgerweg einer Variante des GR 5F, von Metz bis kurz vor Liverdun dem Fernweg Metz-Nancy, der aber auch dem GR 5F entspricht. Ab Liverdun folgen Sie den Markierungen des GR 5F nach Toul. Ab Toul folgt der Weg dem GR 703 (Sentier de Jeanne d'Arc) bis Vaucouleurs. Dieser bleibt auch überwiegend wichtig für die Orientierung bis Bagneux-la-Fosse, wo er (Stand 2020) endet und der GR 654 (Sentier de Saint-Jacques-de-Compostelle) die Führung übernimmt.

Muscheln an Türen oder Zäunen drücken die Sympathie der Bewohner für die Pilger aus. Hier bekommen Sie frisches Wasser, Tipps, Hilfe und manchmal auch ein Bett.

Medizinische Versorgung

Entlang des Weges erhalten Sie medizinische Versorgung mit kurzen Hilfsfristen. Krankenhäuser befinden sich in Trier, Metz, Pont-à-Mousson, Neufchâteau (nahe am Weg), Joinville, Tonnere und Auxerre. Niedergelassene Ärzte, Zahnärzte, Tierärzte und Apotheken sind in den größeren Orten am Weg zu finden.

Auf langen und einsamen Strecken kann es im Notfall bei einer plötzlichen Erkrankung oder Verletzung wichtig sein, Grundkenntnisse in der Ersten Hilfe zu haben, um sich und andere Pilger schnell und zuverlässig versorgen zu können.

Notruf

Polizei, Feuerwehr und Rettungsdienst sind über den Euronotruf ☏ 112 erreichbar.

Pilgerausweis und Pilgerstempel

Der Pilgerpass, spanisch *credencial* und französisch *créanciale*, oft verbunden mit einem Empfehlungs- oder Geleitschreiben, war das wichtigste Dokument für den Pilger des Mittelalters. Nur so konnte er in Herbergen und Hospitälern auf Aufnahme oder mit Hilfen in der Not rechnen. Das ist heute wieder genauso und hatte sich zunächst im Norden Spaniens, auf dem Hauptweg, in den die Wege aus ganz Europa einmünden, etabliert. Die Infrastruktur der preisgünstigen Herbergen, die dort seit den 1950er-Jahren wieder entstanden sind, ist alleine denjenigen vorbehalten, die zu Fuß, mit dem Rad und zu Pferd pilgern. Die Stempel im Pass dokumentieren den zurückgelegten Weg und belegen, dass man berechtigt ist, in einer Herberge zu übernachten. Einzelwanderer haben Vorrang vor Gruppen. Wer ein bestimmtes Reglement einhält, bekommt am Ziel im Pilgerbüro der Kathedrale von Santiago de Compostela eine Urkunde, die Compostela, ausgehändigt.

Wenn Sie nicht nach Spanien wollen, sondern zumindest vorerst in Frankreich bleiben, brauchen Sie nicht unbedingt den offiziellen spanischen Pass des Pilgerbüros von Santiago de Compostela. Dieser ist das am meisten verbreitete Dokument und wird von vielen Jakobusgesellschaften vertrieben. Die Jakobusbruderschaft Düsseldorf empfiehlt für die französischen Wege die französischen Créanciale, hat aber auch mehrere abschnittbezogene „Eigenkreationen" im Angebot. Letztlich empfiehlt es sich auch, ein solches vorgefertigtes Dokument zu erwerben, da es in Größe und Form dem Zweck angepasst ist. Versehen Sie das Dokument mit Ihrem Namen, Ihrer Anschrift und dem Datum Ihrer Abreise. Wichtig ist, dass Sie regelmäßig (am besten täglich) stempeln lassen und dadurch glaubhaft machen, dass Sie zu Fuß, mit dem Rad oder mit dem Pferd, also langsam, unterwegs sind, denn auch in Frankreich und auf dem kurzen Wegstück in Deutschland werden Sie den Beleg brauchen, wenn Sie Privatunterkünfte, die alleine den Pilgern vorbehalten sind, oder eine, meist von den Gemeinden (oder Kirchen) betriebene, Pilgerunterkunft in Anspruch nehmen wollen. Manchmal bekommen Sie auch in konventionellen Unterkunftsbetrieben bei Vorlage des Ausweises Preisnachlässe. Am Startpunkt des Weges in Trier können Sie sich auch bequem das offizielle spanische Credencial ausstellen lassen, falls Sie sich z. B. im Vorfeld noch um nichts gekümmert haben. (☞ Informationen)

⊙ Das Symbol steht für eine Stelle, an der Sie einen offiziellen Pilgerstempel bekommen können. Sie sind meist sehr schön gestaltet und beliebte Sammlerstücke. Für den Nachweis der Berechtigung ist aber auch ein Eintrag jedweder Übernachtungsstelle oder der Touristinformationen ausreichend.

Post und Telekommunikation

Echte Postämter sind sowohl im Saargau als auch in Frankreich vom Aussterben bedroht. Unterwegs finden Sie die Schalter der Postagenturen meist in Lottoannahmestellen, Schreibwarenläden, Kiosken und Ähnlichem. Daher sind allgemeingültige Angaben zu Öffnungszeiten nicht möglich. Postdienste werden zum Teil nicht während der gesamten Öffnungszeit des Hauptladens angeboten. Reine Postämter sind in Frankreich mit einem gelben Schild mit der Aufschrift „La

Poste" gekennzeichnet. Die Briefkästen in Frankreich sind klein und gelb mit schmalen blauen Streifen an den Rändern. Briefmarken bekommen Sie in Tabakläden oder Poststellen.

In allen Städten und vielen Dörfern an der Strecke gibt es öffentliche Telefone, leider inzwischen meist ohne eine schützende Zelle, die Regen und ungewollte Mithörer abhalten könnte. Die Zahl der Münztelefone entspricht in etwa der der Kartentelefone.

Die ersten beiden Ziffern der stets zehnstelligen Rufnummern bezeichnen die Region (z. B. 01 = Paris, 03 = Nordostfrankreich, 06 = Mobiltelefone). Telefonnummern, die mit 08 beginnen, verursachen Gebühren in Höhe von 34 Cent pro Min.

Wenn Sie aus dem Ausland nach Frankreich telefonieren wollen, müssen Sie die erste Null durch 00 33 ersetzen. Für Gespräche aus Frankreich oder Luxemburg wählen Sie die 00 49 für Deutschland, 00 43 für Österreich und 00 41 für die Schweiz anstelle der ersten Null der Vorwahl.

Radfahren

Der Jakobsweg ist als Fußweg konzipiert, die Mehrheit der Pilger ist zu Fuß unterwegs. Die Beschreibungen sind daher meist für Wanderer formuliert. Wegabschnitte mit grobem Schotter, Graswege, zu enge Fußpfade oder steile Anstiege, die das Fahren besonders erschweren, werden im Text zu den einzelnen Etappen genannt, sodass Sie diese Stellen umfahren können. Sie sollten aber trotzdem einen Hang zu kleinen, nicht asphaltierten Feld- und Waldwegen haben, denn große Teile des Weges verlaufen abseits geteerter Straßen.

Damit Sie auch als Radpilger Ihren Weg nach Vézelay finden, habe ich in manchen Bereichen nach Alternativstrecken gesucht.

Spezielle Hinweise und Streckenalternativen für Radpilger sind mit dem Symbol gekennzeichnet.

Reiten

Pilger mit Pferd oder Esel sind nach Auskunft der Vermieter auf der Strecke recht selten anzutreffen. Mir selbst sind nur ein einziges Mal zwei berittene Pilger begegnet und die waren nur auf einem kurzen Teilstück unterwegs. Nur wenige Pilger verfügen über ein Reit- und Tragtier oder kaum ein Tierfreund will seinem Vierbeiner eine solch lange Strecke antun.

Alle ländlichen Vermieter bestätigten aber übereinstimmend, sie würden selbstverständlich auch Reittiere aufnehmen bzw. in der Umgebung nach Unterbringungsmöglichkeiten suchen. Dies müsse nur frühzeitig abgesprochen werden.

Sprache

Im Saargau wird mit Reisenden durchgängig Hochdeutsch gesprochen. Auch der moselfränkische Dialekt ist gut verständlich. In Luxemburg spricht nahezu jeder neben Letzebüergisch auch Französisch und Deutsch.

Schon unmittelbar hinter der Grenze, in Apach, kann es für diejenigen, die der französischen Sprache nicht mächtig sind, schwierig werden. Auch wenn sich heute immer mehr Franzosen bequemen, Englisch zu lernen, und in Touristinformationen auch die deutsche Sprache verbreitet ist, muss man immer damit rechnen, sich nur auf Französisch verständigen zu können. Ein gewisses französisches Grundvokabular ist also von Vorteil. Einige Begriffe zum Sattwerden finden Sie bei ☜ Essen und Trinken, andere Survival-Phrasen im Anhang, ☞ Kleiner Sprachführer.

Will man sich z. B. mit Gastgebern auf Französisch austauschen, ist eine Übersetzungs-App auf dem Smartphone eine große Hilfe. Bewährt hat sich z. B. Sayhi (für Android und iOS), welche den Schwerpunkt auf die direkte Kommunikation mit dem Anderssprachigen setzt. Für Android-Telefone ist der Google-Übersetzer insbesondere für kurze Textpassagen passabel. Mit dieser App können Sie sogar Texttafeln abfotografieren und übersetzen lassen. Möglich sind direkte Kommunikation oder auch Übersetzungen nach Eingabe von Text oder Sprache. Wer sich das Datenpaket auf sein Telefon lädt, kann diese App auch offline nutzen.

Stromspannung

Das französische Stromnetz arbeitet wie das heimische Netz mit 230 Volt, 50 Hertz. Die heimischen Flachstecker passen auch in Frankreich, nur für die dicken Schukostecker braucht man mitunter Adapter.

Termine

Jour de Saint Jacques: Der Gedenktag für Jakobus d. Ä. am 25. Juli wird in Deutschland Jakobi-, Sankt-Jakob- oder Jakobustag genannt. Fällt er auf einen Sonntag, sprechen Jakobspilger vom heiligen Jahr. Dies war letztmalig 2010 der Fall, 2021 ist ebenfalls ein heiliges Jahr.

Gehen Sie bei Ihrer Planung davon aus, dass im heiligen Jahr noch viel mehr Pilger als sonst auf dem Jakobsweg unterwegs sein werden. Zwischen Trier und Vézelay ist vermutlich aber kein Gedrängel zu erwarten.

Jour de pèlerinage: Der 15. August ist in Frankreich der Tag des Pilgerns. Das Pilgerziel ist für den Einzelnen frei wählbar, es kann die nächste Kirche, ein Kloster, eine Abtei, ein Dom oder eine heilige Quelle im Wald sein. Viele französische Jakobspilger starten ihre Pilgerfahrt nach Santiago an diesem Tag, deshalb kann es in den Unterkünften in Vézelay sehr eng werden.

Trampen

Ein Formtief, eine Verletzung, falsche Etappenplanung oder heftige Unwetter können den Pilger dazu zwingen, die geplante Tagesetappe abzubrechen und die restliche Strecke zur Unterkunft alternativ zurückzulegen. Wer von anderen Wanderreisen gute Erfahrungen mit Trampen (Autostopp) in Erinnerung hat, kann hier enttäuscht feststellen, dass er am Pilgerweg mitunter sehr lange stehen muss, bis überhaupt ein Kraftfahrer vorbeikommt, der ihn mitnehmen könnte. Das ist der Nachteil wenig befahrener Straßen.

Wer sich aber größere Straßen aussuchen kann, und dafür kann man auch gut einen Umweg in Kauf nehmen, wird in der Regel gerne mitgenommen. Ich habe diese Art des Reisens jedenfalls bei den Recherchetouren mehrfach genutzt, um vom Weg zu einem Bahnhof oder in die nächste Stadt zur Übernachtung zu kommen.

Unterkunft

Für Übernachtungsmöglichkeiten ist am Pilgerweg meist gut gesorgt. Die Unterkünfte liegen für durchschnittlich trainierte Läufer in guter Laufweite voneinander entfernt. Nur in einigen wenigen Regionen müssen Sie genauer planen, ☞ Office de Tourisme.

Spätestens bei einem Blick auf die Zimmerpreise und der Feststellung, dass Einzelzimmer oft das Gleiche kosten wie Doppelzimmer, überlegt sich manch ein Pilger vielleicht, doch nicht alleine zu gehen, sondern sich einen Partner zu suchen. ✋ Aber Vorsicht: Mit diesem sollte man recht vertraut sein, denn manch ein angebliches Doppelzimmer hat nur ein französisches Bett mit 160 oder gar 140 cm Breite nebst einer großen Bettdecke für beide zusammen. Achten Sie im Falle, dass Sie etwas mehr Platz und eine eigene Decke benötigen, darauf, ein

Zimmer zu buchen, das zwei Einzelbetten hat. Auch für Einzelgänger sind die Rabatte in dem Fall evtl. größer.

Am Pilgerweg finden Sie einige auf die Bedürfnisse von Pilgern zugeschnittene, preiswerte Unterkünfte unterschiedlicher Art. Das können herkömmliche Jugendherbergen (frz. *auberge de jeunesse*) oder Hostels sein, welche Mehrbettzimmer (MBZ) anbieten, aber auch spezielle Pilgerherbergen. Für die **Jugendherbergen** brauchen Sie einen Nachweis Ihrer Mitgliedschaft, den Sie in den meisten Fällen auch noch spontan vor Ort erwerben können.

Klöster galten schon im Mittelalter als Garant für eine gute Unterbringung. Pilger wählten die Routen nach der Lage der Klöster aus, da diese niemanden, der für eine Nacht dort schlafen wollte, abweisen konnten und wollten. Das sieht heute zwar ein bisschen anders aus, aber in vielen Fällen fühlen sich die Klöster dieser Tradition verpflichtet und reservieren einen Teil ihrer Gästezimmer für die Pilger. Am Start in Trier können Sie im Matthiaskloster übernachten. Ansonsten ist mir an diesem Weg kein weiteres Kloster bekannt.

Spezielle **Pilgerherbergen**, oft als Einrichtungen der Gemeinden (*gîte communal, gîte de séjour communal* oder *gîte d'étappe municipal*), sind auf dieser Wegstrecke recht dünn gesät, ein paar gibt es aber doch. Hervorzuheben ist die tolle Herberge in Ambonville, die allerdings keine gemeindliche ist, sondern auf der privaten Initiative eines Pastors entstand. In Étourvy steht gar ein ganzes Schloss auch den Pilgern offen. Geplant als Gruppenunterkunft, *foyer rural* (dt. „Landheim") und *gîte de groups* (dt. „Gruppenunterkunft"), ergab die günstige Lage am Pilgerweg die rege Inanspruchnahme durch Pilger. Einmal können Sie in einer Unterkunft für „Gastarbeiter" schlafen, die sonst nur während der Weinlese benötigt wird. In den Einrichtungen der Gemeinden müssen Sie in der Regel für die Bettwäsche selber sorgen (☞ Ausrüstung). Ein Pilgerausweis ist in allen in diesem Abschnitt genannten Unterkünften obligatorisch.

Sie sprechen kein Französisch und freuen sich über gleichlautende Worte? Beim Wort „**hôtel**" ist Vorsicht angebracht. Zugegeben: Die meisten französischen *hôtels* sind Beherbergungsbetriebe, die wir auch in Deutschland „Hotel" nennen würden. Aber in Frankreich gibt es auch ein Hôtel de Ville. Das ist nicht – wie man meinen könnte – das „Stadthotel", sondern das Rathaus. Hier erhalten Sie evtl. während der Öffnungszeiten einen Pilgerstempel oder einen Rat, aber kein Bett für die Nacht! In kleineren Orten heißt es eher Mairie („Bürgermeisteramt") als Hôtel de Ville.

Einprägen sollten Sie sich weitere Begrifflichkeiten, welche Unterbringungsmöglichkeiten beschreiben. Sehr häufig finden Sie das ***chambre d'hôtes***, das in diesem Führer mit B&B bezeichnet wird und Zimmer mit Frühstück bietet, manchmal aber auch nach Voranmeldung Abendessen, was dann als *table d'hôtes* bezeichnet wird. Zimmer können auch **Studios** sein. Dann haben sie eine Kochzeile. Meublés sind Zimmer, die auch ohne Frühstück vermietet werden. Eine ***gîte*** ist eine Ferienwohnung, die in der Regel nicht für eine Nacht vermietet wird. Für die ***gîte de séjour***, ein Ferienhaus, gilt Entsprechendes. Die ***gîte d'étape*** hingegen ist ein einfaches, oft mit MBZ ausgestattetes Quartier und auch für eine Nacht zu haben. In manchen Fällen benötigt man sein eigenes Bettzeug, ☜ Ausrüstung. Auch manche Pilgerherbergen tragen diese Bezeichnung. Für Gruppen gibt es die ***gîte de groupe***, die im Regelfall im Ganzen an feste Gruppen vermietet wird, in manchen Fällen aber auch an Einzelwanderer. Im Burgund treffen Sie auch auf den Begriff ***accueil pèlerins***. Damit werden besonders Pilgern zugewandte Privatunterkünfte bezeichnet. Dabei handelt es sich manchmal um Privatleute, die Pilgern ein freies Zimmer gegen eine Spende anbieten. Es können aber auch ansonsten kommerziell ausgerichtete Betriebe sein, die Pilgern Rabatte einräumen.

☺ In größeren Orten ist es heute auch leicht, mithilfe der Apps der Hotelanbieter einen Marktüberblick zu bekommen. Gute Erfahrungen habe ich mit 💻 www.booking.com und eingeschränkt, da oft keine präzise, ortsbezogene Auswahl getroffen wird und für einen Fußgänger viel zu weit abliegende Quartiere aufgezeigt werden, mit 💻 www.airbnb.com.

☺ Immer wenn es möglich ist, Sie also abschätzen können, wie weit Sie an einem Tag laufen können oder wollen, sollten Sie spätestens am Morgen die nächste Unterkunft vorbuchen. Das hat den Vorteil, dass Sie mit der ruhigen Gewissheit, auch abends unterzukommen, viel entspannter laufen. Auch hat es den Vorteil, dass Sie vom Vermieter des Vortages Hilfe beim Telefonieren bekommen können. Oft haben Vermieter auch schon Erfahrungen mit den Bedürfnissen der Pilger, kennen die am Weg liegenden nächsten Beherbergungsbetriebe und bieten gerne ihre Hilfe an.

Zuletzt ist es auch für die Beherbergungsbetriebe selbst wichtig, dass sie sich darauf einstellen können, wer am Abend kommt und ob sie ein Abendessen vorbereiten sollen.

In der Regel kommt auf den Übernachtungspreis noch eine Kurtaxe. Berechnet wird diese prozentual zum Übernachtungspreis.

Am Pilgerweg liegen leider nicht immer im Tagesabstand Campingplätze. Wildcampen ist in Rheinland-Pfalz, Luxemburg und Frankreich verboten, die zuständigen Ämter drohen mit empfindlichen Bußgeldern. Das Übernachten in Hängematten gilt in diesem Zusammenhang auch als Campen. Tatsächlich verhängte Bußgelder stehen aber meist mit anderen Störungen in Verbindung. Keiner hat Einwände, wenn Sie es an einem stürmischen Gewitterabend vollkommen erschöpft nicht mehr aus einem riesigen Waldgebiet herausschaffen, biwakieren und Ihren Lagerplatz so verlassen, wie Sie ihn vorgefunden haben. Ansonsten sei eher dazu geraten, bei Bauern, Förstern oder Privatleuten um ein kleines Eckchen Rasen zu bitten, um dort das Zelt aufzubauen. Also: Stets vorher fragen, fast immer bekommt man die Erlaubnis und noch dazu einen guten Tipp, wo das Zelt windgeschützt und schlammfrei steht.

Updates

Der Conrad Stein Verlag veröffentlicht Updates zu diesem Buch, die direkt von dem Autor oder von Lesern dieses Buches stammen. Bitte suchen Sie vor Ihrer Abreise auf der Verlagshomepage www.conrad-stein-verlag.de diesen Titel. Unter dem Punkt „Updates" finden Sie alle wichtigen Informationen. Der rechts abgebildete QR-Code führt Sie direkt zu der richtigen Seite.

Verkehrsmittel unterwegs

Wer zur Abkürzung einer Etappe, zur An- oder Abreise von unterwegs oder auch in Notfällen die öffentlichen Verkehrsmittel nutzen will, findet einige Hinweise zu den Bus- und Bahnverbindungen den einzelnen Kapiteln beigefügt. Zusätzlich sind, soweit bekannt, die örtlichen Taxiunternehmen aufgeführt.

Es muss aber auch deutlich gesagt werden, dass die durchwanderten Gegenden häufig so dünn besiedelt und einsam sind, dass Buslinien nur für den Schülertransport und mit Voranmeldung mit bis zu 24 Stunden Vorlaufzeit existieren (frz. *transport à la demande*) und somit für Pilger oder Wanderer nahezu unbrauchbar sind.

Das französische Schienennahverkehrsnetz ist in Teilen recht veraltet. Viele ehemalige Strecken sind zurückgebaut und zu Radwegen umgewidmet worden. Zugverbindungen gibt es selten im Taktverkehr. Aber in einigen Fällen, wie im Moseltal, lassen sie sich sogar komfortabel zu gepäckfreien Touren von einem festen Standort aus nutzen.

Auch in Frankreich ist die Verbindungssuche über die deutsche Bahnseite oft komfortabler als über die Seite der französischen Staatsbahn SNCF.

Fahrkarten kaufen Sie an den Bahnschaltern oder den Automaten, die zumindest in größeren Bahnhöfen europäischen Standards entsprechen und auf diverse Sprachen eingestellt werden können. Die älteren Automaten werden mit einem Drehschalter bedient. Durch Drehen wählen Sie aus und bestätigen die Auswahl durch Drücken desselben Knopfes.

Über die SNCF-App auf dem Smartphone lassen sich die Fahrkarten ebenfalls erwerben. Man benötigt allerdings eine Kreditkarte, welche ein Tanverfahren akzeptiert.

www.reiseauskunft.bahn.de

www.sncf.com

www.itaxis.fr

Laden Sie sich die Apps der Mobilitätsunternehmen auf Ihr Smartphone. Damit haben Sie immer den passenden Überblick und können auch von unterwegs aus Fahrten buchen, wenn auch mit Einschränkung.

Falls Sie Ihre Pilgerfahrt unterbrochen haben und dann zu einem späteren Zeitpunkt erneut nach Frankreich anreisen, sollten Sie wissen, dass sich die französischen Nahverkehrszüge (TER, Transport express régional) in Deutschland weder über die Reiseauskunft der Bahn noch bei einem der Reisezentren buchen lassen (Stand 2020). Für Verbindungen, die einen Nahverkehrszug in Frankreich enthalten, bekommen Sie keine Preise angezeigt. Für dieses Problem gibt es mehrere Lösungen.

1. Sie buchen vorab nur den Fernverkehr und den Nahverkehr vor Ort am Schalter im französischen Bahnhof oder an einem der Automaten. Dafür müssen Sie etwas Umsteigezeit einplanen.
2. Sie können auf der Seite der französischen Bahn www.sncf.com/de die fehlende Zugfahrkarte buchen und sich diese unentgeltlich auch nach Deutschland, Österreich oder in die Schweiz schicken lassen. Das braucht etwa drei Tage Vorlaufzeit.

3. Buchen Sie einfach über die Webseite des englischen Unternehmens Trainline (☞ An- und Abreise, Mit der Bahn).

🚲 Radfahrer geben das mitgeführte Rad bei der Fahrkartenbuchung mit an und erhalten so die notwendigen Reservierungen automatisch angezeigt. In allen französischen Nahverkehrszügen (TER) können Fahrräder kosten- und reservierungsfrei mitgeführt werden.

🚌 Das Heraussuchen von Busverbindungen und, wenn man sie gefunden hat, das Verstehen der Fahrpläne sind wesentlich komplizierter als bei der Bahn, da es landesweit nicht nur einen Anbieter gibt. Jede Region und jedes Département sind für die Bustransporte selbst verantwortlich. So können Sie sich beim Durchqueren des Landes ständig an neue Webseiten und Fahrplanausgaben gewöhnen. Zusätzlich unübersichtlich werden die Pläne dort, wo nicht nur nach Werktag, Samstag und Sonntag, sondern auch noch nach Schulferien oder Schultagen unterschieden wird.

☺ Falls Sie Buslinien zur Unterbrechung-, An- oder Abreise nutzen wollen, erkundigen Sie sich am besten bei einer Touristinformation nach den Fahrzeiten und der Lage der Bushaltestellen. Busfahrkarten bekommen Sie beim Fahrer, in den Städten auch an Automaten.

✋ Ganz wichtig beim Busfahren in Frankreich: An den Unterwegshaltestellen müssen Sie sich deutlich durch Armheben bemerkbar machen, sonst fährt der Busfahrer einfach durch.

Wettervorhersage

Alle regionalen Radiosender bringen stündlich Nachrichten mit Wettervorhersagen. Die meisten Gastleute geben gerne Auskunft zur voraussichtlichen Wetterlage oder leihen Ihnen die Tageszeitung für einen eigenen Blick auf Wetterprognose.

Im Internet finden Sie detaillierte Infos mit Prognosen für bis zu 10 Tage unter:

- 💻 www.wetteronline.de
- 💻 www.wetter.com
- 💻 www.meteoconsult.fr

Zeit

Noch ein ernst gemeintes Wort zum Thema Zeit: Manch ein unerfahrener Pilger verkalkuliert sich mit den Wanderzeiten und rechnet mit 5 bis 6 km/h. Eine solch hohe Geschwindigkeit ist aber nur für voll durchtrainierte Sportler zu halten, die weder Fotos machen, noch Aussichten genießen. Nur in Ausnahmefällen erreicht auch der normale Wanderer auf kurzen Teilstücken z. B. entlang von Kanälen oder auf ebenen Straßenabschnitten diese Leistung, sofern er es drauf anlegt, um „Strecke zu machen". Wer mit Gepäck bergauf und bergab unterwegs ist, sich auch an der Landschaft und netten Gesprächen mit Zufallsbegegnungen erfreuen will, sollte eher mit durchschnittlich 3,2-3,5 km/h rechnen.

Eine weitere Zeitfalle sind Angaben von Einheimischen. Sie können zwar ganz exakt, aber auch vollkommen danebengegriffen sein. Im Nahbereich der Wohnumgebung werden Strecken eher im Auto, allenfalls mit dem Fahrrad, aber selten zu Fuß zurückgelegt. Somit ist die Einschätzung von Zeit und Entfernungen, ausgenommen bei kühlen Rechnern, auch durch diese Verkehrsmittel geprägt. Rechnen Sie lieber selbst. Auf normalen Wegen, die keine größeren Schwierigkeiten wie starke Steigungen, schwierige Wegverhältnisse nach heftigen Regenfällen oder Hindernislaufen nach Holzfällarbeiten beinhalten, werden Sie gut damit zurechtkommen.

Zeit bedeutet auch, sich Zeit nehmen. Lassen Sie nicht nur die Seele, sondern auch mal die Beine baumeln. Teilen Sie sich Ihre Tagesetappen nach Ihrem persönlichen Leistungsvermögen ein und rechnen Sie auch einen Pausentag so etwa alle 8-12 Tage mit ein. Dazu lassen sich auch Regentage nutzen, aber ganz besonders eignen sich so schöne Orte wie der Startpunkt dieser Beschreibung, die Römerstadt Trier.

Der Jakobsweg von Trier nach Vézelay

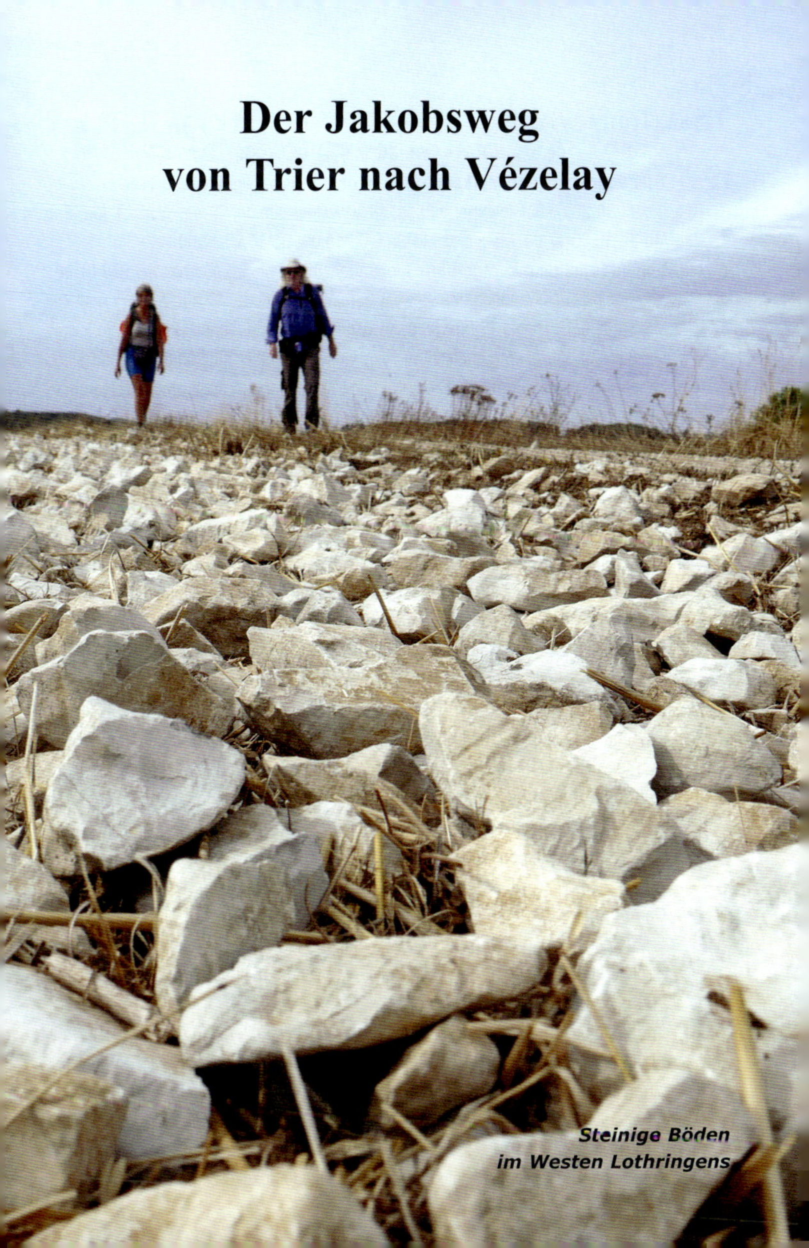

Steinige Böden im Westen Lothringens

Trier (franz. *Trèves*)

✆ 06 51

Trier Tourismus und Marketing GmbH, An der Porta Nigra, 54290 Trier, ☏ 97 80 80, info@trier-info.de, www.trier-info.de, am Weg, Jan, Feb Mo-Sa 10:00-17:00, März-Dez Mo-Sa 9:00-18:00, So 10:00-17:00

♦ **Dominformation mit Pilgerbüro**, Liebfrauenstraße 12, 54290 Trier, ☏ 979 07 90, info@dominformation.de, www.dominformation.de, am Weg, April-Okt Mo-Sa 9:30-17:15, So 12:00-16:00, im Winter reduzierte Öffnungszeiten, hier erhalten Sie den offiziellen (spanischen) Pilgerausweis einfach, unkompliziert und sofort gegen € 5, Information. Die Mitarbeiter können Ihnen auch private Pilgerunterkünfte in der Stadt vermitteln.

Tagungs- und Gästehaus der Barmherzigen Brüder Trier, Nordallee 1, 54292 Trier, ☏ 208 10 26, gaestehaus@bbtgruppe.de, www.bb-gaestehaus.de, 250 m, nahe der Porta Nigra, 72 Betten, ÜF EZ ab € 51, DZ ab € 91, fragen Sie nach Pilgerpreisen, Rezeption Mo-Fr 8:00-16:00, Sa/So 9:00-11:00

Abtei Sankt Matthias, Matthiasstraße 85, 54290 Trier, ☏ 170 90 (in der Zeit von Di-Do 8:30-9:30, Fr 10:00-11:00), gaesteempfang@abteistmatthias.de, www.abteistmatthias.de, am Weg, Aufnahme nur mit Pilgerausweis und nur nach vorheriger Anmeldung, 27 Betten, davon 3 vergünstigt für Pilger, Ü Preise auf Anfrage, gemeinschaftliche Mahlzeiten mit den Mönchen,

♦ **Kolping Hostel im Warsberger Hof**, Dietrichstr. 42, 54290 Trier, ☏ 97 52 50, info@kolpinghaus-warsberger-hof.de, www.kolpinghaus-warsberger-hof.de, 150 m (Altstadt), 169 Betten, Ü ab € 22,50 im MBZ, bett+bike

♦ **Römerstadt-JH Jugendgästehaus Trier**, An der Jugendherberge 4, 54292 Trier, ☏ 14 66 20, trier@diejugendherbergen.de, www.diejugendherbergen.de, 1,1 km, nördlich des alten Stadtkerns an der Mosel, 370 Betten, ÜF ab € 23,50,

Campingpark Treviris, Luxemburger Straße 81, 54294 Trier, ☏ 869 21, info@camping-treviris.de, www.camping-treviris.de, 1 km von der Abtei Sankt Matthias auf der linken Moselseite, Ü ab € 6,30, Zelt ab € 5,30, € 1,80, April-Okt

In der Dominformation erhalten Sie Ihren ersten Pilgerstempel. Auch im Mattheiser Klosterladen (☞ Sankt-Matthias-Kirche und Benediktinerabtei) bekommen Sie einen Stempel, ☏ 170 92 08, Mo-Fr 9:00-12:00 u. 14:30-17:45, Sa 9:00-12:00.

Im Stadtverkehr fahren die Busse 3 und 83 zur Sankt-Matthias-Kirche (Richtung Feyen). So wären Sie, falls Sie dort übernachten, im 10-Min.-Takt an die Altstadt angebunden. Möglich ist es so auch, den Stadtweg abzukürzen. www.vrt-info.de

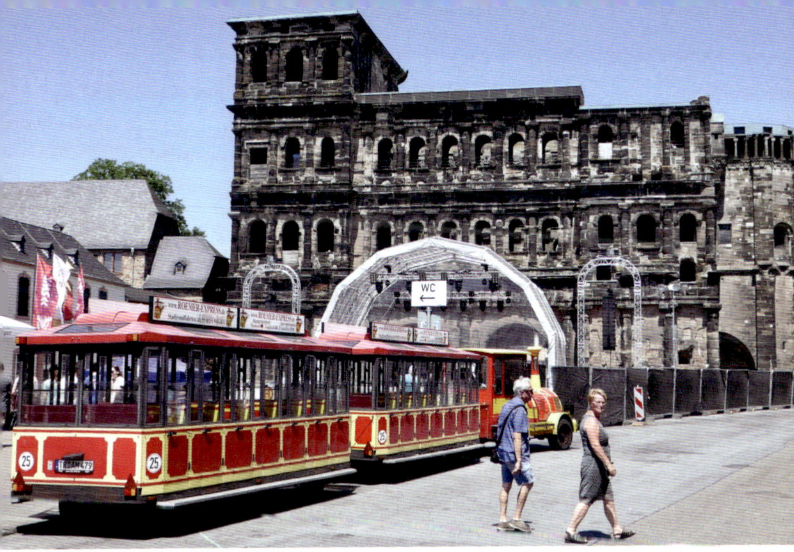

Porta Nigra

Trier hat einen Nahverkehrsbahnhof an der Moselstrecke Koblenz–Luxemburg/Saarbrücken, Nahverkehrsverbindungen gibt es auch nach Perl, Wittlich, Mannheim, Saarburg und Homburg. Einen direkten grenzüberschreitenden Verkehr nach Frankreich gibt es von Trier aus nur an Wochenenden und sehr selten. Die Hauptstrecke nach Frankreich führt von Trier nach einem Umstieg in Luxemburg weiter Richtung Metz und Nancy. Am weiteren Weg liegen die Bahnstationen Karthaus, Konz und Perl auf deutschem Boden.

Taxi-Zentrale, ☏ 120 12

♦ Taxi Gauer-Dahm, ☏ 480 48

♦ Taxikomm, ☏ 46 29 46

Flughafen Luxemburg, ☞ An- und Abreise

Linienschiff Princesse Marie-Astrid von Trier nach Schengen, www.marie-astrid.lu, April-Sep

⌘ **Porta Nigra**. Das Stadttor aus dem 2. Jh. ist das Wahrzeichen von Trier. Im Laufe der Geschichte war es Verteidigungsanlage, Einsiedelei und Kirche. Die dunkle Farbe des Bausteins ist einem spezifischen Verwitterungsprozess zuzuschreiben.

♦ Simeonstraße, ☏ 754 24, April-Sep 9:00-18:00, Okt, März 9:00-17:00, Nov-Feb 9:00-16:00

⌘ **Kaiserthermen**, römischer Badepalast aus dem 4. Jh.

♦ Weberbach, ☏ 442 62, April-Sep 9:00-18:00, Okt u. März 9:00-17:00, Nov-Feb 9:00-16:00

⌘ **Amphitheater**, die große Arena aus der Römerzeit lässt sich besichtigen. Auch dient sie heute wieder als Schauplatz von Veranstaltungen.

♦ Olewiger Straße, ☏ 730 10, tägl. April-Sep 9:00-18:00, Okt u. März 9:00-17:00, Nov-Feb 9:00-16:00

⌘ **Städtisches Museum Simeonstift**, stadtgeschichtliches Museum direkt neben der Porta Nigra, kostenloser Audioguide, besonders eindrucksvoll ist das große Stadtmodell von Trier.

♦ Simeonstraße 60, ☏ 718 14 59, stadtmuseum@trier.de, www.museum-trier.de, Di-So 10:00-18:00, am ersten Di im Monat bis 21:00

⌘ **Rheinisches Landesmuseum**, archäologisches Museum zur Kultur und Kunst der Moselregion aus allen Epochen

♦ Weimarer Allee 1, info@landesmuseum-trier.de, www.landesmuseum-trier.de, ☏ 977 40, Di-So 9:30-17:30

⌘ **Spielzeugmuseum in der Steipe**, Puppen, Blechspielzeug, Autos, Zinnfiguren und vieles mehr

♦ Hauptmarkt 14, ☏ 758 50, www.spielzeugmuseum-trier.de, April-Sep tägl. 11:00-18:00, Jan-März Di-So 11:00-17:00

✝ **Konstantin-Basilika**. Im Jahr 310 n. Chr. wurde diese große Halle als Thronsaal für Kaiser Konstantin gebaut. Sie wird daher auch Römische Palastaula genannt und gilt als der größte säulenlose Saal der Antike nördlich der Alpen. Heute wird er als evangelische Kirche (offizieller Name ist „Evangelische Kirche zum Erlöser") genutzt.

♦ Weberbach, ☏ 724 68 und 425 70, April-Okt Mo-Sa 10:00-18:00, So 13:00-18:00, Nov u. Jan-März Di-Sa 10:00-12:00 u. 14:00-16:00, So/Fei 13:00-15:00, Dez Mo-Sa 10:00-12:00 u. 14:00-16:00, So/Fei 13:00-15:00

✝ **Dom und Liebfrauenkirche**. Über einer Palastanlage aus der Zeit Kaiser Konstantins wurde im 4. Jh. die größte christliche Kirche der Antike gebaut, sie gilt als älteste Bischofskirche Deutschlands und ist allein wegen der Gestaltung

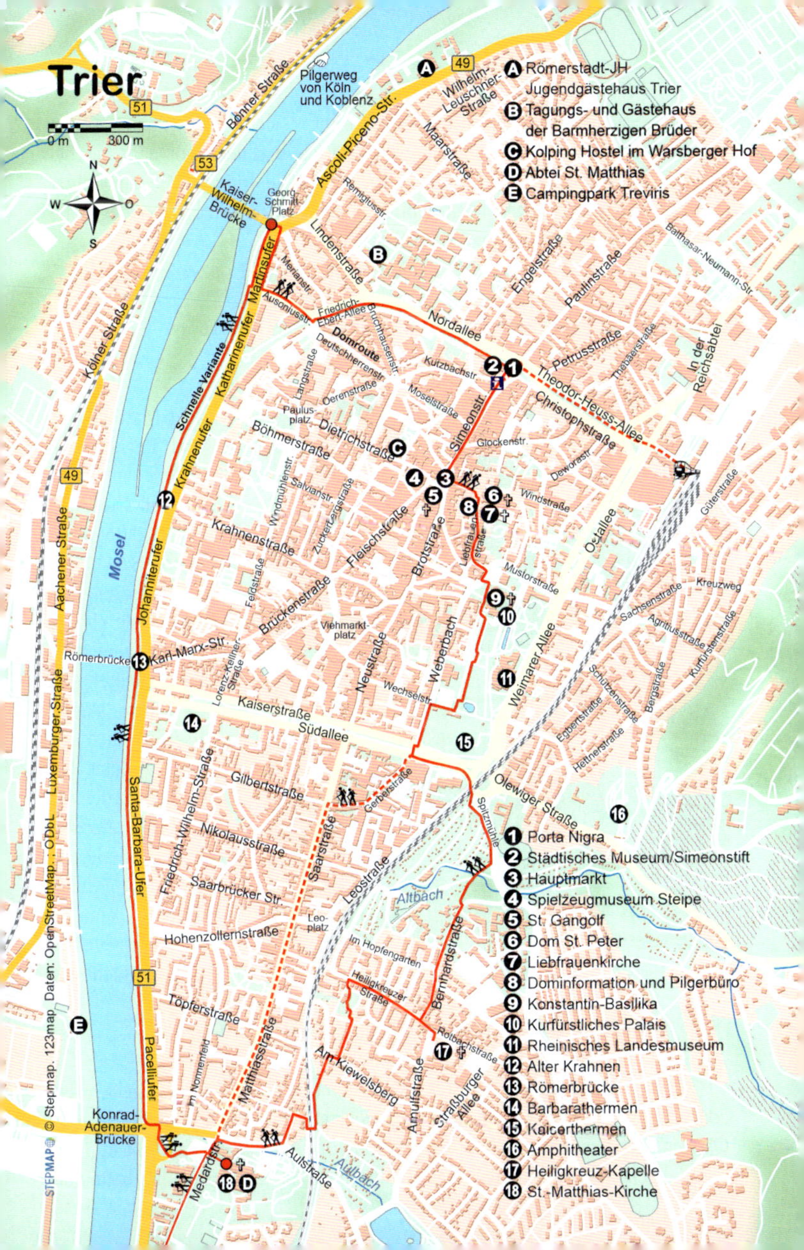
Trier
0 m
300 m
A Römerstadt-JH Jugendgästehaus Trier
B Tagungs- und Gästehaus der Barmherzigen Brüder
C Kolping Hostel im Warsberger Hof
D Abtei St. Matthias
E Campingpark Treviris
1 Porta Nigra
2 Städtisches Museum/Simeonstift
3 Hauptmarkt
4 Spielzeugmuseum Steipe
5 St. Gangolf
6 Dom St. Peter
7 Liebfrauenkirche
8 Dominformation und Pilgerbüro
9 Konstantin-Basilika
10 Kurfürstliches Palais
11 Rheinisches Landesmuseum
12 Alter Krahnen
13 Römerbrücke
14 Barbarathermen
15 Kaiserthermen
16 Amphitheater
17 Heiligkreuz-Kapelle
18 St.-Matthias-Kirche
Pilgerweg von Köln und Koblenz
Domroute
Schnelle Variante
Mosel
Altbach
Aulbach
Kaiser-Wilhelm-Brücke
Georg-Schmitt-Platz
Römerbrücke
Konrad-Adenauer-Brücke
Viehmarktplatz
Pauluspatz
Leoplatz
Bonner Straße
Ascoli-Piceno-Str.
Wilhelm-Leuschner-Straße
Maarstraße
Lindenstraße
Nordallee
Theodor-Heuss-Allee
Christophstraße
Simeonstr.
Dietrichstraße
Böhmerstraße
Krahnenstraße
Brückenstraße
Fleischstraße
Brotstraße
Neustraße
Weberbach
Kaiserstraße
Südallee
Karl-Marx-Str.
Gilbertstraße
Nikolausstraße
Saarbrücker Str.
Hohenzollernstraße
Töpferstraße
Saarstraße
Matthiasstraße
Leostraße
Bernhardstraße
Am Kiewelsberg
Arnulfstraße
Straßburger Allee
Olewiger Straße
Weimarer Allee
Ostallee
Kölner Straße
Aachener Straße
Luxemburger Straße
Johanniterufer
Krahnenufer
Katharinenufer
Martinsufer
Santa-Barbara-Ufer
Pacelliufer
Friedrich-Wilhelm-Straße
Medardstr.
Aulstraße
Engelstraße
Paulinstraße
Petrusstraße
In der Reichsabtei
© Stepmap. 123map Daten: OpenStreetMap. ODbL
STEPMAP

ihres Innenraums einen Besuch wert. Es gibt nur einen einzigen Punkt, an dem man alle tragenden Pfeiler mit allen zwölf Aposteln und den zwölf apostolischen Glaubensbekenntnissen gleichzeitig sehen kann. Die frühgotische Liebfrauenkirche aus dem 13. Jh. bildet mit dem Dom eine geschlossene Gebäudegruppe, sie haben einen gemeinsamen Kreuzgang.

♦ Domfreihof, Nov-März 6:30-17:30, April-Okt 6:30-18:00

✞ **Sankt Gangolf**, Marktkirche mit Wachtturm aus dem 16. Jh., Zugang vom Hauptmarkt

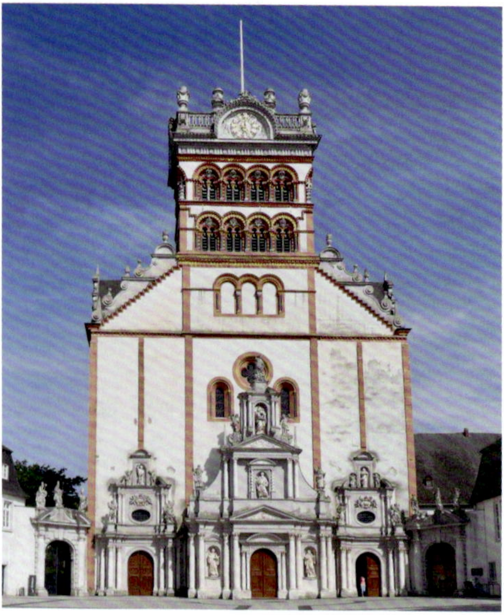

Sankt-Matthias-Kirche

✞ **Sankt-Matthias-Kirche und Benediktinerabtei**. Weit im Süden des heutigen Triers liegt die Benediktinerabtei und Kirche Sankt Matthias. An diesem Ort wird die älteste christliche Versammlungsstätte Galliens vermutet. Die heutige Kirche stammt im Ursprung aus dem Jahr 1127. Beim Bau der Kirche wurden die Reliquien des Apostels Matthias wiederentdeckt. Ein neu gestaltetes Grabmal kann zu den Öffnungszeiten in der Krypta besucht werden.

tägl. 8:00-19:00 (außer zum Gottesdienst am Sonntagvormittag)

Fast jeder kennt Kaiser Augustus, den ersten römischen Kaiser, denn er befahl, „dass alle Welt sich schätzen ließe, ein jeder in seiner Stadt“ (Lukas 2, 1-14). Ohne ihn gäbe es keine Weihnachtsgeschichte und Trier gäbe es auch nicht. Denn schon etliche Jahre vor diesem legendären Befehl, im Jahr 16 v. Chr., hatte eben dieser Augustus eine römische Siedlung gegründet, die seinen Namen tragen durfte, Augusta Treverorum, die „Stadt des Augustus im Land der Treverer".

Die Stadt des Augustus ist heute eine hübsche und lebendige Universitäts- und Kreisstadt mit 110.000 Einwohnern. Sehenswürdigkeiten aus Antike, Mittelalter und Neuzeit und die schöne Lage am Mittellauf der Mosel sowie am Fuß des Hunsrück locken alljährlich Hunderttausende Übernachtungsgäste nach Trier. Trier ist selbst Ziel vieler Pilgerreisenden. Immerhin befindet sich hier das Grab des Apostels Matthias, das einzige Apostelgrab nördlich der Alpen. Auch für Jakobspilger war Trier schon im Mittelalter traditionelles Zwischenziel. Die Gasse Zum Jakobsspitälchen erinnert z. B. an ein mittelalterliches Jakobushospiz.

Der Trierer Domstein

Der Legende nach war der Teufel höchstpersönlich am Bau des Doms beteiligt: Während der Bauarbeiten mussten vier mächtige Säulen zur Dombaustelle transportiert werden. Der Architekt erzählte dem Teufel, hier werde das größte Wirtshaus der Welt gebaut. Dieser hatte seine Freude an dem zu erwartenden Sittenverfall und bot seine Hilfe an. Drei Wochen in Folge trug er je eine Säule zur Baustelle. Als er mit der vierten ankam, bemerkte er, dass es gar kein Wirtshaus, sondern eine Kirche werden sollte. In seiner Wut warf er die letzte Säule von sich und verfehlte den Dom nur knapp. Eine schöne Geschichte, wahrscheinlicher ist aber, dass die jeweils 12 m hohen und 65 t schweren Säulen in einem Steinbruch im Odenwald gebrochen und auf Schiffen nach Trier transportiert wurden. Die als Domstein bezeichnete Säule ist vom ersten Dombau aus dem 4. Jh. erhalten.

Trier – Sankt Matthias, Apostelgrab

Je nachdem ob Sie Trier über einen der Pilgerwege erreichen, mit der Bahn oder dem Bus anreisen und welchen Weg Sie durch Trier wählen, ergeben sich unterschiedliche Entfernungen. Ich beginne deshalb die Zählung der Streckenkilometer erst an der Sankt-Matthias-Kirche mit dem mutmaßlichen Grab des Apostels Matthias. Hier vereinen sich die unterschiedlichen Varianten.

Wer mit der Bahn anreist, geht vom Haupteingang des **Hauptbahnhofs** am Hotel Vinum vorbei geradeaus in die Bahnhofstraße, überquert die Ostallee und geht weiter geradeaus durch die Parkanlage des Alleenrings bis zur **Porta Nigra** (650 m). Hier gehen Sie links durch das alte Stadttor zur ℹ Touristinformation und weiter entlang der Simeonstraße zum Hauptmarkt. Dort treffen Sie auf die ☞ Domroute.

Schnelle Variante ohne Stadtbesichtigung

Fußpilger erreichen Trier an der **Kaiser-Wilhelm-Brücke**. Hier können Sie, wie es viele Matthias- und Jakobspilger handhaben, an das rechte Moselufer wechseln und flussaufwärts pilgern (Muschelmarkierung, 3,2 km zur Matthiaskirche).

Sie wechseln dazu nach dem Überqueren der Brücke die Straßenseite und halten sich am Ende rechts. Nach knapp 200 m führt eine Treppe auf den Moseluferweg, der zugleich Radweg ist.

Sie passieren den **Alten Krahnen** (Alter Moselkran) und unterqueren die mit Sandstein verkleidete Römerbrücke, Deutschlands älteste Brücke.

150 m vor der nun folgenden **Konrad-Adenauer-Brücke** nehmen Sie links eine schmale Auffahrt, die zum Pacelliufer führt. Spätestens an der viel befahrenen Kreuzung zeigt sich linker Hand die Kirche der **Abtei Sankt Matthias**, die Sie in ca. 5 Min. erreicht haben werden (Fußgängerüberwege benutzen!).

Domroute

Die Experten der Trierer Jakobusbruderschaft, welche die Wegpflege und Markierung im Raum Trier verantworten, schlagen neben der schnellen Moselroute einen erweiterten Stadtweg vor (von der Kaiser-Wilhelm-Brücke 5,3 km, von der Porta Nigra 4,1 km), der den Namen **Domroute** trägt und der über das übliche touristische Programm hinaus einen tieferen Einblick in die Stadthistorie und -gegenwart ermöglicht. Wenn Sie etwas Muße mitbringen, ist diese Variante unbedingt empfehlenswert. Sie lässt sich auch, zum Rundweg ergänzt, an einem Pausentag oder dem Nachmittag oder Abend des Anreisetags genießen. Auf eine Abkürzungsmöglichkeit wird hingewiesen.

An der Kaiser-Wilhelm-Brücke überqueren Sie die breite, verkehrsreiche Straßenkreuzung hinüber zum Martinsufer, gehen rechts und passieren nach knapp 200 m hinter dem kleinen Parkplatz den Gebäudekomplex des ehemaligen **Martinsklosters**, der heute von Studenten bewohnt wird. An der Kreuzigungsgruppe biegen Sie links in die Ausoniusstraße ab, werfen vielleicht einen Blick in den Innenhof mit der alten Blutbuche und folgen dann der Straße, die vor dem querenden Alleenring als Friedrich-Ebert-Allee links biegt. Ihr Weg führt links durch die Parkanlage hindurch zur **Porta Nigra**.

Durch das Stadttor (**i**) hindurch und auf der sich anschließenden Simeonstraße kommen Sie zum prächtigen **Hauptmarkt**. Kurz bevor Sie den Hauptmarkt erreichen, finden Sie rechts den historischen Zugang zum ehemaligen **Judenviertel** erhalten. Vom Hauptmarkt haben Sie auch einen Zugang zur **Marktkirche Sankt Gangolf**, die sich hinter einer Häuserzeile versteckt hält. Auffällig ist ihr Wachtturm.

Vom Hauptmarkt kommen Sie links durch die schmale Sternstraße zum **Dom** und der direkt angrenzenden **Liebfrauenkirche**. Gleich gegenüber finden Sie die Dominformation mit dem Pilgerbüro (öffentliche Toiletten, Trinkwasserspender 💧).

Am Dom gehen Sie rechts durch die Liebfrauenstraße, die mit dem Torbogen unter einer Kreuzigungsgruppe endet. Gehen Sie nun links durch die Straße **An der Meerkatz**. Der ungewöhnliche Name wurde für das hier 1764 entstandene Karthäuserkloster von einem Vorgängerbau übernommen. Auf der rechten Straßenseite finden Sie am Haus Nr. 3 eine barocke Reliefplatte, welche ein Exemplar dieser Primatengattung zeigt.

Sie kommen nun zum Konstantinplatz mit der **Konstantinbasilika** gegenüber. Gehen Sie rechts am Ziegelbau entlang zum Eingang und dann geradeaus durch den **Palastgarten** bis vor die **Kaiserthermen**. Hier geht es nach rechts an die Straße Weberbach und dort links zur breiten Südallee/Kaiserstraße. Mithilfe der Ampel überqueren Sie die Straße zum Stadtbad hin und laufen dann links auf dem breiten Rad- und Fußweg weiter.

☺ Wer jetzt rund 1,2 km abkürzen möchte, folgt am Bad halb rechts der Gerberstraße zur belebten Saarstraße und geht dort links immer geradeaus bis zur Matthiaskirche ✞ 🏠 🚌.

Zur Fortsetzung der Domroute überqueren Sie die Bahnlinie und gehen nach 230 m von der Spitzmühle aus in die Kleingartenanlage im ehemaligen **Tempelbezirk**. Hier befand sich zur Römerzeit eine 5 ha große Kultstätte, über die Sie über eine Tafel etwas später am Weg informiert werden. Dazu biegen Sie an der Infosäule zum **Heiligkreuzviertel** rechts in den Fuß- und Radweg und nach nur 50 m auch geradeaus vom rechts abbiegenden Radweg ab. Über Stufen steigen Sie einen Kreuzweg zur oberhalb verlaufenden Bernhardstraße hinauf und gehen rechts. Sie kommen am Hotel Villa Hügel vorbei und kurz nachdem Sie die Speisegaststätte Altes Brauhaus passiert haben, biegen Sie rechts in die Heiligkreuzer Straße ab.

➪ Vorher empfiehlt sich noch ein Abstecher zur **Heiligkreuz-Kapelle**. Dafür gehen Sie am Ende der Bernhardstraße links in die Rotbachstraße. Rechter Hand sehen Sie jetzt die romanische Kapelle neben der Kita. Sie gilt als der älteste deutsche Sakralbau, dem im Ursprung eine reine Kreuzform zugedacht war, und ist Namensgeber für das Stadtviertel.

Gehen Sie nun die Heiligkreuzer Straße hinunter und biegen links in die Reckingstraße ein. ☞ Aber Achtung! Nach dem ersten Haus nehmen Sie dort links den Fußweg, der hinter dem Bildungshaus der Schönstätter Marienschwestern in den Schönstattpark (ehemals Caspary) führt. An der Kapelle (Schönstattheiligtum) gehen Sie oberhalb vorbei zum Ausgang und anschließend geradeaus durch die Friedensstraße bis an deren Ende. Dort geht es rechts und gleich danach wieder links über die Weiherstraße an die Bahnlinie und an dieser entlang zu einer Unterführung, die Sie zur Albanastraße bringt.

Weiter geht es nach rechts bis zur Ludolfstraße, auf dieser zur Aulstraße, die schließlich rechts zur Medardstraße führt und damit ans Eingangsportal der Matthiaskirche.

Sankt Matthias, Apostelgrab – Abzweig Estricher Hof 1,9 km

Sie folgen der Medardstraße stadtauswärts bis zu ihrem Ende an einem Weinberg (Bus) („Sankt Medard"). Hier nehmen Sie den Gehweg ohne Richtungswechsel, eng entlang der Wohnbebauung. An deren Ende gehen Sie rechts bis zur Ampel, folgen dem Wegweiser zum Moselradweg, überqueren die B51 und gehen dann auf dem Teerweg links zur Mosel hinunter und dort geradeaus auf dem Radweg weiter.

☺ Der Moselradweg bei Trier ist viel befahren. Gehen Sie deshalb von Anfang an konsequent rechts und bereits ab zwei Personen hintereinander. Es läuft sich sehr viel ruhiger, da das ständige Gebimmel und Aus-dem-Weg-Springen entfällt.

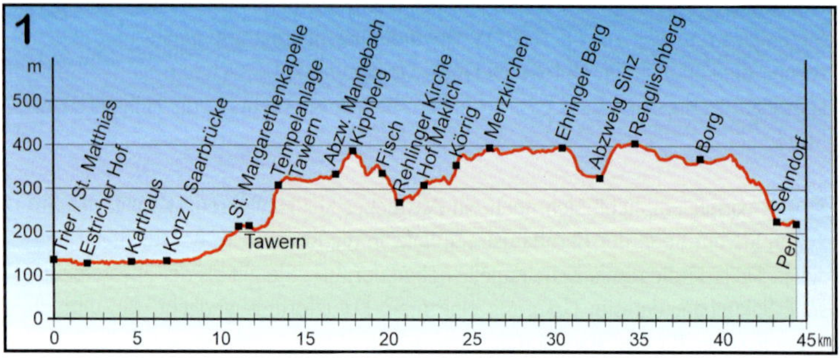

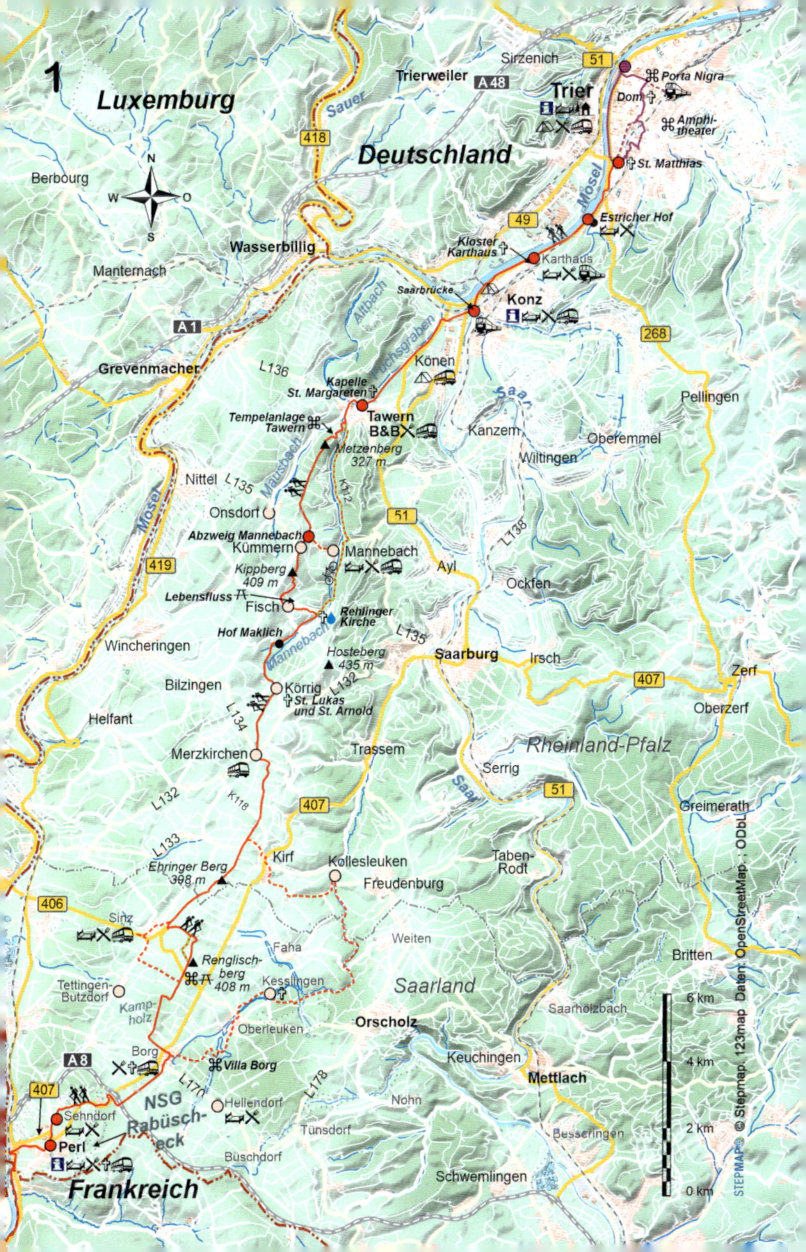
1
Luxemburg
Deutschland
Frankreich
Rheinland-Pfalz
Saarland
Trier
Porta Nigra
Dom
Amphi-theater
St. Matthias
Estricher Hof
Kloster Karthaus
Karthaus
Saarbrücke
Konz
Könen
Kapelle St. Margareten
Tempelanlage Tawern
Tawern
B&B
Metzenberg 327 m
Abzweig Mannebach
Kümmern
Mannebach
Kippberg 409 m
Lebensfluss
Fisch
Rehlinger Kirche
Hof Maklich
Hosteberg 435 m
Körrig
St. Lukas und St. Arnold
Merzkirchen
Ehringer Berg 398 m
Kirf
Kollesleuken
Freudenburg
Sinz
Renglischberg 408 m
Faha
Weiten
Kesslingen
Tettingen-Butzdorf
Kampholz
Oberleuken
Orscholz
Borg
Villa Borg
NSG Rabüsch-eck
Hellendorf
Sehndorf
Perl
Büschdorf
Tünsdorf
Nohn
Keuchingen
Mettlach
Besseringen
Schwemlingen
Saarhölzbach
Britten
Sirzenich
Trierweiler
Sauer
Mosel
Saar
Altbach
Fuchsgraben
Mausbach
Mannebach
Berbourg
Wasserbillig
Manternach
Grevenmacher
Nittel
Onsdorf
Wincheringen
Bilzingen
Helfant
Kanzem
Wiltingen
Oberemmel
Pellingen
Ayl
Ockfen
Saarburg
Irsch
Zerf
Oberzerf
Trassem
Serrig
Greimerath
Taben-Rodt
N
W
O
S
A 48
A1
A8
51
418
49
268
419
407
406
L136
L135
K112
L138
L135
L132
L134
K118
L132
L133
L170
L178
0 km
2 km
4 km
6 km
© Stepmap, 123map Daten: OpenStreetMap; ODbL
STEPMAP

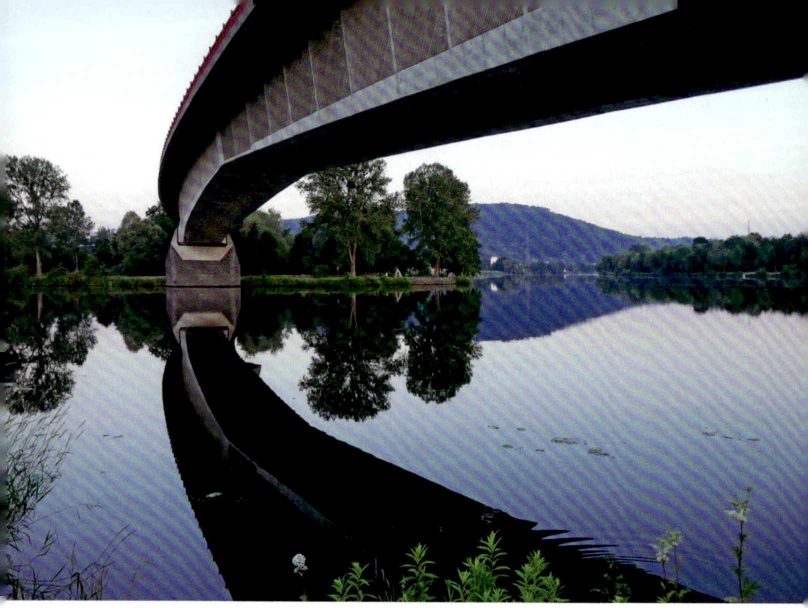

Moderne Straßenbrücke über die Saar an ihrer Mündung in die Mosel

Sie passieren eine Staustufe und erreichen bereits 600 m hinter dem Wehr (Laufwasserkraftwerk) einen Abzweig zum Estricher Hof.

Estricher Hof, Bundesstraße B51, 54296 Trier, 06 51/93 80 40, info@estricher-hof.de, www.estricher-hof.de, 100 m, 36 Betten, Ü EZ ab € 65, DZ ab € 85, F € 8,50, € 10

Abzweig Estricher Hof – Abzweig Konz-Karthaus 2,2 km

Sie folgen dem Radweg bis zu einem Abzweig (Fußgängertunnel unter der B51 hindurch) nach Konz-Karthaus.

Konz-Karthaus

BANK 065 01

Hotel Schons, Pension Garni, Merzlicher Straße 6-8, 969 83 55, pension-garni-schons-konz@web.de, 200 m, 16 Betten, ÜF EZ ab € 48, DZ ab € 69, kostenloser Bringservice zu einer Gaststätte

Trier

✝ **Kloster Karthaus** (Albanstraße). Das ehemalige Kartäuserkloster geht auf das Jahr 1331 zurück und wurde 1680-1730 nach einer Zerstörung wieder aufgebaut. Seit der letzten Renovierung 1963-1987 dient die Klosterkirche der katholischen Pfarrgemeinde und die übrige Klosteranlage als Kulturzentrum und Bürgerhaus.

Abzweig Konz-Karthaus – Konz, Saarbrücke

2,6 km

Sie folgen weiter dem Weg. Dieser macht einen kleinen Schlenker von der Mosel weg um den Konzer Jachthafen herum, dahinter gehen Sie rechts zurück zur Mosel und unter der Bahnbrücke hindurch. Sie passieren den Konzer Campingplatz mit dem Gasthaus an der Saarmündung und werden danach an das Ufer der einmündenden Saar geleitet. Sie unterqueren eine modern wirkende Brücke (B51, B419) und die Eisenbahnbrücke und steigen dann halb links zu einer dritten Brücke hoch. Zur Fortsetzung überqueren Sie die Saar.

Zur Übernachtung ginge es links nach Konz.

Konz

B&B 54329, 065 01

Saar-Obermosel-Touristik e. V., Touristinformation Konz, Saarstraße 1, 601 80 40, info-konz@saar-obermosel.de, www.saar-obermosel.de, 50 m, Nov-März Mo-Fr 9:00-17:00, April-Okt Mo-Fr 9:00-18:00, Mai-Okt zusätzl. Sa 10:00-14:00

Mühlenthaler's Park Hotel, Granastraße 26, 21 57, info@park-hotel-konz.de, www.park-hotel-konz.de, 100 m, 38 Betten, Nebensaison ÜF EZ ab € 65, DZ ab € 78, DBZ € 110, Hauptsaison EZ ab € 79, DZ ab € 89, DBZ € 120, gratis, Saunabereich kostenfrei, Massagen nach Voranmeldung möglich, bett+bike

Haus am Saarufer, Saarstraße 12, 01 79/483 88 73, saarufer@googlemail.com, 200 m, 1 DZ, Ü ab € 41, , bett+bike

Gasthaus und Camping an der Saarmündung, Am Moselufer 1, 25 77, camping@campingplatz-konz.de, www.campingplatz-konz.de, am Weg, Zimmer und Apartment für bis zu 4 Pers., Ü DZ ab € 60, im Schlaffass EZ € 46, DZ € 50, Ü Zelt + 2 Pers. € 15, Apartmentpreis auf Anfrage, € 2,

B&B **Irmgard Meiser**, Fasanenweg 6, 54 90, meisenstube@t-online.de, 1,5 km, 1 DZ, ÜF EZ € 30, DZ € 46

Der Bus 203 fährt Mo-Fr alle ein bis zwei Stunden von Konz über Könen und Tawern weiter nach Saarburg. Zweimal am Tag auch ab Trier. : www.vrt-info.de

☞ Trier

Geschichtliche Bedeutung hat Konz durch die „Schlacht an der Konzer Brücke“ gewonnen. Im Holländischen Krieg hatte Ludwig XIV. (1638-1715) im September 1673 Trier einnehmen lassen und aus militärischen Gründen waren die meisten Gebäude außerhalb der Stadtmauer abgerissen worden. Um Trier zurückzuerobern, zogen 1675 verbündete deutsche Heere zusammen mit 6.300 Reitern und 5.000 Fußsoldaten nach Trier und begannen eine Belagerung. Um die 6.000 Mann starke französische Besatzung zu unterstützen, schickte Ludwig XIV. ein Ersatzheer von 15.000 Mann. Dieses Heer befand sich auf der linken Seite der Saar nördlich von Tawern und östlich bis südöstlich des Liescher Berges und der Granahöhe. Die deutschen Truppen setzten über die Mosel und die Saar und griffen die Franzosen an. Durch das besondere Geschick von General Grana (1639-1685) konnte zunächst die (später nach ihm benannte) Granahöhe zurückerobert und schließlich das französische Heer in die Flucht geschlagen werden. Nach diesem Sieg gelang es sogar, die französischen Besatzer aus Trier zu vertreiben.

Die **Saar** hat bis Konz, wo sie in die Mosel mündet, 280 km von ihrer Quelle auf dem 1.009 m hohen Donon in den Vogesen zurückgelegt.

Konz, Saarbrücke – Tawern 5,1 km

Auf der Brücke gelangen Sie zur anderen Saarseite an den Ortsrand von Konz-Könen.

Wenn Sie unmittelbar nach dem Überqueren der Saar in den Radweg saaraufwärts abbiegen würden, kämen Sie zu einem weiteren Campingplatz.

Konz-Könen

✉ 54329, ✆ 065 01

Camping Horsch, Könener Straße 36, ☏ 175 71, 2 km, Preise auf Anfrage, 15. April-15. Okt

☞ Konz

Sie gehen geradeaus und auch an der folgenden Straßenverzweigung geht es geradeaus Richtung Gewerbegebiet Granahöhe und Wasserliesch (Radweg auf der linken Straßenseite). Nach 380 m biegen Sie links – der Radwegweiser zeigt

Richtung Tawern – in das Gewerbegebiet und am Kreisverkehr hinter dem Baumarkt rechts ab (Richtung Saarburg u. Wasserliesch). Sie unterqueren die B51 und gehen an der folgenden Straßenverzweigung links (Radweg Richtung Tawern). An der Zufahrt zur Hundesportanlage gehen Sie weiter geradeaus auf dem linken, geteerten Weg.

An der Kapelle **Sankt Margarethen** erreichen Sie Tawern. Bemerkenswert an dieser Kapelle sind die außen angebrachte Kanzel aus Sandstein und der mit Elfenbein und Gold verzierte Altar aus dem Jahr 1892.

500 m weiter ist eine erste Bäckerei im Zentrum erreicht. Folgen Sie halb rechts der Römerstraße und biegen Sie an der zweiten Bäckerei mit der Römerstraße nach links bergab.

Tawern B&B ✕ ☕ ⚖ BANK 🚌 ✉ 54456, ✆ 065 01

B&B **Maria Scheidt**, Römerstraße 40, ☏ 178 24, ➲ am Weg, 4 Betten, ÜF € 30, inkl. Reiseproviant

🚌 ☞ Konz, die Bushaltestelle des Fernbusses erreichen Sie, wenn Sie an der ersten Bäckerei links durch die Römerstraße bis vor die Pizzeria gehen.

Tawern ist ein landwirtschaftlich-weinbaulich geprägter, in den Saargau-Randhöhen gelegener Fremdenverkehrsort mit Einkaufsmöglichkeiten für Wanderer (Fleischerei, Bäckerei). Auf diese Weise erfüllt Tawern seit 2.000 Jahren denselben Zweck, denn es wurde von den Römern an der Via Agrippa als Raststätte und Umspannstation für Zugtiere gegründet. Das Wörtchen „Taverne" versteckt sich bis heute im Ortsnamen.

Tawern – Mannebach, Abzweig 5,1 km

Hinter dem Gefallenendenkmal und dem Gasthaus Schons wird die Römerstraße zur Bachstraße. Am Bach entlang folgen Sie den Schildern zum römischen Tempelbezirk. Kurz vor dem Ortsausgang, an zwei würfelförmigen, modernen Wohngebäuden, folgen Sie rechts weiter der Bachstraße bergauf.

🚲 Geradeaus ist eine alternative Strecke nach Mannebach für Radler ausgeschildert. Sie folgen dabei der wenig befahrenen K112 durch das Mannebachtal und stoßen an der Rehlinger Kirche wieder auf den markierten Pilgerweg. (Kurz vor Mannebach biegen Sie rechts auf die L135 und 300 m weiter wieder links in die K112 ab. In den schönen Ort fahren Sie nur zur Besichtigung.)

Hinter dem letzten Haus gehen Sie links zum Parkplatz für den römischen Tempelbezirk, nach einer S-Kurve nehmen Sie links den Fußweg zur Tempelanlage auf dem Metzenberg.

🚲 Radler, die sich die Tempelanlage ansehen wollen, folgen weiter der Teerstraße geradeaus.

⌘ **Tempelanlage Tawern**, Rekonstruktion des römischen Tempelbezirks, der Metzenberg war für die römischen Reisenden aus Richtung Metz der erste Punkt, an dem sie ihr Reiseziel (Trier) sehen konnten, also die ideale Stelle, um den Göttern zu danken.

♦ Auf dem Metzenberg, Verein Römisches Tawern, 💻 www.roemisches-tawern.de, 🚪 frei zugänglich

Zur Fortsetzung steigen Sie vom Haupttor zum Brunnen hinauf und verlassen dort den Bezirk durch die obere Toranlage. Der sich anschließende Waldweg führt Sie über den Metzenberg und wird zum herrlichen Höhenweg. Eine Informationstafel erinnert an die alte, hier entlangführende Römerstraße, die bevorzugt über die Höhe unter Vermeidung der oft zu sumpfigen Täler geführt wurde. Sie passieren eine Streuobstwiese und erreichen eine ⊼ Pausenbank. Ab hier ist der weiter geradeaus führende Weg geteert.

An einer Gabelung zeigen die Wegweiser rechts nach **Onsdorf** (➲ 1,1 km) und links nach Fisch und Kümmern. Sie gehen links und nach 20 m rechts (⊼ kleine Schutzhütte) in den Wald hinein. An der nächsten Wegkreuzung gehen Sie geradeaus und erreichen bald eine offene Wiesen- und Feldlandschaft, durch die es höhengleich bis zur L135 geht. Geradeaus folgen Sie dem Pilgerweg nach Kümmern, ↳ links könnte ein Abstecher in das schöne Örtchen Mannebach führen.

Mannebach 🛏 B&B ✕ 🏛 🚌 ✉ 54441, ✆ 065 81

🛏 ✕ **Mannebacher Brauhaus und Landhotel**, Hauptstraße 1a, ☎ 992 79, ✉ info@mannebacher.de, 💻 www.mannebacher.de, ➲ 950 m, 24 Betten, ÜF Preise auf Anfrage, Brauerei, Biergarten

B&B **Haus Rosalinde Weber**, Schulstr. 4a, ☎ 44 74, ✉ wero-weber@t-online.de, ➲ 1 km, 1 DZ, ÜF EZ € 45, DZ € 55

♦ **Robert und Ursula Weber**, Schulstr. 4, ☎ 39 26, FW, ➲ 1 km, ÜF € 30 p. P., 👞

Hofkäserei Riedhof (Ziegenhof), ☏ 065 81/23 76, www.mannebacher-kaesemarkt.de, 1,4 km, Käse aus Rohmilch, Mo-Fr 14:00-19:00, Sa 10:00-16:00, Hofcafé und Käsemarkt mit weiteren Produkten aus der Region, Mai-Okt Sa 10:00-16:00

Zweimal am Tag fährt ein Bus nach Saarburg.

Mannebach, Abzweig – Perl, Sehndorf 26,7 km

In Kümmern angekommen folgen Sie der L135 halb rechts steil bergauf. Am letzten Haus biegen Sie halb links von der weiter aufwärtsführenden Straße ab und folgen dem Pfad am Haus entlang. Dieser herrlich schmale Pfad führt Sie durch lichten Wald etwas unterhalb des Kippberges (409 m). Zusätzlich geben die Markierungen der „Traumschleife" Orientierung. Am Waldrand erwartet Sie der Aussichtspunkt **Hostebergblick** inklusive einer Entspannungsliege, von der Sie nicht nur den Hosteberg, sondern auch das Örtchen Fisch im Blick haben. Sie gehen links am Weidezaun entlang bergab und am Ende der Wiese rechts auf den Ort zu.

Gleich hinter dem Stallgebäude folgen Sie links für 140 m einem Teerweg steil bergab. Der erste Weg rechts führt dann in den Ort hinein.

In **Fisch** finden Sie einige Edelobstbrennereien, bei denen Sie Viez und Edelbrände kaufen können. Im sogenannten Viezomat, der direkt am Weg steht, lassen sich rund um die Uhr neben Viez und Viezsekt auch Käse, Eier, Wurst, Joghurt und ein Pilgertropfen ziehen. Der hier Viez genannte Apfelwein (Cidre) ist ein Produkt, das fest zum Saargau gehört. Die damit verbundenen Streuobstwiesen sind landschaftsprägend.

Durch die Region führt die sogenannte Viezstraße oder Route du Cidre. Das ist eine Touristikroute im Saargau, die das Obst und seine Verarbeitungsprodukte thematisiert. Die enge Verbundenheit Fischs mit dem Jakobsweg zeigt das Ortswappen, das neben dem namensgebenden Fisch einen Pflug und die Jakobsmuschel zeigt.

Am Brunnenplatz folgen Sie halb rechts der Kapellenstraße aufwärts bis an eine Höhe und biegen dort links in die Straße In der Heinert (auch Richtung Jakobushaus, dem Dorfgemeinschaftshaus). Nach 400 m biegt die Straße rechts aus der Richtung.

➯ Wenn Sie hier links gehen würden, kämen Sie zu einem schönen ⛼ Pausenplatz (Toiletten) am **Lebensfluss** genannten Fischer Dorfpark. Quellwasser ergießt sich über eine Jakobsmuschel auf eine hierdurch in Drehung versetzte Weltkugel. Der sich anschließende Wasserlauf durchströmt Stationen, die den Lebenslauf symbolisieren. (⇔ 300 m)

💻 gemeinde-fisch.de/lebensfluss.html

Ihr Weg führt hier geradeaus durch eine Siedlung hindurch in den Wald. Dem Waldweg folgen Sie abwärts zur Rehlinger Kirche.

✞ **Sankt Jakobus von Litdorf-Rehlingen** ist eine bei Jakobspilgern und Hochzeitspaaren gleichermaßen beliebte Kirche. Vor dem Eingang ist eine Bronzeplatte in den Boden eingelassen, auf der der Weg der Jakobspilger von Köln nach Santiago de Compostela eingezeichnet ist. In der Kirche ist die Rokokokanzel von 1756 sehenswert, eine der Kirchenglocken ist Jakobus geweiht. Der Heilige ist hier nicht nur im Namen der Kirche, sondern als Statue im Hochaltar sowie als Figur im Türgitter zu finden.

⊙ Im Vorraum der Kirche befindet sich an der Wand eine Box mit Stempelkissen und sehr schönem Stempel mit Muschelmotiv, mit dem Sie Ihren Pilgerausweis selbst stempeln können.

⛼ 💧 Unterhalb der Kirche befindet sich die solide Jakobus-Schutzhütte über einer Quelle. Die Quelle war einst Lebensborn des im 30-jährigen Krieg untergegangenen Dorfes Litdorf-Rehlingen. (Lediglich die Wehrkirche wurde erhalten.) Hier können Sie nicht nur müden Füßen ein kühlendes Bad gönnen, sondern auch bedenkenlos trinken. Die Tafel mit der Warnung „Kein Trinkwasser" besagt hier lediglich, dass die für Trinkwasser vorgeschriebenen Werte wie Keimfreiheit und Nitratgehalt nicht kontrolliert werden, sagen zumindest die Einheimischen. Oberhalb der Kirche befindet sich ein WC, 🚪 8:00-20:00.

An der Jakobus-Schutzhütte folgen Sie der Straße rechts und in der Straßenkurve wandern Sie geradeaus durch die Felder. Oberhalb des Rehlinger Hofes überqueren Sie leicht versetzt eine Straße und wandern Richtung Rehlinger Hof 12-17, nun auf einem Sträßchen und weiter im Talhang. Hinter der Hofstelle Maklich führt der Weg links ins Feld auf ein Wäldchen zu. An dem alten Grenzstein mit dem Warsberger Wappen (⛼ Sitzbank) geht es weiter geradeaus durch das Wäldchen und die nachfolgenden Felder, an einem Teerweg dann links nach **Körrig**. Sie passieren einen Getränkehandel (privat, keine festen Öffnungszeiten) und erreichen den Dorfplatz.

✞ **Sankt Lukas und Sankt Arnold**. In der Filialkirche aus Buntsandstein befand sich angeblich ein Splitter des Heiligen Kreuzes, an dem Jesus Christus starb. Die Reliquie verschwand in den Wirren des Zweiten Weltkrieges.

Sie gehen links und sofort wieder rechts in die Saarburger Straße. Der ersten Straße rechts folgen Sie zur Kirche und gehen dort links entlang der Friedhofsmauer auf dem ansteigenden Weg aus dem Dorf heraus. Durch offene Felder pilgern Sie vorbei an einem Rastplatz hinauf nach **Merzkirchen** (Busse fahren ein- bis zweimal in der Stunde nach Saarburg und nach Luxemburg). Rechts vom ehemaligen Gasthaus laufen Sie geradeaus entlang der Raiffeisenstraße/K120 am Raiffeisenmarkt vorbei. Die Straße verlässt danach den Ort und steigt über eine Höhe hinweg.

Ein Abstecher könnte zur römischen Villa Borg führen

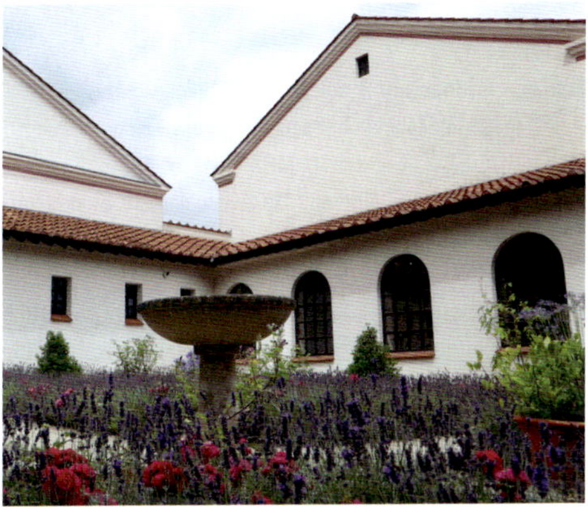

Hinter der Höhe biegen Sie rechts in einen Landwirtschaftsweg ab. Es beginnt ein aussichtsreicher Höhenweg, wieder auf der Römerstraße entlang der Kammlinie des Saargaus. Sie überqueren die K118 und erreichen 700 m weiter die L133, die links nach Kirf hinabführt.

Seit Mai 2019 ist hier eine 15,9 km weite Schleife über Kirf, Kollesleuken, Kesslingen und Oberleuken zur römischen Villa Borg ausgeschildert. Die Wegalternative führt auf einem durchaus attraktiven Weg zur hübschen Jakobuskirche in Kesslingen und durch die Kollesleuker Schweiz und findet in Borg wieder Anschluss an den Hauptweg.

Wer diese Schleife einbeziehen will, hat vom letzten zurückliegenden Übernachtungsplatz in Mannebach rund 30 km zum Sonnenhof oder Struppshof (beide sind etwas abseits vom Weg gelegen) und bis Perl sogar 33,6 km zu gehen. Sinz liegt dann nicht am Weg.

Der direkte und vermutlich auch historisch korrekte Weg führt geradeaus weiter über die Höhe. Nach 300 m auf der Straße biegen Sie geradeaus wieder davon ab und gelangen auf dem Ehringer Berg (398 m) an eine Schutzhütte. Wenig weiter überqueren Sie die Landesgrenze zwischen Rheinland-Pfalz und dem Saarland. Weit voraus können Sie schon die Kühltürme des Kernkraftwerks Cattenom sehen. Diese werden noch eine Weile Ihre Begleiter am Horizont sein. Sie gehen unbeirrt geradeaus bis in den unteren Talhang kurz vor den Ortseingang von Sinz. Dann teilt sich der Weg an einem Walnussbaum. Geradeaus geht es nach Sinz hinein und links zeigt die Markierung des Pilgerwegs wieder den Berg hinauf.

Zum Landgasthof Birkenhof gehen Sie geradeaus nach Sinz, dort links an der Kirche vorbei bis zur querenden B406 und dort rechts.

Sinz

66706, 068 66

Landgasthof Birkenhof, Saarbrücker Straße 9, 202, info@birkenhof-sinz.de, www.birkenhof-sinz.de, 1,1 km, 15 Betten, ÜF EZ € 45, DZ € 70, MBZ € 84

Der Bus 155 fährt ein- bis zweimal in der Stunde nach Perl u. Luxemburg. www.saarfahrplan.de

Haben Sie im Birkenhof übernachtet, brauchen Sie nicht zurück zum Abzweig laufen. Sie gehen vor dem Haus links entlang der B406, ignorieren den Abzweig zum Zentrum (Kirche), biegen aber 160 m weiter rechts in die Nebenstraße nach Tettingen-Butzdorf. Der dritte Feldweg links führt dann zum Renglischberg hinauf. Im Aufstieg gehen Sie an einer Gabelung links und an einer Kreuzung geradeaus bis zur höchsten Stelle und biegen dort rechts in den Höhenweg ein.

Vom Abzweig Sinz erreichen Sie auf einem Teerweg ein Wäldchen. Hier gehen Sie um 5 m nach links versetzt weiter auf einem Pfad durch den Wald.

Radpilger umrunden das Wäldchen auf dessen rechter Seite.

Hinter dem Wäldchen gehen Sie rechts Richtung Funkmast durch offene Feldlandschaft. Queren Sie hinter dem Renglischberg die Bundesstraße.

➪ Dahinter können Sie einen 100-m-Abstecher zum amerikanischen Ehrenmal machen, dort gibt es auch einen ⊼ Picknicktisch. Die Wegweiser nennen es „Friedensdenkmal".

Nun laufen Sie geradeaus auf das Waldstück Kampholz zu, der Weg führt rechts am Waldrand bergab. Sie haben eine schöne Aussicht auf Butzdorf und Tettingen. Nehmen Sie nach gut 250 m den ersten Weg links in den Wald hinein. Sie durchqueren ihn komplett und erreichen dahinter wieder offene Landschaft. Die Verbindungsstraße von Tettingen und Borg kreuzen Sie, dem ersten Feldweg dahinter folgen Sie links bergab nach Borg. Sie kommen an eine Kreuzung, an der die Viezstraße/Route du Cidre markiert ist. Gehen Sie hier weiter geradeaus unter der Bundesstraße B409 hindurch in den Ort hinein. An der Querstraße gehen Sie rechtsherum an einer Bushaltestelle vorbei zur Kirche.

Borg ✕ ⌘ ✞ ✆ 068 65

Lebensmittelgeschäft, Mo-Fr 16:00-18:00 und Sa 8:00-12:00

Der Bus 158 fährt zweimal am Tag nach Perl/Schengen. www.saarfahrplan.de

⌘ ✕ **Archäologiepark Römische Villa Borg**. Auf den Überresten einer römischen Villa wurden Herrenhaus, Villenbad, Torhaus, Gartenanlagen und eine Taverne rekonstruiert. Für einen Besuch folgen Sie am Ortseingang geradeaus der Ringstraße und biegen in der zweiten Kurve rechts ab. Die neu markierte Jakobswegvariante kommt von dort.

♦ Im Meeswald 1, ☏ 911 70, www.villa-borg.de, info@villa-borg.de, ➲ 1,5 km, April-Okt Di-So 10:00-18:00, Feb, März, Nov Di-So 11:00-16:00, Dez/Jan geschlossen

✞ Die Kirche **Sankt Johannis der Täufer** wurde 1728 erbaut, 1922 erneuert, 1939 zerstört und nach dem Krieg wieder aufgebaut. Die hübsche Kirche beherbergt drei Altäre aus dem Barock. Älter sind die Kreuzwegstationen von 1819 und einige Grabsteine sind sogar aus dem 18. Jh.

Am ehemaligen Gasthaus gehen Sie halb links in die Gartenfeldstraße und nach 70 m geradeaus in den Merschweilerweg. Sie überqueren die L170.

Wenn Sie der Landstraße nach links folgen würden, kämen Sie nach 1,5 km zum Struppshof und nach 2 km zum Sonnenhof.

Hellendorf

66706, 068 68

Sonnenhof Landhaus & Hotel, Merziger Straße 3, 773, info@sonnenhof-perl.de, www.sonnenhof-perl.de, ÜF EZ € 58-62, DZ € 89, DBZ € 105

Struppshof, Struppshof 1, 931 40, struppshof@t-online.de, Ü EZ € 47, DZ € 65

Der Landwirtschaftsweg führt geradeaus weiter bis über die Autobahn (A8).

Im Sommer können Sie am Weg frische Erdbeeren selbst ernten.

Danach biegen Sie rechts ab. Der Weg führt auf einer Brücke über die Autobahnzufahrt. Dahinter gehen Sie links. In Bögen führt der Weg am Naturschutzgebiet Rabüscheck vorbei ins Tal und bis an die B407. Sie brauchen hier nur 200 m nach rechts laufen, dann geht es rechts auf einem Teerweg weiter.

Wenn Sie schon die Mosel und die Seen der Moselauen bei Remerschen sehen, biegen Sie im rechten Winkel nach rechts ab und gehen bergab durch Weinberge nach Perl-Sehndorf. Dabei kommen Sie an einer Bank mit schöner Aussicht über das Moseltal vorbei. Am Ortsrand gehen Sie links durch Perl-Sehndorf.

Kurz vorm Ortsausgang befindet sich der Landgasthof Haus und Hof am Weg.

Perl, Sehndorf

66706, 068 67

Haus und Hof, Marienstraße 3, 911 85 91, info@hausundhof-sehndorf.de, www.hausundhof-sehndorf.de, am Weg, 6 DZ mit Miniküche (Studio), Ü ab € 75,

Perl, Sehndorf – Perl 0,8 km

Danach gehen Sie links und erreichen 250 m weiter die B407 in einer Straßenkurve. Sie gehen links, überqueren am besten schon mal die Straße und nach weiteren 250 m, an der Gemeindeverwaltung, laufen Sie geradeaus in die Ortsmitte entlang der Hauptgeschäftsstraße von Perl bis zur kath. Kirche **Sankt Gervasius und Protasius**.

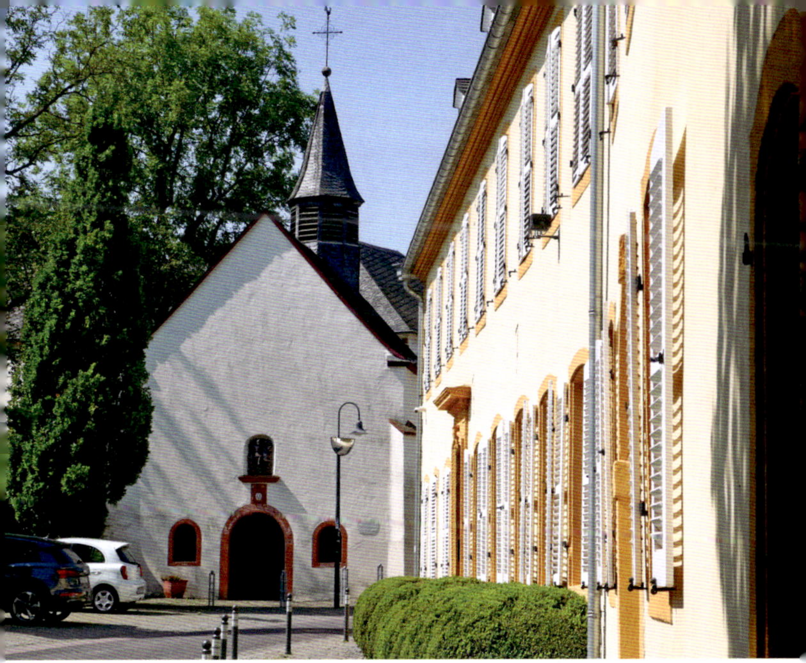

Palais von Nell und Quirinuskapelle in Perl

Perl

66706, 068 67

Gemeinde Perl, Trierer Straße 32, 661 01, m.deubel@perl-mosel.de u. info@perl-mosel.de, www.perl-mosel.de, am Weg, Mo-Fr 8:30-12:00, zusätzl. Di 13:30-18:00, Do 13:30-15:30

Hotel Hammes, Hubertus-von-Nell-Straße 15, 910 30, info@hotel-hammes.de, www.hotel-hammes.de, 300 m, 22 Betten, ÜF EZ € 60-70, DZ € 88, DBZ € 99

♦ **Centralhotel Greiveldinger**, Bergstraße 1-3, 271, info@hotel-greiveldinger.de, www.hotel-greiveldinger.de, Zentrum, 20 Betten, ÜF EZ ab € 52, DZ € 84, , bett+bike

♦ **Gasthaus Winandy**, Biringer Straße 2, 364, am Weg, 19 Betten, ÜF EZ € 48, DZ € 70, DBZ € 90,

♦ **Hotel Maimühle**, Bahnhofstraße 100, 911 31 70, rezeption@maimuehle.de, www.maimuehle.de, 100 m (am Bf.), ÜF EZ ab € 50, DZ ab € 105, VBZ € 170,

Residence Hotel garni, Hubertus-von-Nell-Straße 19a, ☏ 91 19 10, info@residence-hotel-perl.de, www.residence-hotel-perl.de, ➲ 250 m, 20 Betten, ÜF EZ € 58, DZ € 85,

♦ **Perler Hof**, Bergstraße 2-4, ☏ 56 15 94, info@perler-hof.de, www.perler-hof.de, ➲ am Weg, 44 Betten, ÜF EZ € 60, DZ € 90

B&B **Anna Klein**, Trierer Straße 13, ☏ 52 05, 01 62/524 56 90, ➲ am Weg, Ortseingang, 4 Betten, ÜF € 30,

♦ **Renate Görg**, Bahnhofstraße 10, ☏ 54 55, renate.goerg@gmx.de, ➲ am Weg, kleine FW, 2 Betten, Ü EZ € 30, DZ € 40, auf Anfrage,

♦ **Christa Fiehn**, Bahnhofstraße 11, ☏ 52 47, ➲ am Weg, 2 Betten, Ü DZ € 40, F € 5

♦ **Familie Köck**, Zur Kopp 9a, OT Oberperl, ☏ 53 51, christinekoeck@yahoo.de, ➲ 800 m, 4 Betten, Ü EZ € 25, DZ € 48, F auf Anfrage,

♦ **Anita Peifer**, Bahnhofstr. 16, ☏ 54 41, ➲ am Weg, 1 DZ, ÜF € 50, als EZ € 30

⊙ Stempel für den Pilgerpass gibt es in der ☞ Information und in der ☞ Kirche (Stempelkasten).

Mehrere Buslinien verbinden Perl mit Luxemburg, www.saarfahrplan.de. Der **Bahnhof** liegt unten im Moseltal im Ortsteil Maimühle. Züge fahren Richtung Konz und Trier, nach Frankreich (Richtung Metz) nur eingeschränkt an Wochenenden. Vom 1,5 km entfernten Bf. Apach (☞ Apach) gibt es aber regelmäßig Abfahrten Richtung Metz.

Taxi Bach, ☏ 56 00 07

⌘ **Palais von Nell** (Biringer Straße). Palais von 1733 mit schönem Barockgarten und Quirinuskapelle, der Garten befindet sich wie die Kapelle gegenüber dem Palais auf der anderen Straßenseite.

Der Garten ist ganzjährig jederzeit zugänglich.

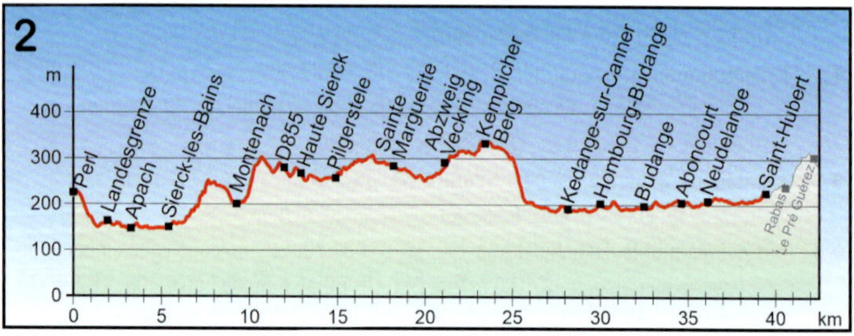

✝ **Pfarrkirche Sankt Gervasius und Protasius** mit Jakobsfigur, der Turm ist romanisch, der Chor spätgotisch.

Perl liegt im Dreiländereck von Luxemburg, Frankreich und Deutschland. Es grenzt an die luxemburgische Gemeinde Schengen und die französische Gemeinde Apach. In Perl endet der vom Landschaftsverband Rheinland ausgearbeitete und inzwischen von der Trierer Jakobusbruderschaft betreute Weg der Jakobspilger von Köln/Bonn nach Schengen und trifft auf den lothringischen, in Schengen beginnenden Weg.

Perl – Apach 3,1 km

Wenige Schritte weiter ist die **Quirinuskapelle** erreicht. Danach biegen Sie rechts in die Bahnhofstraße ab. Sie führt hinab in den Ortsteil **Maimühle**, wo ein 🛒 Supermarkt direkt am Weg liegt. Gleich danach quert die Straße Am Dreiländereck (B419). Sie könnten hier links zum Kreisverkehr und dort weiter geradeaus zur französischen Grenze laufen. Markiert ist der Weg etwas anders und das hat seinen Grund. Er führt Sie gerade über die B419 hinweg bis zur Bahnlinie unter der Schengener Brücke und trifft dort auf den von der Brücke hinabkommenden **Chemin de Saint-Jacques en Lorraine**.

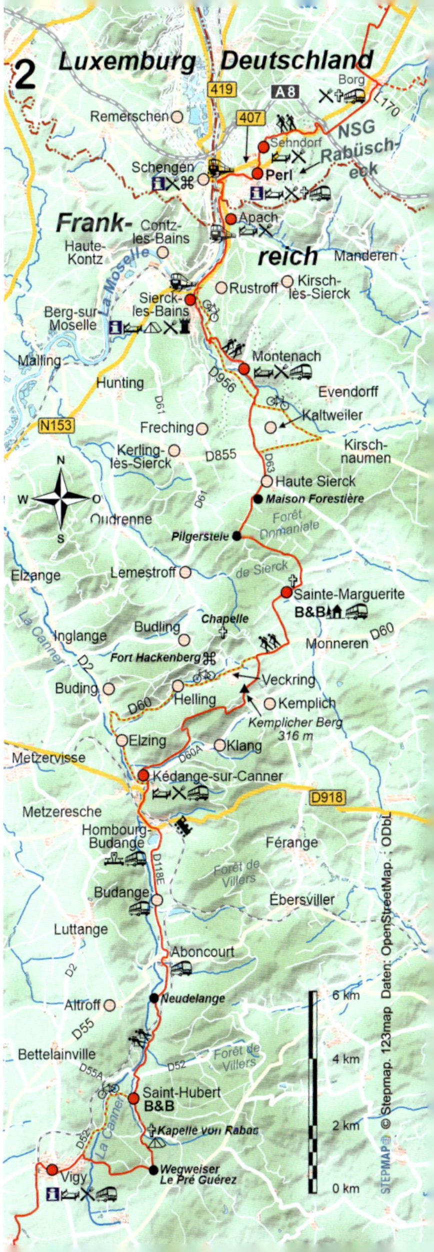

Ihr Weg führt nun links, unter der Brücke hindurch und dahinter links zum Kreisverkehr und der B419 zurück. Rechts folgen Sie dem Radweg zur Grenze nach Frankreich.

☺ ⇘ Von Perl aus empfiehlt sich ein Abstecher in das Nachbarland Luxemburg. Die Brücke über Bahnlinie und Mosel ist gleichzeitig die Landesgrenze. Gehen Sie an deren luxemburgischen Ende links die Treppe hinab zur Moselpromenade und ein paar Schritte moselaufwärts. ➲ 300 m

🚲 Radler fahren rechts eine kleine Schleife.

Schengen ℹ ✕ ☕ ⌘ ⛴ ✉ 5444

ℹ **Schengen asbl**, 6 Rue Robert Goebbels, im Hausboot vor dem Europahaus, ☎ +352/23 60 93 11, ✉ schengenasbl@pt.lu, 💻 www.schengen-tourist.lu, ➲ 340 m, 🚪 tägl. 10:00-18:00 (Sommer), Winter bis 17:00, ☕ Café, 🚲 Radverleih

⛴ ☞ Trier

⌘ **Europahaus**, Adresse und Öffnungszeiten ☞ ℹ

⌘ **Schengener Schloss** (2, Beim Schlass), erstmalig 1350 urkundlich erwähnt, Neubau von 1812, barocker Kräuter- und Blumengarten

🚪 Das Schloss ist nicht zu besichtigen, die Gartenanlagen sind jederzeit frei zugänglich.

„Hei fänkt Europa un", lässt sich im schönsten Luxemburgisch auf einer Mauer in Schengen lesen. Unter diesem Motto ist das kleine luxemburgische Dorf weltweit bekannt geworden. Wo könnte man auch besser den Wegfall der EU-Binnengrenzen beschließen als im Dreiländereck von Frankreich, Deutschland und Luxemburg? Dort, im kleinen Grenzort Schengen, wurde 1985 das Schengener Abkommen beschlossen. Eine Ausstellung im und am Europahaus informiert darüber.

Sie folgen dem Radweg rechts entlang der Straße Richtung Metz/Thionville/Sierck-les-Bains bis an die Landesgrenze. Eine tolle Idee ist bzw. war der hier aufgestellte begehbare Bücherschrank im Dreiländereck für den privaten Tausch deutscher und französischer Bücher. Leider ist er im August 2019 abgebrannt. Ob es eine Erneuerung geben wird, bleibt abzuwarten. Eine Miniatur des Eiffelturms gilt als Sehenswürdigkeit an der Grenze. Eine Tafel informiert über den **Chemin de Saint-Jacques** und die Routen, die im Raum Schengen, Metz und Toul aufeinandertreffen.

Ab hier ist der Pilgerweg sowohl mit der stilisierten gelben Muschel auf blauem Grund sowie den weiß-roten **Markierungen** der Wandervereine versehen. In Teilen entspricht Ihr Weg auch dem Europäischen Fernwanderweg E2 (Hoek van Holland – Genfer See – Nizza).

Auf der Tafel finden Sie auch noch einmal den Hinweis, dass alle Auskünfte über die Beherbergung in den Verkehrsbüros am Weg zu finden sind. Dazu zählen auch die nur Pilgern vorbehaltenen Privatunterkünfte. Also scheuen Sie sich nicht, im Bedarfsfalle dort nachzufragen. Ganz häufig befinden sich dort auch Ansprechpartner, die Deutsch oder zumindest Englisch sprechen.

Sie folgen dem rechts Richtung Mosel führenden Radweg und gehen noch vor den Bahnschienen links in den Chemin de la Moselle (Moselradweg).

Der Uferweg führt Sie zunächst zum Bahnhof von Apach.

Über die Rue de la Gare könnten Sie hier nach Apach gelangen.

Apach 57480

Moulin de Apach, Chambre d'hôtes, 24 Rue de l'École, 03 82 83 70 07, 06 04 65 69 26, info@moulinapach.com, www.moulinapach.com, 450 m, ÜF EZ € 70, DZ € 80, Aufbettung € 25, nach ökologischen Gesichtspunkten renoviertes, großes Mühlengebäude

Le Clos de la Ravine, 16 Rue nationale, 220 m

Apach hat einen Bahnhof an der Bahnstrecke Apach–Thionville. An Wochenenden fahren gelegentlich Züge bis Konz oder Trier.

Apach – Sierk-le-Bains 2,3 km

Der gut markierte Uferweg führt neben den Gleisen nach Sierck-les-Bains. Linker Hand können Sie sich an einem Fels aus rotem Buntsandstein erfreuen. Auf der anderen – luxemburgischen – Moselseite liegen Weinberge auf der Sonnenseite der Mosel. Manche Radfahrer nutzen auch diese Moselseite, um flussaufwärts zu fahren.

Kurz nach einem Supermarkt (Norma) treffen Sie gegenüber dem Tour Saint Nicolas (Reste der Stadtmauer) auf die Ortsdurchgangsstraße. Sie gehen noch 70 m geradeaus am Parc Valette (Spielplatz auf der anderen Straßenseite) vorbei und dahinter links durch die Passage Saint-Nicolas zum Marktplatz.

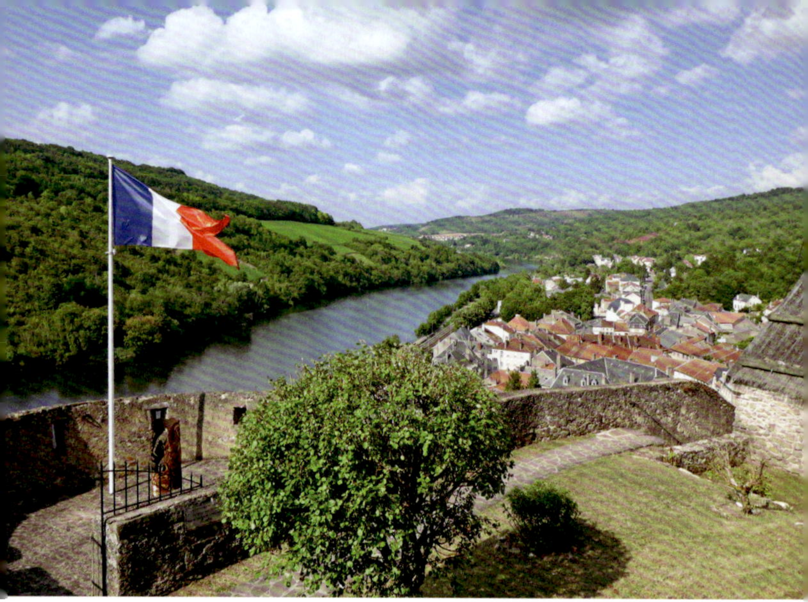

Der Blick vom Château des Ducs de Lorraine in Sierk-les-Bains

Sierck-les-Bains 57480

Office de Tourisme, 3 Pl Jean de Morbach, ☏ 03 82 83 74 14, infos@otsierck.com, www.otsierck.com, ➲ 250 m (folgen Sie der Grande Rue vom Markt oder bleiben Sie von vornherein an der Ortsdurchgangsstraße), vermittelt auch Privatzimmer und evtl. nicht belegte FW für eine Nacht, Mai-Sep Mo-So 10:00-12:00 u. 13:00-17:00, April, Okt Mo-Fr 10:00-12:00 u. 13:00-16:00, Sa 9:00-12:00, Nov/März wie April/Okt, doch nachmittags erst ab 14:00

☺ Im **Office de Tourisme** erhalten Sie ein Kartenheft (€ 10) zum „Chemin de Schengen à Langres", ein sehr nützlicher Wegweiser auf Ihrem Weg durch Lothringen. Es liegt auch eine aktuelle Liste der Privatunterkünfte bei, ☞ Unterkunft.

Danièle Magdalena, 18 Rue de la Gare, ☏ 03 82 83 66 40, 06 88 60 35 31, lena15@wanadoo.fr, www.gites-sierck.fr, ➲ 1 km (Bahnhofsnähe), Gîte für 4-6 Pers., € 130-200/Nacht

Camping municipal des Tilleuls, Allée des Tilleuls, ☏ 03 82 83 82 15 + 03 82 83 72 39, camping@siercklesbains.fr, www.camping-siercklesbains.fr, ➲ 1 km (Bahnhofsnähe), Ü € 5, Mitte April-Mitte Okt

☞ Apach

♜ Von der eindrucksvollen Festungsanlage **Château des Ducs de Lorraine** (dt. „Schloss der lothringischen Herzöge") aus dem 11. Jh. hat man einen wunderschönen Blick auf Sierck-les-Bains, das sich an die Außenkurve eines Moselbogens schmiegt. Die Lage trug dem Ort übrigens auch den Namen ein, der sich von lat. *circus* oder *circulus* (dt. „Kreis, Ring") ableitet.

♦ www.chateau-sierck.com, Mai-Sep Mo-Sa 10:00-18:00, So/Fei 10:00-19:00, März, April, Okt, Nov Mo-So 11:00-17:00

Sierck-les-Bains – Montenach 3,8 km

Radfahrer nehmen in Sierck die D956 über Montenach bis zur Kreuzung mit der D855. Dort fahren Sie genau 2 km nach rechts bis zur Kreuzung mit dem Pilgerweg, in den Sie links Richtung Haute Sierck einbiegen (D63).

Vom Marktplatz gehen Sie halb rechts auf der Grande Rue über den Ruisseau de Montenach (dt. „Bach von Montenach"). Biegen Sie nun links in die Rue Saint-George les Baillargeaux ein und folgen Sie ihr bergauf. Am **Zugang zur Burg** halten Sie sich links an die Rue Cardinal Billot. Linker Hand liegt versteckt hinter einer Mauer der örtliche **Judenfriedhof** mit zahlreichen sehr alten Grabsteinen.

Sie passieren eine Schule. An der kommenden Gabelung gehen Sie links auf der Rue Marienfloss in das idyllische Bachtal des Ruisseau de Montenach hinab. Wenn die Straße einen Linksbogen über die Brücke macht, bleiben Sie diesseits und laufen geradeaus über den Parkplatz und auf dem sich anschließenden Schotterweg weiter. (Die Straße führt zur ✝ Chapelle de Marienfloss, einem Heiligtum aus dem 13. Jh., ➲ 170 m.)

An der Gabelung mit der Infotafel zum Quarzitabbau nehmen Sie den linken Weg, bleiben also unmittelbar am Bach. Sie passieren nun die Ruine einer alten Schleifmühle. Eine Fußgängerbrücke bringt Sie auf die andere Bachseite. Dort führt ein schmaler Pfad bergauf, zum Teil mit Stufen, zuletzt durch ein Naturschutzgebiet zur D956, in die Sie links einbiegen.

Sie bleiben nur 100 m an der Straße. Dann biegt ein neu angelegter und 2020 noch unbequem steiniger, aber gut markierter Pfad rechts in den Hang (30 m vorher bleibt ein ebenfalls rechts abzweigender Weg in den Steinbruch unbeachtet). Sie erreichen einen Kammweg, dem Sie rechts durch die schöne Wiesen-, Hecken- und Waldlandschaft folgen.

An der Gabelung hinter dem Steinkruzifix nehmen Sie den linken (= oberen) Weg. Er führt auf dem Chemin sous les Vignes durch ein Neubaugebiet. Am Ende gehen Sie rechts bergab. Unten gehen Sie links und am Kreisverkehr wieder rechts. Sie überqueren einen Nebenbach am Place du Hangoldbach und erreichen eine Straßenkreuzung.

Rechts führt eine Brücke über den Hangoldbach zum Place de la Mairie.

Montenach 57480

Hôtel Au Val Sierckois, 3 Place de la Mairie, ☏ 03 82 83 85 20, info@restaurant-val-sierckois.com, www.val-sierckois.com, 50 m, 4 DZ, Etagenbad, Ü DZ € 43, F € 7,20, D

♦ **Auberge de la Klauss**, 1 Route de Kirschnaumen, ☏ 03 82 83 72 38, www.auberge-de-la-klauss.com u. domainedelaklauss.de, 360 m oberhalb des Place de la Mairie an der D956, Wellnesshotel, Restaurant und Bar, ÜF DZ ab € 170

Zweimal am Tag fährt ein Bus nach Thionville (), Metz.

Montenach – Sainte-Marguerite, Monneren 9 km

Zur Fortsetzung des Weges überqueren Sie den Hangoldbach nicht, sondern gehen geradeaus am Bach entlang.

Schon fast am Ende des Dorfes führt Ihr Weg rechts über den Bach und steigt nun steiler bergan. Am Waldrand fächert sich der Weg auf. Sie nehmen den ganz rechts, zur D956 hinaufführenden Weg und überqueren die D956 geradeaus. An der nächsten Gabelung laufen Sie weiter geradeaus und noch bergauf, dann stetig leicht bergab. Linker Hand liegt das Örtchen Kaltweiler. An der Wegkreuzung gehen Sie geradeaus neben der Baumreihe weiter bergab. Sie überqueren eine weitere Straße (D855) und folgen der kleinen D63 geradeaus durch eine Bachsenke nach **Haute Sierck**.

An der Querstraße im Ort biegen Sie rechts ab und nehmen nach 30 m die erste Straße links. Sie führt durch eine Senke zum Maison Forestière (dt. „Forsthaus") de Haute Sierck hinauf. Dort folgen Sie geradeaus dem Schotterweg bald im Forêt Domaniale de Sierck. Nach 1,5 km treffen Sie an einem Waldwegedreieck auf eine moderne Pilgerstele.

Der Pilgerweg führt nun nach links beständig leicht bergauf und erreicht nach weiteren 2,2 km den Waldrand mit der Möglichkeit eines herrlichen Blickes in die Weite des lothringischen Hügellands. Ab hier führt der Weg neben einer Baumreihe bergab und wird zum Teerweg. An einem Kruzifix biegt der Weg nach rechts und erreicht das Straßendorf Sainte-Marguerite an der kleinen Kirche. Ab der Straßenkreuzung führt die Rue du Hackenberg weiter geradeaus entlang der Häuser.

Sainte-Marguerite, Monneren B&B ⌘ 57920

B&B **Monique Bidon-Keller**, 9 Rue du Hackenberg, ☏ 03 82 82 30 80, ➲ am Weg, 3 Betten, ÜF EZ € 35, DZ € 60, DBZ € 75, April-Okt

B&B **Isabelle & Gérard Marchetti**, 24 Rue du Hackenberg, ☏ 03 82 83 63 57, 06 82 93 52 80, gerardmarchetti@yahoo.fr, ➲ am Weg, 3 Zimmer, ÜF € 35, Abendessen möglich, am Ende des Dorfes das letzte Haus auf der rechten Seite, außergewöhnlicher Pilgerstempel für Übernachtungsgäste, bitte spätestens vormittags anmelden, „Pilger zu beherbergen, ist für uns immer ein Fest", sagt Isabelle.

Ein Bus fährt einmal am Tag nach Metz, ☞ Metz.

⌘ Die Rue du Hackenberg in Sainte-Marguerite ist direkt auf das Fort Hackenberg (frz. *Ouvrage du Hackenberg*) gerichtet. Es ist bei guter Orientierung (oder guter Navigation) möglich, das Fort auf diesem Weg zu erreichen, ➲ 3,3 km. Die Zufahrten und die einfachere Orientierung haben Sie von Veckring aus, das ganz in der Nähe des nächsten Wegabschnitts passiert wird, ☞ Wegbeschreibung. Die Besichtigung der unterirdischen Anlagen mittels Schmalspurbahn ist nur im Rahmen einer 2,5-stündigen Führung möglich.

♦ **Ouvrage du Hackenberg**, 61 Grande Rue, 57920 Veckring, ☏ 03 82 82 30 08, amifort@orange.fr, www.maginot-hackenberg.com, 1. April-12. Nov tägl. 14:00, Sa, So/Fei 14:30-15:30, im Winter Sa u. Mi 14:00, deutschsprachige Führungen sind am WE garantiert, in der Woche melden Sie den Bedarf besser rechtzeitig an.

Die Bunkeranlage **Ouvrage du Hackenberg** ist ein Teil der Maginotlinie, die nach dem Ersten Weltkrieg Frankreichs Grenzen gegen Deutschland schützen sollte. Zwischen 1930 und 1936 wurde an der Festung Hackenberg gebaut. Es gab 19 sogenannte Kampfblöcke und 10 km Stollen, davon waren 4 km durch eine Elektroschmalspurbahn erschlossen.

Hackenberg war aber nur ein Teil einer Befestigungsanlage, die sich ungefähr entlang der Linie Belfort – Straßburg – Metz – Sedan – Namur erstreckte. Diese erhielt ihren Namen nach André Maginot (1877-1932), Kriegsminister von 1929 bis 1932, der das Konzept der Verteidigungsanlage dem Parlament vorlegte – wo es mit 90 % der Stimmen angenommen wurde – und die Umsetzung vorantrieb.

Beim Blick auf die Karte wird schnell deutlich, dass die Verteidigungslinie nach Norden gegen Belgien ein großes Loch aufweist. Um bei den enormen Ausgaben für die Maginotfestungen nicht die Modernisierung des Heeres zu vernachlässigen, glaubte man, auf die Schließung dieser Lücke verzichten zu müssen oder zu können, und die Ardennen hielt man schon aufgrund ihrer topografischen Gegebenheiten für undurchdringlich, sodass man hier die Verteidigungsanlagen nicht so stark ausbaute. Man erwartete, dass die Deutschen im Norden über Belgien angreifen würden, was sie dann im Mai 1940 auch mit einer kleineren Einheit taten. Die Alliierten stellten sich mit einer Konzentration ihrer Heere dort den deutschen Truppen entgegen. Gleichzeitig aber überwanden sehr viel größere deutsche Verbände nahezu unbemerkt die Ardennen und konnten die französischen und englischen Streitkräfte, die Belgien zu Hilfe geeilt waren, in die Zange nehmen. Die Überwindung der Maginotlinie war für die Bevölkerung ein Schock, denn die extrem teure und aufwendige Verteidigungslinie war von staatlicher Seite stets als unbezwingbar angepriesen worden.

Sainte-Marguerite, Monneren – Kédange-sur-Canner 10,1 km

Folgen Sie der Rue du Hackenberg bis 200 m hinter dem Ortsende und nehmen Sie dort links den ersten Weg in die Felder. Am Ende des Feldweges treffen Sie auf die D60, der Sie rechts bis zum Wald auf der Höhe folgen.

↳ Wer über Veckring die Bunkeranlagen erreichen will, geht hier geradeaus nach Veckring, passiert die Kirche und den kleinen Supermarkt in der Ortsmitte. 600 m weiter biegen Sie rechts in den Feldweg Chemin de Dillingerweg ein. Der führt an die Route du Hackenberg. 200 m weiter rechts befindet sich der Eingang zum Fort. ➲ 2,2 km

🚲 Radfahrer brauchen sich nicht über die teils holperigen und sandigen Waldwege quälen. Sie fahren geradeaus über Veckring in das Tal der Canner hinab und folgen dort links der D2 nach Kédange-sur-Canner.

Der Pilgerweg führt am Waldrand links auf dem Wirtschaftsweg hinauf zum Todtenberg und Kemplicher Berg. Hinter der Stromleitung gehen Sie an der Gabelung links. Der Weg führt an eine Wiese mit einem schönen Blick hinüber zur Kirche von Kemplich. Fast am Ende der Wiese gehen Sie rechts in den Wald hinein. Der Weg führt an der nächsten Gabelung links. Danach nehmen Sie die erste Möglichkeit rechts und laufen auf diesem Weg bis zu einer T-Kreuzung. Dort biegen Sie links ab und passieren zwei Bunker.

Nach 1,2 km auf breitem Weg achten Sie auf den markierten Abzweig links.

Sie verlassen den Wald und gehen rechts am Zaun entlang. Nun passieren Sie einen Gemüsegarten und eine Halle. An der nächsten Wegkreuzung laufen Sie halb rechts auf dem Fußweg weiter, der parallel zur D60A geführt wird. Der Weg mündet in eine Straße, dieser folgen Sie nach links. Sie trifft auf die D60A, auf der Sie geradeaus bergab in die Ortsmitte von Kédange-sur-Canner marschieren. Die Straße heißt innerorts Rue de l'Église. Am kleinen Brunnenplatz (Place Pierre Barre) zeigt die Markierung links Richtung Feuerwehrhaus (Sapeurs Pompiers) und führt in die Rue Robert Corplet.

Am Brunnenplatz geradeaus gehen Sie weiter zur Hotelbar und dort rechts zum Hotel und zur Kirche gegenüber.

Sie können auch vor der Bar links an die Rue Robert Corplet gelangen und ihr rechts zur Fortsetzung folgen.

Kédange-sur-Canner 57920

Hôtel Restaurant de la Canner, 4 Rue de l'Église, 03 82 83 00 25 + 03 82 83 50 32, hotel-canner@wanadoo.fr, www.hotel-canner.com, 150 m, Ü EZ € 55, DZ € 61, DBZ € 71, VBZ € 87, Frühstück € 9, € 8,

schöner Pilgerstempel im Hotel

Fünfmal am Tag fährt ein Bus nach Thionville (), Metz.

Kédange-sur-Canner – Saint-Hubert 11,1 km

Die Rue Robert Corplet geht in die Rue du Collége über und führt geradeaus an die D918. Ihr folgen Sie links nach **Hombourg-Budange** (viermal am Tag Richtung Thionville/Metz).

Im Ort biegen Sie nach rechts von der D918 auf die D118E (Rue d'Aboncourt) ab, wandern an einem kleinen See vorbei durch die schöne Tallandschaft des Flüsschens Canner, durchqueren **Budange** 🚌 auf der Hauptstraße und erreichen **Aboncourt** 🚌. Hier biegen Sie links von der Hauptstraße ab und gehen in den Ort hinein. An der Kreuzung gehen Sie rechts an der Kirche und der Mairie vorbei und danach wieder links Richtung Forêt communale und Saint-Hubert.

Der Weg führt entlang von Sportplätzen und dann geradeaus auf der Lindenallee durch Siedlungsgebiet zur Höhe und weiter auf der Rue de Neudelange aus dem Ort hinaus. Am Gut **Neudelange** wandern Sie geradeaus auf einem nicht mehr geteerten Feldweg weiter Richtung Saint-Hubert. Sie überqueren die Eisenbahnlinie und erreichen 2 km weiter die D55A, der Sie nach links 200 m zur D52 folgen. Rechts gehen Sie nach Saint-Hubert, das auf einer Anhöhe in einem Nebental der Canner liegt.

Saint-Hubert B&B ⛺ 💧 ✉ 57640

B&B **Chambres d'hôtes La ferme de Godchure**, Rue Principale, ☏ 03 87 77 03 96, godchure@wanadoo.fr, 💻 godchure.com, ➲ am Weg, Ortseingang, 11 Betten, ÜF DZ ab € 105, 🐕, GB

Am B&B in Saint-Hubert

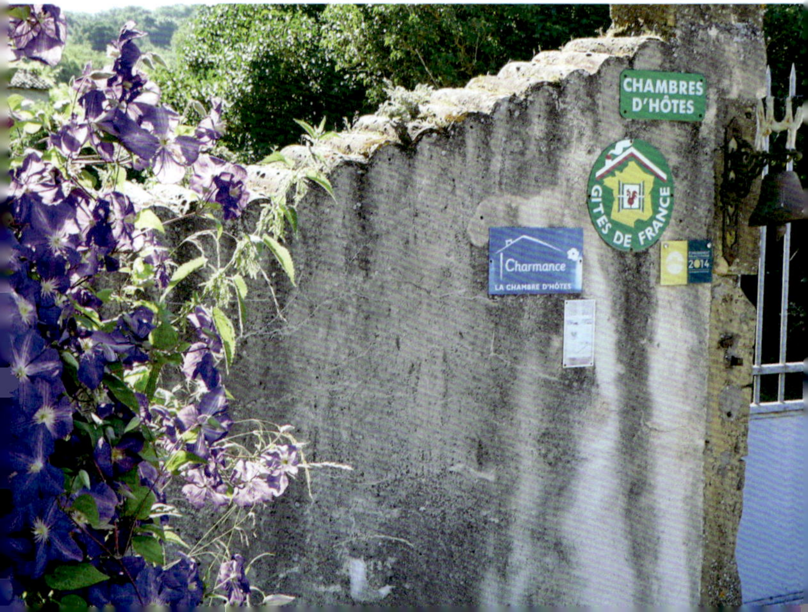

B&B **Chambres d'hôtes La Campagne**, Nathalie et Christian Frank, 1B Rue Principale, ☏ 03 87 77 96 08, 📱 06 76 41 39 70, ✉ frankchristian57@aol.com, 💻 www.lacampagnechambresdhotes.fr, ➲ am Weg, Ortsmitte, 9 Betten, ÜF EZ € 75, DZ € 80, DBZ € 120, abends Shuttle zum Restaurant im Nachbarort möglich

⛺ 1,3 km hinter Saint-Hubert befindet sich ein kleiner Campingplatz direkt am Weg, Ü eine Person im eigenen Zelt € 5, ☞ Wegbeschreibung.

Was wir aus Deutschland vom Bundeswettbewerb „Unser Dorf hat Zukunft" kennen, hat in Frankreich seine Entsprechung unter dem Begriff „Villes et villages fleuris". Saint-Hubert ist so ein Ort, der sich mit diesem Label schmücken darf. Zwar spielt der Blumenschmuck eines Dorfes auf dem Weg zum Siegertreppchen eine nicht unerhebliche Rolle, wichtigstes Ziel ist es jedoch, anzuregen, neben dem touristischen Erscheinungsbild die Wohnqualität insgesamt zu verbessern. Das in Saint-Hubert so entstandene besondere Flair ist bei jedem Schritt zu verspüren. Ein überdachter Dorfplatz und die Trinkwasser liefernde, historische Brunnenanlage tragen dazu bei.

Saint-Hubert – Vigy 6,6 km

Sie durchwandern den Ort auf der Rue Principale, bis die Straße am Ortsende als D52 nach rechts über den Nebenbach biegt.

➯ Bei großer Eile oder an schlimmen Regentagen könnten Sie auf der D52 nach Vigy wandern, das ist 2 km kürzer.

🚲 Auch Radlern empfehle ich diese Strecke entlang der D52.

Der markierte Weg führt hier diesseits des Baches halb links im stillen Tal zunächst auf einem Sträßchen aufwärts, biegt dann aber links in einen parallelen Waldweg. In Höhe der ✞ ⊼ Kapelle von Rabas überqueren Sie das Sträßchen und den Bach und steigen am ⛺ Campingplatz vorbei aufwärts in den Wald.

✞ **Kapelle zu unserer Lieben Frau von Rabas**

Der Legende nach hat Karl der Große diese Kapelle bauen lassen. Er soll an einem drückend heißen Tag mit einer Jagdgesellschaft unterwegs gewesen sein. Bei der Verfolgung eines kapitalen Hirsches im Wald von Saint-Hubert verirrten sich die Jäger mit ihren Hunden. In seiner Sorge, seine Mannen und Hunde könnten nicht mehr aus dem Wald finden und würden verdursten, gelobte Karl der Große, der heiligen Jungfrau Maria eine Kapelle zu bauen. Unmittelbar danach trat sein Pferd mit dem Huf gegen einen Felsen – und klares, frisches Wasser sprudelte darunter hervor. Alle Jagdgenossen wurden gerettet und Karl der Große löste sein Versprechen ein. Geschichtlich nachweisbar ist ein Oratorium von 806 und eine erste Kapelle soll hier schon 1049 gestanden haben.

Geteert ist bis zu einem Wohnhaus. Davor biegen Sie links in den Grasweg ein. Der schöne Pfad führt Sie durch besonders schönen Eichen-Hainbuchen-Wald zur Höhe. Hier beginnt ein Forstwald, der vor allem aus Eichen besteht. Am Wegweiser „Le Pré Guérez" biegen Sie im rechten Winkel rechts, bei eindeutiger Markierung Richtung Vigy, in einen nun wieder abwärtsführenden Pfad ab. Achten Sie gut auf die Markierung, denn es führen immer wieder kleine Pfade vom markierten Weg ab. Es geht in das Tal der Canner hinab, die schließlich überschritten wird. Danach folgen Sie einem Forstweg bergauf zur D52.

Hier biegen Sie links ab.

Bereits nach 350 m, am Beginn der Siedlungshäuser, ↳ kämen Sie links zur 🛏 ✕ Gruppenunterkunft Adeppa (Werbetafel, Wegweiser).

Die Straße (Avenue Charlemagne) führt weitere 750 m durch das etwas trostlos wirkende Siedlungsgebiet an eine Querstraße. Sie gehen rechts und nach wenigen Metern links in die Rue Pasteur. Sie führt in einem Rechtsbogen zum zentralen Kirchplatz mit der Mairie und einem Gasthof am Place de l'Église.

Vigy 57640

Mairie, 4 Place de l'Église, ☎ 03 87 77 91 27, ✉ contact@mairie-vigy.fr, 💻 mairie-vigy.fr, ➲ am Weg, Mo-Fr 8:30-12:30, zusätzl. Mo u. Mi 13:30-17:30, Do 14:00-18:00

Adeppa, 34 Avenue Charlemagne, ☎ 03 87 77 92 09, ✉ info@adeppa.eu, 💻 adeppa.eu, ➲ 170 m, ☞ Wegbeschreibung, 250 Betten vorwiegend in 1- bis 3-Bett-Zimmern, Ü € 25, F € 5

⊙ im Gasthof gegenüber der Kirche

Zwei Linien fahren nach Metz, ☞ Metz.

⌘ Auf dem alten Bahnhofsgelände stehen noch die Züge, die einst im Cannertal verkehrten. Zurzeit ist leider auch der touristische Zugverkehr im Cannertal eingestellt. 💻 www.alemftrain.fr

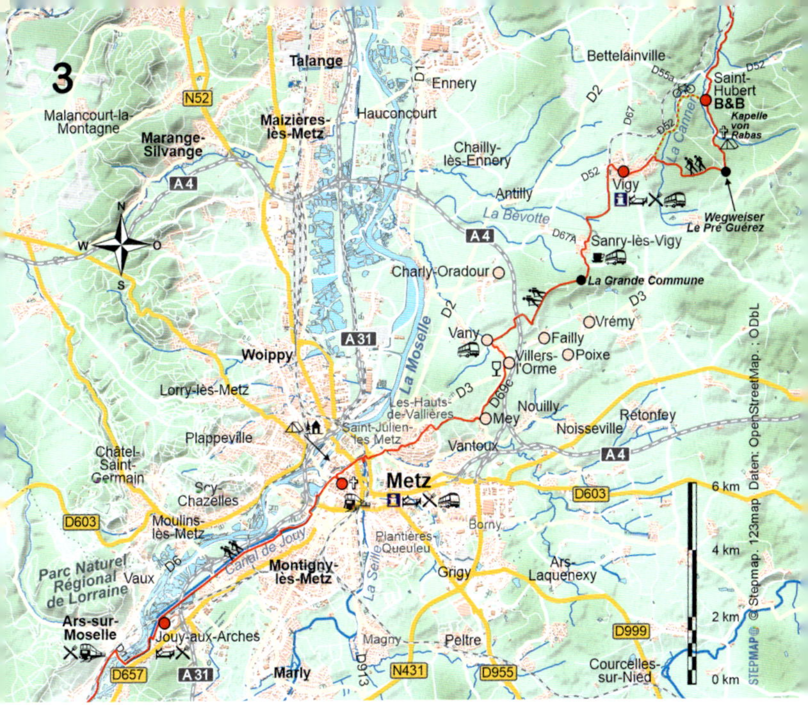

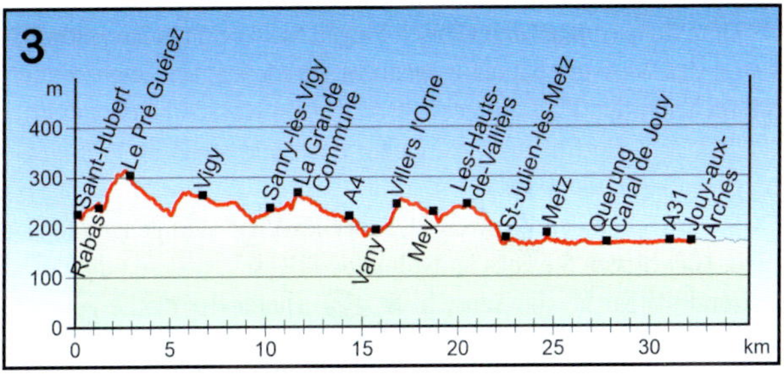

Vigy – Metz 18 km

☺ Der Weg ist heute bis zu einem Abzweig bei Failly zusätzlich gelb markiert. Sie stoßen auch auf die Bezeichnungen GR 5F, für den die begleitende weiß-rote Markierung steht.

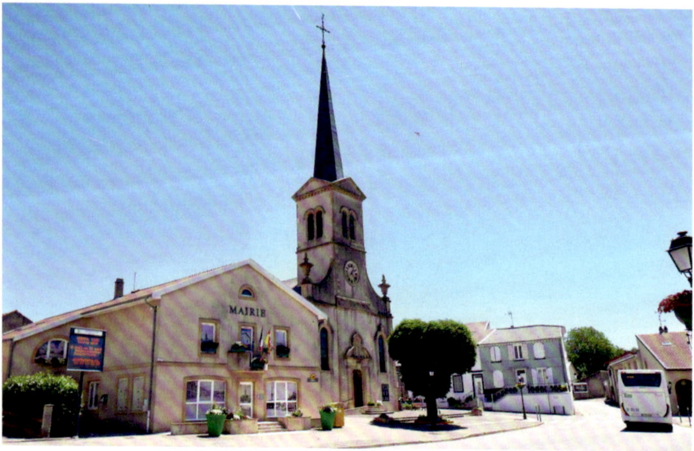

Zentrum von Vigy

Hinter dem Gasthof (Café de la Place) biegen Sie links in die Rue du Val de Metz ein. Nach 300 m biegen Sie an einer Einmündung nach links, immer noch auf der Rue du Val de Metz, über die Bahngleise ab (nun heißt die Straße Rue de la Gare).

Unmittelbar hinter den Gleisen biegen Sie links in einen Feldweg ein und passieren den Museumsbahnhof. Wenn es geradeaus nicht mehr weitergeht, biegen Sie rechts in den Pfad ab, der zwischen zwei Hecken hindurchführt.

Der Weg führt hinunter zu einem Bach und steigt im Wiesental wieder sanft bergan.

Sie erreichen den Wegweiser **„Sanry-lès-Vigy"** und gehen rechts an den Ortsrand. Hier biegen Sie links in die Rue de l'Église, passieren die Bushaltestelle, die Bar und die Kirche von **Sanry** 🍷 ☕ 🚌. Hinter der Kirche gehen Sie rechts auf der Rue des Cherbonis weiter. An deren Ende biegen Sie links in die Rue de la Gare. Am Ortsende (nach dem letzten Haus) biegen Sie beim zweiten Weg rechts in den Wald ein.

Dieser führt leicht bergauf zu einer Wegkreuzung namens **La Grande Commune**. Sie gehen rechts weiter Richtung Metz. An der Verzweigung neben der alten Eisenbahnbrücke wandern Sie nach links weiter. Der Wald lichtet sich und der Pilgerweg führt parallel zur ehemaligen Bahnstrecke am Feldrand entlang. Nach links haben Sie einen schönen Blick auf die Dörfer Vrémy und Failly.

Der Weg trifft auf einen Querweg. Hier gehen Sie im spitzen Winkel rechts unter der stillgelegten Bahnlinie hindurch und verlassen damit den zusätzlich gelb markierten Weg. Geradeaus laufen Sie durch das offene Feld zur Höhe, biegen nach links ab und überqueren auf einer Brücke die Autoroute de l'Est (A4).

Direkt nach der Brücke biegen Sie links ab, laufen zunächst parallel zur Autobahn, dann aber rechts in eine Senke. Geradeaus wandern Sie wieder bergauf nach **Vany** 🚌. Im Ort nehmen Sie die erste Straße nach links (Rue Principale), sie führt bergauf und macht eine Linkskurve. Dahinter nehmen Sie die erste Straße rechts (Rue du Clos). An deren Ende biegen Sie links in die D69C ein, verlassen sie aber nach gut 150 m noch vor dem Ortsende nach rechts. Die Rue du Château bringt Sie nach **Villers l'Orme**, einem Siedlungsgebiet oberhalb von Vany. (🚌 Kleinbusse fahren etwa stündlich über Vany bis in das Zentrum von Metz. Fahrpläne finden Sie vor Ort am Weg.)

An einer Querstraße folgen Sie rechts der Rue de Notre Dame de la Salette bergauf durch einige Kurven. Sie passieren die **Fatima-Kapelle**.

Hier stand ab dem 15. Jh. eine Kirche, die während der Französischen Revolution aufgegeben und im 19. Jh. wieder aufgebaut wurde. Sie wurde zu einem beliebten Wallfahrtsort für die Verehrung der Notre Dame de La Salette, die ursprünglich im Wallfahrtsort La Salette in den Schweizer Alpen verehrt wurde.

Auf der Höhe (Salette) überqueren Sie die D3 (🍷 🚌) und folgen geradeaus der D69C bis in das schöne Dorf **Mey**.

Gleich hinter der Kirche gehen Sie rechts über den Place de l'Église hinab zur Mairie und dort halb links in die Sackgasse. Am letzten Haus wird der Weg zum Grasweg. Einen von links kommenden Weg ignorieren Sie und gehen geradeaus auf einem Pfad weiter.

Nachdem Sie eine Stromleitung unterquert haben, wird der Weg breiter und führt durch die Felder auf ein Hochhaus zu. Es gehört zu **Les-Hauts-de-Vallières**, einem Vorort von Metz.

Der Weg mündet in eine Wohnstraße mit Wohnblocks (🚌 Stadtbushaltestellen). Hier gehen Sie nach rechts am wegweisenden Hochhaus vorbei und dann auf dem Fußweg nach links durch den Park (nicht über den Spielplatz gehen, sondern dahinter in den geteerten Parkweg einbiegen).

Sie überqueren eine Straße, biegen in der nachfolgenden Parkanlage an einer Gabelung halb links ab und erreichen eine Straße, auf der es nach dem Überqueren links weitergeht. An einer Verkehrsinsel biegen Sie halb rechts ein und passieren die Siedlung Rue des Cèdres.

An der nächsten Möglichkeit (Kreuzung) biegen Sie rechts in die **Rue de Carrières** ab. An einem Kreisverkehr biegen Sie rechts in die Siedlungsstraße **Rue de Mélèzes** ein, durchwandern eine Linkskurve und biegen an der Gabelung wieder rechts ab (Rue de Terres Rouge). Der Weg ist beständig abwärtsgerichtet und gut markiert. Er durchläuft hier den Vorort **Saint-Julien-lès-Metz** und erreicht zuletzt die querende, stark befahrene D1D (BANK).

Sie gehen links und an der nächsten Ampel geradeaus, passieren das Ortsschild von Metz und noch eine Ampelkreuzung. Auch hier gehen Sie geradeaus auf dem Boulevard de Trèves.

Vor der nächsten Querstraße halten Sie sich auf der rechten Seite und überqueren die Straße mithilfe der Fußgängerampel. Halb rechts führt Ihr Weg nun in den Uferwald des Flüsschens **Seille**. Eine Tafel informiert über den **Circuit des Remparts**, einem Spazierweg entlang der alten Stadtbefestigung, mit dem Sie nun gleichauf sind.

Schöner kann man eine Stadt fast nicht betreten. Ihr Weg biegt linksherum an das Ufer der Seille und erreicht eine Holzbrücke. Überqueren Sie hier das Flüsschen und spazieren Sie auf dem Holzsteg zur **Porte de la Madeleine** aus dem 18. Jh.

Wenn Sie hier nach links gehen würden, kämen Sie zur sehenswerten **Porte de Allemands** (dt. „Deutsches Tor", umfangreich erhaltenes mittelalterliches Stadttor an der Straße nach Mainz) und im Weiteren zum Bahnhof.

Ihr Weg führt aber nach rechts weiter, sodass Sie die Hauptmauer auf der linken und eine Vormauer mit Schießscharten auf der rechten Seite haben.

Am **Tour au Diable** aus dem 14. Jh., dem größten Turm der Stadtbefestigung, biegt der Weg nach links an einen Moselarm ab. Nach etwa 1 km Uferweg entlang der Außenmauer werden Sie ein paar Stufen hinaufgeführt und laufen über die Terrasse eines Restaurants (L'heure de la Pause).

Als Fahrradfahrer müssen Sie schon 100 m vor dem Restaurant nach links abbiegen.

Fußgänger biegen vom Restaurant links und wieder rechts in die **Rue des Roches** ab.

Der nächste Durchgang links führt zur Kathedrale.

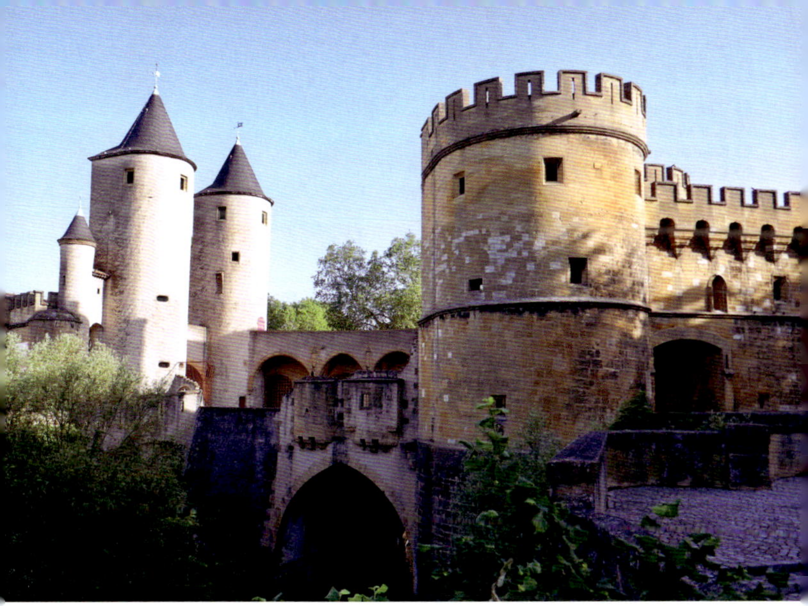

Porte de Allemands (Deutsches Tor) in Metz, mittelalterliches Stadttor an der Straße nach Mainz

Metz

i 🛏 B&B ⛺
✕ ☕ 🍷 🛒 Apotheke BANK Post ✚ Schwimmbad ⌘ ✝ Bus Bahn ✉ 57000

i **Office de Tourisme de Metz-Cathédrale**, Pl d'Armes, ☏ 03 87 55 53 76, ✉ tourisme@inspire-metz.com, 💻 www.tourisme-metz.com, ➲ 150 m, 🚪 April-Sep Mo-Sa 9:00-19:00, So/Fei 10:00-16:00, Okt-März Mo-Sa 10:00-18:00, So/Fei 11:00-15:00, am Chor der Kathedrale

🛏 **Hôtel Ibis Cathédrale**, 47 Rue Chambière, ☏ 03 87 31 01 73, ✉ H0621-GM@accor-hotels.com, 💻 www.ibishotel.com, ➲ 150 m, Ü EZ/DZ ab € 66, F € 7

♦ **Hôtel du Centre**, 14 Rue Dupont des Loges, ☏ 03 87 36 06 93, 📱 06 69 40 24 94, ✉ hotelcentre.metz@gmail.com, 💻 www.hotelducentremetz.fr, ➲ 500 m, 15 Zimmer, Ü EZ ab € 66, DZ € 69, DBZ ab € 79, F € 9

♦ **Residhome Metz Lorrain**, 10 Rue Lafayette, ☏ 08 25 36 34 32, 💻 www.residhome.com, ➲ 400 m vom Bf., 1,4 km vom Weg, EZ/DZ € 56, Studio (mit Kochzeile, Besteck, Geschirr, Töpfe), 🛁, GB

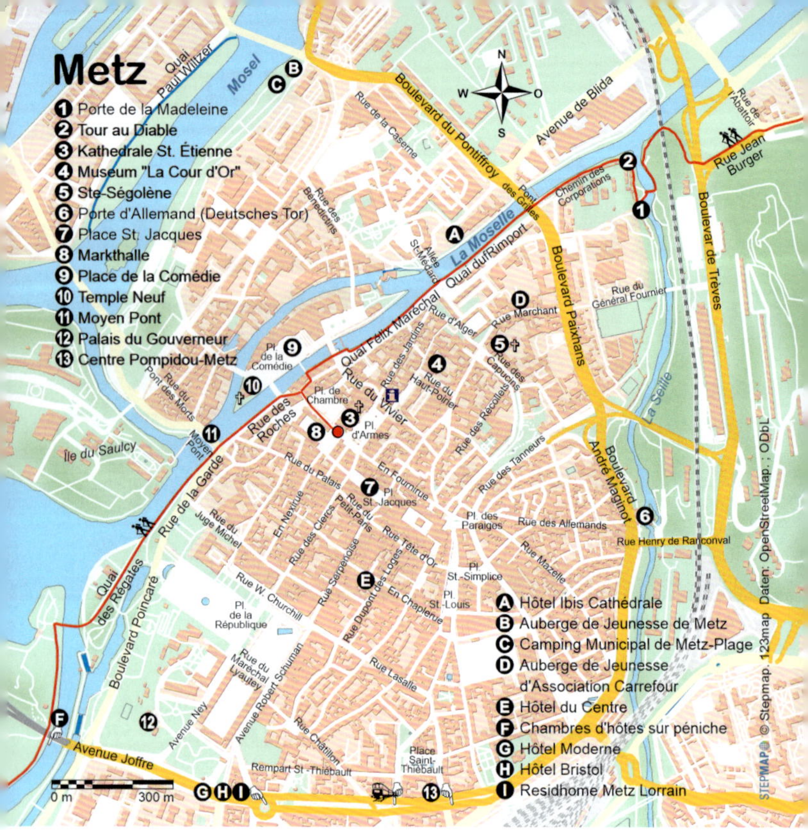

Hôtel Bristol, 7 Rue Lafayette, ☏ 03 87 66 74 22, 💻 www.bristol-metz.fr, ➲ 1,4 km vom Weg, am Bahnhof, Ü EZ/DZ ab € 49,30, F € 8, GB

♦ **Hôtel Moderne**, 1 Rue Lafayette, ☏ 03 87 66 57 33, ✉ contact@hotel-moderne-metz.fr, 💻 www.hotel-moderne-metz.fr, ➲ 1,4 km vom Weg, am Bahnhof, ÜF EZ/DZ ab € 65, GB

B&B **Chambres d'hôtes sur péniche**, Péniche Alclair, Allée Saint Symphorien, ☏ 06 10 45 02 16, ✉ penichemetz@gmail.com, 💻 www.chambrespenichemetz.com, ➲ am Weg, 1,8 km zum Zentrum, 2 Zimmer, ÜF EZ ab € 75, DZ ab € 85, DBZ € 110, Übernachtung auf einem Hausboot, ⛺, etwas GB

Auberge de Jeunesse de Metz, 1 Allée de Metz Plage, ☏ 03 87 30 44 02, contact@ajmetz.fr, www.ajmetz.fr, 700 m, ÜF ab € 21,50, ✕, 7:30-10:00 und 17:00-22:00

♦ **Auberge de Jeunesse d'Association Carrefour**, 6 Rue Marchant, ☏ 03 87 75 07 26, contact@carrefourmetz.fr, www.carrefour-metz.asso.fr, 250 m, 34 Betten, ÜF ab € 23,70, ✕, D, GB

Camping municipal de Metz-Plage, Allée de Metz-Plage, ☏ 03 87 68 26 48, campingmetz@mairie-metz.fr, 700 m, an der Jugendherberge und direkt an der Mosel, Ü Zelt € 4,90, p. P. € 3,90, € 0,60, D, GB, 5. Mai-26. Sep

⊙ Pilgerstempel in der ☞ Kathedrale am Infoschalter

www.fluo.eu und www.tim57.com

Nah- und Fernverkehrsbahnhof, Metz ist TGV-Haltepunkt an der europäischen Magistrale Paris–Straßburg–Mannheim–Budapest, differenziertes Nahverkehrsnetz im Moseltal (Richtung Nancy mit Umstieg nach Toul), Direktverbindungen nach Luxemburg.

☺ Ende August feiert Metz das neuntägige Mirabellenfest (Fete de la Mirabelles) mit großer Spezialitätenmesse, Tanz, Gedichtwettbewerben, Blumenkorso, Feuerwerk und Wahl der Mirabellenkönigin. Die in Metz aus einem Zufallssämling gezüchtete Mirabelle verbreitete sich aufgrund ihrer guten Eigenschaften im südlichen Mitteleuropa und ist Bestandteil vieler Speisekarten vor Ort. Achten Sie auf diese regionale Spezialität. Übrigens hat auch das benachbarte Nancy einer Sorte mit großer Verbreitung ihren Namen gegeben.

⌘ Sehenswerte Gebäude

Neben der gotischen Kathedrale prägen vor allem einzelne Bauten aus der preußischen Zeit den baulichen Eindruck der Stadt. Sie sind besonders pompös und betont repräsentativ und wilhelminisch, so genannt nach Kaiser Wilhelm II. (1859-1941), der eine Vorliebe für Prunk und Repräsentation hatte. Sehr wilhelminisch ist auch der **Bahnhof**, erbaut 1905-1908. Gegenüber dem Bahnhof befindet sich die 1911 im selben Stil erbaute **Hauptpost**. Auch das Gebäude der **Handelskammer** (frz. *Chambre de Commerce*, Baujahr 1906) am Place Raymond du Mondon stammt aus dieser Zeit. Das Stadtviertel, in dem sich diese Bauten drängen, heißt folgerichtig auch Quartier Impérial (dt. „Kaiserviertel").

Nördlich an das Quartier Impérial schließt sich das alte Stadtzentrum mit seinen kleinen, verwinkelten Straßen und der Kathedrale an, das etliche Sehenswürdigkeiten zu bieten hat. Nordöstlich der Kathedrale in der Nähe der Touristeninformation liegt z. B. das Musée d'Art et d'Histoire mit einer vielseitigen Ausstellung.

⌘ **La Cour d'Or, Musée d'Art et d'Histoire**

♦ 2 Rue du Haut Poirier, ☏ 03 87 20 13 20, musee.metzmetropole.fr/de, tägl. außer Di 9:00-12:30 u. 13:45-17:00

⌘ **Centre Pompidou-Metz**. Während das La Cour d'Or weit in die Historie zurückblickt, widmet sich das Centre Pompidou-Metz der Aufgabe, die Kunst der Moderne mit wechselnden Veranstaltungen und Ausstellungen zu vermitteln. Die Namensgleichheit mit dem berühmten Centre Pompidou in Paris ist kein Zufall, sondern ein erster Schritt zur Dezentralisierung der nationalen Kulturinstitution und als Schwesterinstitution zu verstehen.

♦ 1 Parvis des Droits-de-l'Homme (hinter dem Bf.), ☏ 03 87 15 39 39, contact@centrepompidou-metz.fr, www.centrepompidou-metz.fr, April-Okt Mo, Mi, Do 10:00-18:00, Fr-So 10:00-19:00, im Winter tägl. außer Di 10:00-18:00

Südlich der Kathedrale liegt der **Place Saint Jacques**, auf dem Sie ein lebenslustiges Gemurmel und Gewusel von Kaffeetrinkern und Eisessern empfängt. Etwas ruhiger ist es westlich der Kathedrale in der Rue des Roches.

Ebenfalls westlich der Kathedrale auf der Spitze einer kleinen Insel in der Mosel liegt der **Temple Neuf**. Diese Kirche ist im Stil der Neuromanik, einer Stilvariante des Historismus, zwischen 1901 und 1904 erbaut worden. Davor, auf dem Place de la Comédie, spazieren Sie durch einen abwechslungsreichen Sommergarten.

Am südlichen Rand des alten Stadtzentrums wurde zur gleichen Zeit das **Palais du Gouverneur** erbaut, das aber im Gegensatz zum Temple Neuf Stilelemente der Renaissance aufnimmt (Neurenaissance).

✞ **Kathedrale Saint Étienne**. Die Kathedrale Saint Étienne (Stephansdom) ist eine der größten gotischen Kirchen Frankreichs und heute Bischofskirche des Bistums Metz. Ein dem heiligen Stephan (☞ S. 122, Stephansdom Toul) geweihter Gebetssaal soll 451 bei der Plünderung der Stadt durch die Hunnen unversehrt geblieben sein. Dieser Gebetssaal wurde zu einer romanischen Basilika umgebaut, die 1040 geweiht wurde, und zwischen 1220 und 1520 errichtete man die heutige gotische Kirche. Jakobus kann zweimal besucht werden: im Westfenster und im Westportal (mit Schwert und sechs Muscheln auf der Tasche).

Die typischen gotischen Stilelemente kann man in der Kathedrale gut besichtigen. Da ist das Kreuzrippengewölbe zu nennen, das es ermöglicht, die Seitenwände weniger dick und wuchtig auszuführen. Die Wände können so mit großen

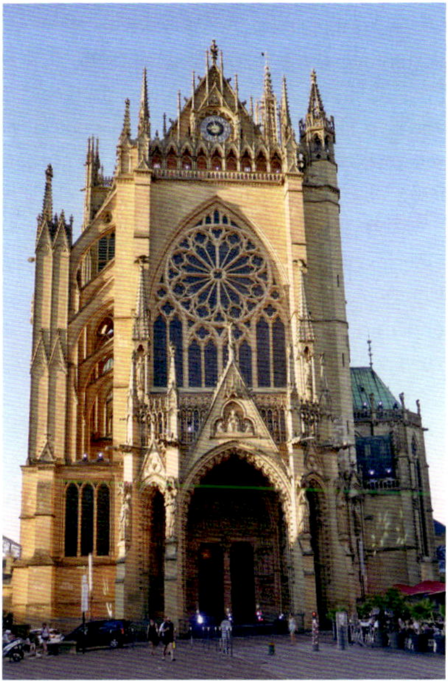

Kathedrale Saint Étienne

Fenstern versehen werden, die die Kirche hell und lichtdurchflutet erscheinen lassen. Saint Étienne hat fast 6.500 m^2 Fensterfläche, so viel wie keine andere gotische Kirche in Frankreich, was ihr den Beinamen „Laterne Gottes" einbrachte. Ein sehr sehenswerter Teil davon wurde 1968 von Marc Chagall (1887-1985) gestaltet.

Ein weiteres gotisches Element ist der Lettner, der in den meisten Kirchen im Laufe der Zeit aber wieder entfernt wurde. Im Mittelalter tobte in den Kirchen mitunter das Leben, da wurde gelacht, getratscht, gehandelt und getändelt. Daher wurde der sakrale Raum häufig durch eine Barriere aus Holz oder Stein, durch den Lettner, vom allgemeinen Getümmel abgetrennt.

Die Kathedrale von Metz ist nicht nur bedeutendes Zwischenziel der Pilger aus Richtung Schengen. Auch aus der Mitte Deutschlands erreicht ein Pilgerweg über Saarbrücken die Stadt. Aus diesem Anlass wurde in unserer Zeit eine Jakobsmuschel im Boden am Eingang zur Kathedrale eingelassen. (Beim Verlassen der Kirche rechts direkt am Metallzaun ist sie zu sehen.)

📖 **Jakobsweg Speyer – Metz** von Michael Schnelle, Conrad Stein Verlag, ISBN 978-3-86686-516-7, € 16,90

Wenn man wie hier beschrieben nach Metz hineinspaziert und ebenfalls so schön an Kanälen entlang wieder hinaus, merkt man gar nicht, dass Metz neben aller Beschaulichkeit und touristischen Anziehungskraft eine wirtschaftlich aktive Stadt ist. Sie liegt verkehrsgünstig an großen Straßen- und Eisenbahnlinien und besitzt einen großen Binnenhafen. Nebenbei ist sie Hauptstadt des Départements Moselle und Universitätsstadt.

Die Römer eroberten 52 v. Chr. eine Siedlung des Keltenstammes Mediomatricum und diese Siedlung entwickelte sich zu einer der größten Städte Galliens. Im 2. Jh. hatte sie unter dem Namen Divodurum 40.000 Einwohner. Metz wurde von den Hunnen überrannt, fiel wieder an die Franken, wurde Lothringen zugeschlagen, kam ins Ostfrankenreich, gehörte zu Frankreich, dann zu Preußen und fiel nach dem Ersten Weltkrieg an Frankreich zurück.

Metz war lange Zeit eine freie Reichsstadt mit einem Bischof als formales Oberhaupt (☞ S. 123, Historie Toul), bis es 1552 vom französischen König Heinrich II. (1519-1559) eingenommen wurde – die Stadt hätte sich ja sonst dem bösen Widersacher Karl V. (1500-1558) und dem Heiligen Römischen Reich zuwenden können! Seit dieser Zeit ist Metz überwiegend französisch.

Der Drache von Metz

Der Legende nach hauste der fürchterliche Drache Graouilly lange Zeit in den Ruinen des Amphitheaters von Metz. Der heilige Klemens war bei Dienstantritt als erster Bischof von Metz nicht bereit, dieses Ungeheuer sowie die Schlangen in seinem Gefolge in seiner Stadt zu dulden. Er band seinen Schal um den Hals des Drachen und führte ihn zum Ufer der Seille. Der Drachen und alle Schlangen versanken in den Fluten und wurden nie mehr gesehen.

Metz – Jouy-aux-Arches 7,6 km

☺ Die folgenden 77 km zwischen Metz und Toul bleibt Ihr Weg im oder in der Nähe des Moseltals. Fast alle Orte im Tal haben einen Bf. mit Anschluss im Taktverkehr (Stundentakt oder dichter). So haben Sie auch die Möglichkeit, mit nur kleinem Gepäck Tagestouren von einem oder auch zwei festen Standorten aus zu machen. Durch die Buchung mehrerer Nächte z. B. in Metz hätten Sie mehr Zeit für die vielen sehenswerten Plätze und zudem sind die Übernachtungsplätze unterwegs ziemlich rar.

Zu beachten ist: Die Züge fahren alle Richtung Nancy, weichen also in Frouard vom Moseltal ab. Es gibt Expresszüge, die nur in Pagny-sur-Moselle, Pont-a-Mousson und an den Umstiegsbahnhöfen Fruoard oder Champigneulles halten, und solche mit Halt auch in den übrigen Bahnhöfen. In Fruoard oder Champigneulles (je nach Linie) können Sie nach Toul umsteigen.

Details finden Sie in der App der Deutschen Bahn AG oder über 💻 reiseauskunft.bahn.de.

Zur Fortsetzung gehen Sie von der Kathedrale zurück zur Rue des Roches. Die führt Sie links wieder an das Ufer des Moselarms zurück. Durch schöne Grün- und Sportanlagen schlendern Sie im Moseltal südwärts. Die Mosel bildet hier keinen klar begrenzten Flusslauf. Sie erscheint in Strom und Nebenströme, Totarme und Wasserlöcher und den sich daraus ergebenden Inseln und Halbinseln aufgefächert. Das in vielen Abschnitten idyllisch und naturbelassen wirkende Gelände steht aber auch im engen Kontrast zur intensiven industriellen Nutzung insbesondere durch die Verkehrswege, aber auch durch Industrie und Gewerbe. Am Jachthafen, hier verbindet sich der Moselarm mit einer sich weitenden Wasserfläche, gabelt sich der Weg. Sie nehmen den linken, der in direkter Linie durch eine Allee von Spitzahorn an eine Fußgängerbrücke führt. Sie überqueren hier den Moselarm und wandern links die Promenade Hildegard weiter.

Hier biegen Sie auch von der roten Markierung des GR 5, die rechtsherum führt, ab.

Das Moselwasser, das hier als Bras-Mort (dt. „Totarm") bezeichnet wird, haben Sie nun zur Linken. Mit dem Parkweg unterqueren Sie eine Brücke, zur nächsten steigen Sie aber hoch. Sie überqueren den Totarm und die schmale Insel und steigen dann links, etwa nach zwei Dritteln der Brücke, zum schmalen historischen **Canal de Jouy** hinunter und folgen rechts dem Uferweg. Die Markierung besteht nun aus zwei übereinanderliegenden, waagerechten, gelben Strichen und gehört zum Fernweg Metz – Nancy. Viele Hausboote liegen am Kanal. Einige bieten Chambres d'hôtes.

An der nächsten Brücke wechseln Sie die Kanalseite und folgen weiter dem Uferweg. (Den Kanal haben Sie nun rechter Hand.) Erst begleitet Sie noch Siedlungsgebiet, dann wandern Sie durch dichte Ufervegetation.

Nach knapp 4 km unterqueren Sie die Autobahn (A31).

Etwa 800 m weiter könnten Sie über einen Abzweig links unter den Bahngleisen hindurch in das Gewerbegebiet Acti-sud in Jouy-aux-Arches gelangen. Dort befinden sich Einkaufsmöglichkeiten, Restaurants, Hotels sowie das riesige Shoppingcenter Waves. Das Gelände ist allerdings für den Autofahrer und nicht für den Fußpilger konzipiert. So empfiehlt es sich vielleicht nur im Notfall, dorthin abzubiegen.

Jouy-aux-Arches 57130

B&B **Hôtel**, Rue en Machotte, Parc d'activités Acti-sud, Lotissement Saint-Jean, 08 92 70 75 38, bb_0362@hotelbb.com, www.hotel-bb.com/de, 400 m, Ü EZ/DZ ab € 49

♦ **Hôtel Campanile Jouy Aux Arches**, Lieu-dit La Polka zone, Acti-sud Saint-Jean, 03 87 38 39 69, metz.jouyauxarches@campanile.fr, www.campanile.com, 400 m, Ü EZ/DZ ab € 45

Jouy-aux-Arches – Ancy-sur-Moselle 4,9 km

Sie unterqueren mit dem Kanal die Eisenbahngleise und erreichen Pferdesportanlagen zur Linken und den westlichen Bereich des Gewerbegebiets.

Hier haben Sie über Trampelpfade eine weitere Zugangsmöglichkeit zu den eben erwähnten Hotels, 400 m.

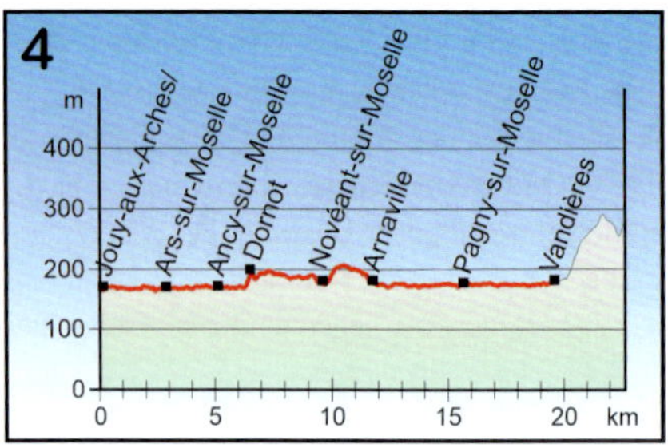

Kurz danach weisen die Wegweiser des Fernwegs Metz – Nancy nach rechts. Sie überqueren den Kanal auf einer mit Stahlgittern belegten Brücke. Hinter der Brücke geht es gleich wieder nach links. Nach 1,3 km erreichen Sie den Hauptstrom der Mosel an einem Sperrwerk, das zur Stromgewinnung errichtet wurde. Sie überqueren den hier zweiarmigen Fluss auf der D11. Nach der zweiten Brücke biegen Sie rechts in die Rue du Dr. Schweitzer ab und gehen vor den Bahngleisen links unter der Brücke hindurch.

Gleich hinter den Gleisen liegt **Ars-sur-Moselle**. Wenn Sie dort zum Bf. wollen (180 m), bleiben Sie auf der D11 und überqueren auch noch die Gleisanlagen und gehen danach rechts. Die Versorgungseinrichtungen des Dorfes befinden sich etwa 300 m weiter nordwestlich des Bf. in einem kleinen Zentrum.

Die Bahngleise liegen jetzt rechts von Ihnen. Nach 1,1 km passieren Sie einen Schrott- und Ablageplatz. Hier weicht Ihr Weg links einem Totarm aus. Danach biegen Sie wieder rechts auf den Damm, der sich zwischen Totarm und Mosel gebildet hat. (Ein rechts zum Wasserloch führender Weg wird ignoriert.) Sie werden wieder an die Bahnstrecke geleitet und passieren den Bahnhof von Ancy-sur-Moselle.

↳ Falls Sie zum Bahnhof (➲ 30 m) oder in den Ort (➲ 350 m) wollen, kämen Sie durch ein Tor im Zaun zur Gleisüberführung.

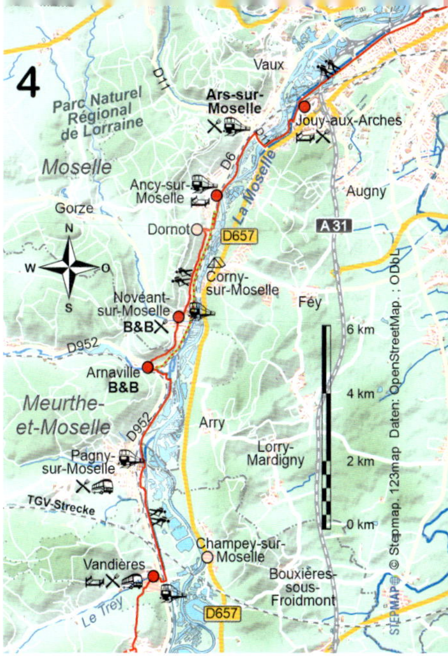

Ancy-sur-Moselle (Ancy-Dornot) 57130

Gîte Le Canardeau, 15 Rue de la Croix Rouge, 07 71 05 76 47, gite.le.canardeau@gmail.com, www.hdmedia.fr/visite-virtuelle/hd/cbpQepGw8-gite-le-canardeau-ancy-dornot-57.html, ➲ 360 m, Ü DZ € 50 (Lesertipp: Die FW wird auch für eine Nacht vermietet.)

☞ Metz

Ancy-sur-Moselle – Novéant-sur-Moselle 3,9 km

Sie laufen geradeaus am Zaun des Gleiskörpers entlang und erreichen nach 600 m Sportanlagen.

↳ Hier gibt es eine Unterführung, durch die Sie rechts die eben genannte Unterkunft erreichen können, ➲ 360 m.

Auch Radfahrer nutzen diesen Tunnel und biegen danach links in die D6 ein. Auf ihr fahren Sie bis Arnaville, biegen dort links in die D952 ab und sind wieder auf dem Pilgerweg.

Der Pilgerweg führt weiter geradeaus, an einem offenbar nicht mehr benutzten Sportlerhaus vorbei. Hinter einer Mauer finden Sie aber noch einen Wasserhahn mit Trinkwasser. Danach laufen Sie an einem Badesee mit Lagerplätzen und Ruhebänken entlang und erreichen eine Brücke über die Gleisanlagen. Diese benutzen Sie zur Überquerung der Schienen, gehen dahinter 50 m links entlang der Straße und dann rechts nach **Dornot** hinauf.

Gegenüber der Kirche biegen Sie nach links in die Rue de Gauvaines ein. Am letzten Haus beginnt ein fußfreundlicher Hangweg mit immer wieder schönen Blicken in das Moseltal. Nach 2,3 km erreichen Sie Novéant über die Rue André Bellard. An deren Ende (Querstraße) gehen Sie rechts in das Zentrum weiter.

Zur Übernachtung oder zum Bf. biegen Sie links ab, gehen an der Talstraße links, um zum Bf. zu kommen (240 m), und rechts zu einem B&B (50 m).

Novéant-sur-Moselle B&B 57680

B&B **Chambres d'hôtes Les Châtaigniers**, 49 Rue Foch, 03 87 69 93 41, elisa.bitton@orange.fr, chataigniersnoveant.simplesite.com, 100 m, 2 Zimmer, ÜF EZ € 55, DZ € 65, DBZ € 75, VBZ € 85, GB, D, E

Camping Le Paquis, 57680 Corny-Sur-Moselle, 07 67 59 05 55, www.campingcorny.com, 1,65 km, bei Novéant den Fluss überqueren und dann links am Fluss entlanglaufen, Preise auf Anfrage, 1. Mai-30. Sep

Metz

Novéant-sur-Moselle – Arnaville 3,1 km

Von der Rue André Bellard gehen Sie also nach rechts durch die Rue de la Chavée, die in die Rue de l'Église übergeht, auf der Sie an der Kirche vorbeikommen. Sie gehen bergab, überqueren die Hauptstraße und biegen an der Rue des Berceaux nach rechts ab. Sie passieren rechter Hand das Rathaus und gehen über eine kleine Steinbrücke. Es geht auf der Rue de la Halle weiter, die in die Grande Rue mündet. Auf dieser gehen Sie 10 m nach rechts und dann nach links in die Rue du Godmay Richtung Arnaville. Das Sträßchen führt wieder auf einen Feldweg und aus dem Dorf hinaus. Auf einem für Fußgänger sehr schönen Weg pilgern Sie hangparallel durch Weingärten und erreichen **Arnaville** an der Kirche.

Von der Kirche aus wandern Sie bergab bis auf die Hauptstraße, dort ein kurzes Stück nach rechts und dann gleich links durch einen Durchgang, ein paar Stufen hinunter und über einen Grasweg zum Flüsschen Rupt de Mad. Nach Überquerung des Flüsschens wandern Sie nach links auf einem asphaltierten Weg geradeaus bis zur D952 (Ꟶ). Sie gehen hier rechts unter der Eisenbahnbrücke hindurch. Gleich nach dem eben durchlaufenen Bahntunnel befindet sich ein B&B am Weg.

Arnaville B&B ✉ 54530

B&B **Chambres d'hôtes Valérie Schienhinski**, 23 Rue de Pagny sur Moselle, ☏ 06 76 23 99 35, ✉ lafraiziere@gmail.com, 💻 lafraiziere.fr, ➲ am Weg, ÜF EZ € 69, DZ ab € 89, DBZ ab € 105, VBZ ab € 120

Mit dem Örtchen Arnaville haben Sie das Département Moselle verlassen und die erste Gemeinde im Département 54 Meurthe-et-Moselle (dt. „Mörthe und Mosel") erreicht. Nach dem Deutsch-Französischen Krieg von 1870/71 war Arnaville ein Grenzort zwischen Deutschland und Frankreich und die heutige Grenze zwischen den beiden Départements entspricht der ehemaligen deutsch-französischen Grenze. Hauptort von Meurthe-et-Moselle ist Nancy.

Arnaville – Vandières 7,5 km

Nach 300 m biegen Sie links in den Teerweg Richtung Les Jardins d'Arnaville ab. Dieser führt an Gärten vorbei und unterquert die Hauptstrecke der Bahn im Moseltal. Danach biegen Sie rechts in den Schotterweg. Sie folgen dem Weg linksherum und überqueren einen Moselkanal. Dahinter geht es rechts am Wasser entlang. Nach 100 m wenden Sie sich nach halb rechts vom Weg herunter auf den begleitenden Damm. Der Kanalweg ist sehr idyllisch und schön, für Fahrradfahrer allerdings ein wenig holperig.

↳ Nach 1,7 km treffen Sie auf einen Querweg, der rechts über den Gleiskörper führt. Die Schranke ist immer geschlossen und öffnet nur auf Anruf. Wenn Sie es besonders eilig haben, um einen Zug zu erreichen, könnten Sie hier über die Schienen zur Talstraße gehen und dort links Richtung Pagny-sur-Moselle wandern. Nach 740 m biegen Sie halb links (gegen die Einbahnstraße) in die Rue de la Fédération ab und gehen am Ende wieder links bis zum Parkplatz vor dem Bahnhof.

Ihr Weg führt nach dem Querweg weitere 1,2 km am Kanal entlang. Dabei treffen Sie auf eine schleusenähnliche Einrichtung. Es ist eine Wasserentnahmestelle. Der natürliche Höhenunterschied von Moselkanal und Mosel wird seit 1890 für die Stromgewinnung genutzt und hat so die Voraussetzung für die Ansiedlung von Industrie geschaffen. Die großen Hallen einer ehemaligen Glühlampenproduktion haben Sie zur Rechten.

Ab hier ist geteert und wenig weiter überqueren Sie den Kanal.

Die nächste Straße rechts führt zum Bf. (550 m) von **Pagny-sur-Moselle** BANK. Im Ort an der Hauptstraße finden Sie Einkaufsmöglichkeiten und ein Restaurant, 0,7-1 km.

Der Pilgerweg führt weiter geradeaus entlang der Rue Jean Bouin und in der Verlängerung entlang des Chemin de la Maladrie. Kurz bevor die Straße in einer Rechtskurve über die Eisenbahnlinie führt, biegen Sie nach links ab.

Falls Sie einkaufen möchten, könnten Sie einen relativ nah am Weg liegenden Supermarkt erreichen (8:00-20:00). In dem Fall folgen Sie der Rechtskurve über die Gleisanlage hinüber zu einem Kreisverkehr und gehen dort geradeaus weiter, 400 m.

Vor dem modernen Gebäude Centre de Secours gehen Sie links an den Kanal und folgen dort rechts dem Radweg.

Nach 1,7 km unterqueren Sie eine Brücke der TGV-Strecke Paris–Straßburg und 700 m weiter eine einfache Straßenbrücke. Nach weiteren 270 m, am Bf. von Vandières, biegen Sie rechts über die Schienen der Moselstrecke, gehen geradeaus an die Ortsdurchgangsstraße (D952) und dort rechts. Bereits nach 100 m biegt Ihr Weg links in die Rue Saint-Jean.

Zum Hotel sind es geradeaus noch 100 m.

Vandières 54121

Auberge des Voyageurs, 46 Rue Charles de Gaulle, 03 83 82 41 33, auberge-desvoyageurs.fr, 100 m vom Weg an der D952, 8 Zimmer, Ü EZ/DZ € 55-80, , Rezeption 14:00-21:00

Pont-à-Mousson

Metz

Vandières – Liverdun 29,4 km

☺ Das schon recht anspruchsvolle Wegstück bietet direkt am Weg keine weiteren Unterkünfte. Es gibt aber, wie weiter unten beschrieben, mehrere Zugangsmöglichkeiten nach Pont-à-Mousson, zur Teilung der Strecke (Montauville nach 6,5 km, Jezainville nach 10,7 km, Dieulouard nach 15,2 km).

Nach 350 m biegen Sie halb links in die Rue de Piémont. Es schließt sich ein mit feinem Schotter belegter Weg an, der schnell an Höhe gewinnt und einen wunderbaren Überblick auf den zuletzt zurückgelegten Talabschnitt ermöglicht. Auf der Höhe beginnt das Dorf **Norroy-lès-Pont-à-Mousson**. Sie gehen geradeaus und abwärts bis an die querende Rue Alphonse Dozard 🚌 (☞ Pont-à-Mousson.)

⇘ Die hier kurz umrissene Variante ist nicht Teil des Pilgerwegs. Sie ergab sich ausschließlich aus meinem persönlichen Interesse an steinzeitlichen Steinsetzungen, die in Mitteleuropa häufig, in Lothringen aber nur vereinzelt zu finden sind. Dabei ist die Historie des **Menhir la Pierre au Jô**, der 1,3 km oberhalb von Norroy in der Nähe des Sportplatzes im Wald steht, nicht einmal geklärt. Es handelt sich dabei um einen 2,5 m hohen, aufrecht stehenden, quaderförmigen Kalkstein, dessen Seiten exakt an den vier Himmelsrichtungen ausgerichtet sind und somit eventuell einen Hinweis auf seine ursprüngliche Verwendung als Wegweiserstein geben. Der Menhir ist als *monument historique* eingestuft.

Wer sich diesen Stein ansehen will, braucht bei gutem Orientierungssinn nicht wieder nach Norroy abzusteigen, sondern kann auch über die Höhe zur **Nécropole Nationale du Pétant** (Nationalfriedhof) und nach Montauville gelangen. Diese Variante ist 2,6 km länger, spart aber den Abstecher, den Sie sonst (bei Interesse) zur Nekropole hätten.

Gehen Sie hier an der Querstraße rechts die Rue de la Taie bis zum Stadion hinauf, geradeaus daran vorbei und dahinter links in den Wanderweg 5 (gelbe Markierung). Der biegt an der Stadionecke rechts ab und erreicht den Menhir an einem angelegten ⛼ Rastplatz. Folgen Sie dem Pfad weitere 600 m, treffen Sie auf einen breiten Querweg, gehen 100 m nach links und biegen danach links in südliche Richtung ab. Diesem Weg folgen Sie nun immer geradeaus, ignorieren dabei einen rechts abgehenden, dann zwei jeweils spitzwinklig rechts und links abgehende Wege, überschreiten eine Kreuzung und kommen nach 1,6 km an einen Querweg (breiter Forstweg). Hier gehen Sie rechts und 50 m weiter wieder

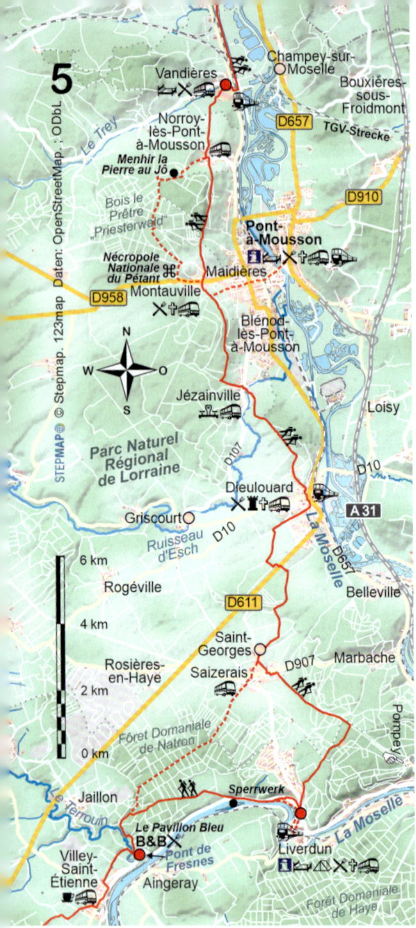

links in den anfangs etwas undeutlichen Pfad, der Sie nach weiteren 1,5 km an eine Straße führt. Ab hier ist der Weg zur Nekropole ausgeschildert. Sie gehen 50 m geradeaus und dann 150 m rechts zum oberen Zugang. Über das Friedhofsgelände schlendern Sie bis an die Straße D958 und gehen links nach Montauville.

Der Pilgerweg führt nach links und dann gleich wieder nach rechts in die Rue du Bois le Prêtre (dt. „Straße zum Priesterwald"). Zunächst wandern Sie auf einem Waldweg bergauf. Von rechts hinten kommt ein Weg dazu und danach treffen Sie auf eine Weggabelung, an der links und rechts Bäume mit der Nummer 22 markiert sind. Gehen Sie nach links leicht bergab weiter durch einen schönen Buchenhochwald mit viel Efeu.

Rechts taucht ein altes, verfallenes Haus auf, Sie gehen geradeaus weiter und nicht links bergab. Dann erreichen Sie eine Siedlung, der Weg wird besser und Sie gehen immer noch geradeaus und nicht bergab. Nach links unten haben Sie einen wunderschönen Blick auf Pont-à-Mousson.

Es kommen ein paar Pferdestallruinen auf der rechten Seite und 100 m danach eine Kreuzung und auch hier geht es geradeaus weiter. Bei den ersten Häusern von Montauville ist der Weg wieder asphaltiert. Sie passieren linker Hand einen kleinen Friedhof, gehen in die Rue du Bois le Prêtre hinein und sehen schon die Kirche von **Montauville** ✕ 🍷 ⛲ ✝ 🚌 (☞ Pont-à-Mousson), zu der Sie der Weg führt.

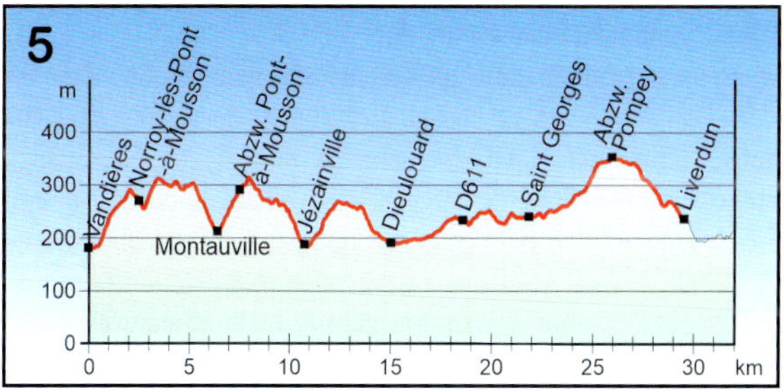

⌘ Schlacht im Priesterwald bei Montauville

In der Nähe von Montauville befinden sich das Croix des Carmes und der Soldatenfriedhof Nécropole Nationale du Pétant. Sie erinnern an die schweren Kämpfe im Priesterwald (frz. *Bois le Prêtre*) während des Ersten Weltkrieges. In einer Verlautbarung des Großen Hauptquartiers hieß es am 20. April 1915:

„Weder Tag noch Nacht verstummt der Geschützdonner vollständig; stellenweise steigert sich das Feuer der schweren Artillerie zu größter Heftigkeit. Die Nahkampfmittel: Minenwerfer, Handgranaten und Sprengminen betätigen sich und das Feuer der Infanterie und der Maschinengewehre verlöscht nie ganz.

(...)

Ein Vorstoß im Priesterwalde setzte in derselben Nacht unsere Truppen in Besitz eines Teiles der französischen Hauptstellung, die hier mit einem stark ausgebauten Stützpunkt gegen unsere vordersten Gräben vorspringt. Der jetzt mit diesem Erfolg eingeleitete Nahkampf im westlichen Priesterwalde dauerte die folgenden Tage und Nächte ohne Unterbrechung an. (...) In den Vormittagsstunden des 19. gelang es hier unseren Truppen, zwei Blockhäuser und die anschließenden Grabenstücke in die Luft zu sprengen, wodurch unsere Stellung weiter vorgeschoben werden konnte. Hierbei erlitten die Franzosen nicht unbeträchtliche Verluste ...“

Auch der Bericht der Obersten Heeresleitung vom 20. April bezieht sich unter der Überschrift „Eine französische Hauptstellung am Croix des Carmes genommen“ auf den Priesterwald. Bilder aus diesen Tagen zeigen einen Wald, der wie von einem Orkan verwüstet ist. Noch heute findet man im Priesterwald alte Stellungen und Bäume, die von Kugeln und Granatsplittern zersiebt sind.

↳ Zum Soldatenfriedhof, der Nécropole Nationale du Pétant, gelangen Sie, wenn Sie der Hauptstraße nach rechts 800 m folgen und dann rechts die beschilderte Einfahrt nehmen. Die in drei Stufen, zu jeweils zwei Gruppen, sorgsam aufgestellten, mit Namen versehenen Kreuze aus Gussstein ziehen sich wie aufgestellte Bataillone den steilen Hang hinauf. Die Installation übt eine gewisse Faszination auf den Betrachter aus und ist durchaus sehenswert, ⇔ 2,4 km.

↳ Fußläufig nur 2,3 km (bis zum Bf.) von Montauville entfernt liegt Pont-à-Mousson als Hauptort der Region in nur geringer Entfernung vom Weg. Je nach Ihrer Planung kann er als Übernachtungsort bedeutsam werden. Zu erreichen ist er aufgrund der guten Busanbindung (☞ Pont-à-Mousson, von Montauville fährt die Linie 3 außer sonntags etwa stündlich). Falls Sie zu Fuß dort hinwollen, könnten Sie an der Hauptstraße nach links gehen, das ist die D958, und ihr über Maidières nach **Pont-à-Mousson** folgen. Etwas verkehrsärmer wäre die weiter unten in der Wegbeschreibung erwähnte Variante.

Pont-à-Mousson

i 🛏 B&B ✕ ☕ 🍷 🛒 ⚕ BANK 📯 ⌘ ✝ 🚌 🚆 ✉ 54700

i **Office de Tourisme**, 52 Pl Duroc, ☏ 03 83 81 06 90, ✉ tourismepontamousson@wanadoo.fr, 💻 www.tourisme-pontamousson.fr, 🚪 Sep-Juni Mo 13:30-18:00, Di-Sa 9:00-12:00 u. 13:30-18:00, Juli/Aug zusätzlich So 10:00-14:00, an Feiertagen geschlossen

🛏 **Bagatelle Hôtel**, 47/49 Rue Gambetta, ☏ 03 83 81 03 64, ✉ contact@bagatelle-hotel.com, 💻 www.bagatelle-hotel.com, ➲ 1 km vom Bf. jenseits (rechts) der Mosel, 30 Betten, Ü EZ ab € 56, DZ ab € 65, DBZ ab € 89, günstige 4- und 5-Bett-Zimmer, F € 9,90, 🐕 🛁

♦ **Hôtel Relais le Poste**, 42 Rue Victor Hugo, ☏ 03 83 82 27 21, 💻 www.lerelaisdeposte54.com, ➲ im Zentrum am Bahnhof, 16 Zimmer, Ü EZ € 48, DZ € 53, MBZ € 60, F € 6,50, 🐕

♦ **Hôtel Abbaye des Prémontrés**, 9 Rue Saint Martin, ☏ 03 83 81 10 32, ✉ accueil@abbayepremontres.com, 💻 www.abbaye-premontres.com, ➲ vom Bahnhof 1,1 km, jenseits (rechts) der Mosel, 139 Betten, Pilgerpreis: Ü EZ/DZ € 70, F € 10, 🐕 € 8, 🛁, GB, Hotelgäste haben freien Eintritt zur Abtei und zur Ausstellung.

B&B **Chambres d'hôtes Le Cottage**, 75 Rue de la Chapelle, ☏ 03 83 81 20 38, ✉ contact@lecottage-lorraine54.com, 💻 www.lecottage-lorraine54.com, ➲ westlich der Bahnlinie in Maidières, 1,6 km von Montauville entlang der Hauptstraße, ÜF EZ € 55, DZ € 65

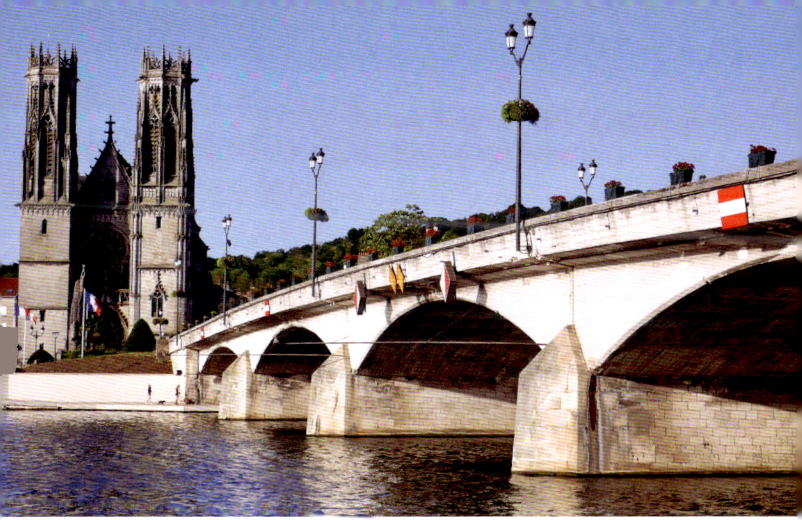

Blick auf die Kirche in Pont-à-Mousson

B&B **Chambre d'hôtes Véronique Gury**, 11 Rue Kennedy, 06 83 29 92 39 und 06 98 64 77 32, pivoinerbnb54@gmail.com, www.chambre-hotes-pontamousson.fr, 150 m hinter dem Bf., ÜF EZ € 40, DZ € 45, DBZ € 65, VBZ € 80, GB, Pilger sind gern gesehene Gäste.

Innerhalb des Gemeindeverbunds von Pont-à-Mousson gibt es ein Netz von Kleinbuslinien, das es auch dem Pilger ermöglicht, von mehreren Orten am Weg zur Übernachtung nach Pont-à-Mousson zu gelangen. Fahrpläne und einen Liniennetzplan finden Sie außer an den Haltestellen unter www.reseaulebus.com.

Metz

✞ **Abbaye des Prémontrés**. Kernstück dieser Abtei sind das Kloster mit seinem Kreuzgang und die Abteikirche Sainte Marie Majeure. Umfangreiche Sanierungsmaßnahmen haben die Abtei zu einem beliebten Hotel und Tagungszentrum mit 71 Zimmern und 30 Tagungsräumen gemacht.

♦ www.abbaye-premontres.com, tägl.10:00-18:00

⌘ ✞ Bemerkenswert ist der **Place Duroc** mit seinen Arkadenhäusern im Renaissancestil und dem Haus der Sieben Sünden. Das Stadtbild wird von der gotischen Kirche Saint Martin auf der rechten Moselseite dominiert. Ein besonderer Schatz in Saint Laurent ist der das Kreuz tragende Christus des Bildhauers Ligier Richier (1500-1567), einem Schüler von Michelangelo.

Pont-à-Mousson ist eine kleine Stadt, die sich zu beiden Seiten der Mosel ausbreitet. 1572 wurde hier die erste Universität Lothringens gegründet. Die Bewohner sind stolz auf die dynamische und moderne Wirtschaft der Stadt mit ihren rund 50 mittelständischen Unternehmen. Der Verband der Stahl- und Eisenindustrie Lothringens und die Hochofengesellschaft von Pont-à-Mousson haben z. B. den Wiederaufbau der sehenswerten Prämonstratenserabtei, die im Zweiten Weltkrieg sehr stark zerstört worden war, entscheidend gefördert.

Pont-à-Mousson ist überall zu finden

Wenn Sie während Ihrer langen Wandertage vielleicht einmal den Kopf hängen lassen, werden Ihnen auf den Kanaldeckeln die Buchstaben „PAM" auffallen. Sie stehen für Pont-à-Mousson. Die in diesem Städtchen angefertigten Kanaldeckel werden in ganz Frankreich eingesetzt.

Sie gehen geradeaus über die Hauptstraße hinweg und rechts an der Kirche vorbei durch die Rue de la Solle. An der Querstraße gehen Sie links und gleich wieder rechts in die Rue de la Fontaine. Bereits nach 20 m biegen Sie von der Siedlungsstraße nach links in den Feldweg ab. An der Gabelung am Waldrand geht es links weiter. Der Weg ist nun wieder als GR 5 und E2 weiß-rot markiert, trägt aber auch weiter die gelbe Markierung des Fernwanderwegs Metz – Nancy.

Der anfangs leicht steigende Weg überquert eine Straße (↳ die links nach Pont-à-Mousson führt, ➲ 1,8 km) und wird dann zum bequemen Waldweg im Hang. Nach 2,7 km fällt der Weg ab zu einem Querweg. Hier gehen Sie links aus dem Wald hinaus und erreichen eine gefasste 💧 Quelle mit einem Wegkreuz. Bei dem herrlich kühlen und klaren Wasser handelt es sich um eine nicht kontrollierte Qualität. Die Behörden bezeichnen es der Einfachheit halber als „eau non potable". Mir ist es ausgezeichnet bekommen. Wenig weiter beginnt der schöne Ort **Jezainville** 🚉 🚌 (☞ Pont-à-Mousson).

Sie gehen geradeaus bis zur querenden Hauptstraße und dort rechts zur Kirche. Gegenüber befindet sich das Gebäude der Mairie. Gleich danach laufen Sie links den Gang hinunter an die Rue de Saule. Dort befindet sich ein Parkplatz mit 🚌 Bushaltestelle und Informationstafel zu den Wanderwegen. Sie gehen rechts und wieder links auf einer Steinbrücke über den Ruisseau d'Esch. Vergessen Sie nicht, einen Blick in das glasklare Wasser zu werfen. Nahezu immer können die munteren Bachfische in allen Größen beobachtet werden.

Hinter der Brücke wandern Sie gleich rechts auf der Route de Dieulouard den Berg hinauf, an der Gabelung halten Sie sich links und gehen schließlich hangparallel weiter. Sie erreichen den Wald und gehen mit einem schönen Ausblick am Waldrand entlang durch eine Linkskurve. Sie kommen zu einem Wasserspeicher und zu Infoschildern, die die **Pelouse calcaire de Pontances** (dt. „Kalkmagerrasen von Pontances") erklären. Durch Beweidung mit Schafen auf einem ehemaligen Weinberg konnte sich hier eine artenreiche Flora und Fauna entwickeln.

Nach 1,6 km erreichen Sie eine Abzweigung. Gehen Sie geradeaus auf die Stromleitung zu. Ihr Weg biegt dann rechtsherum. Sie ignorieren einen links abzweigenden Weg und laufen immer geradeaus, zuletzt entlang der Siedlungsstraße Rue du Bois de Prêtre, die zur Rue Hamonvaux wird, nach Dieulouard hinunter.

Vor der Burg erreichen Sie eine Gabelung.

↬ Wenn Sie einkaufen oder Bus und Bahn erreichen wollen, gehen Sie halb links und im Weiteren geradeaus an die Hauptstraße und dort links.

Der Pilgerweg führt hier nach rechts durch die Rue Porte Boulet und dann links durch die Rue du Château. Halb links ist dann eine Unterführung mit einem wegweisenden Pilger bemalt. Was Sie nicht sehen, ist der Zugang zum Château und dem Museum, den Sie hier unterqueren. Nach dem Tunnel überqueren Sie die Fahrstraße und gehen zur Kirche hoch.

Dieulouard ✕ BANK ⌘ ✞ 54380

✕ **Restaurant La Diligence**, 17 Avenue du Géneral de Gaulle, ☏ 03 83 23 63 81, ➲ 240 m Richtung Bf., Mo u. Fr Ruhetag

Bus: ☞ Pont-à-Mousson

Bahn: ☞ Metz

Taxi: Taxi Océane, ☏ 03 83 23 62 40, 📱 06 74 40 80 68

⌘ **Schlossmuseum**

3. März-3. Nov jeden So 14:00-18:00 (Führungen)

Das recht quirlig wirkende Dieulouard eignet sich besonders gut zur Unterbrechung der Pilgerwanderung, da es erstens einen Bahnanschluss gibt und zweitens zusätzlich häufig Busse nach Pont-à-Mousson fahren. Wer ein Restaurant zur Mittagsverpflegung sucht, wird hier auch fündig.

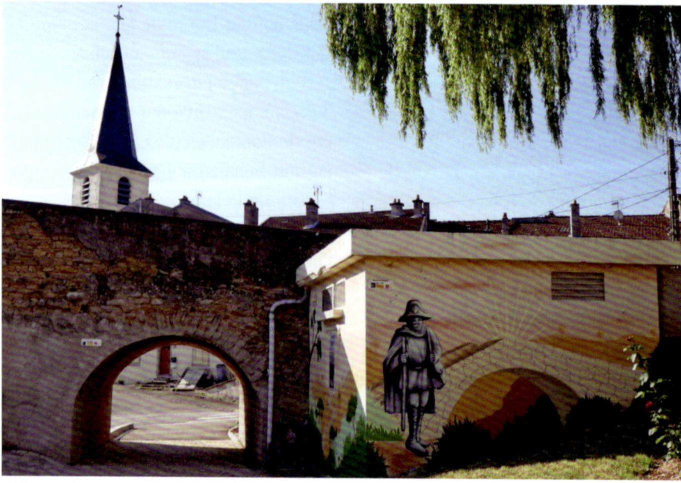

Pilger als Wegweiser in Dieulouard

Sie gehen an der Kirche vorbei und folgen der Rue Saint Laurent geradeaus und am Stoppschild rechts der Rue François Sesment. Die nächste Kreuzung überqueren Sie geradeaus. Vor dem Kreisverkehr gehen Sie mit dem Verlauf der Rue François Sesment rechts und nach 50 m wieder rechts. Am Siedlungsende wird die Straße zum Feldweg und führt geradeaus durch eine weite Feldlandschaft. An einer Gabelung biegen Sie links ab, gehen auf ein einzelnes Haus auf der Höhe zu und biegen nach 100 m wieder rechts ab. Es ist ausgezeichnet markiert.

Stetig bergauf führt der Weg zu einem Wäldchen, am Waldrand gehen Sie links. Kurz vor der Straße nehmen Sie den Pfad nach links durch dichten Wald und zur D611. Dieser folgen Sie 50 m nach links und gehen auf der anderen Straßenseite rechts hinab in den Wald. Unten halten Sie sich links und gehen danach rechts am Waldrand entlang. Am Ende des Feldes wandern Sie rechts in den Wald hinein und an einer kleinen Lichtung mit Kiefern links weiter. Im Wald gehen Sie wieder links, zunächst am Waldrand entlang, dann geradeaus durch die Felder bergauf. Hinter einer Kuppe pilgern Sie rechts auf einen Ort zu. Das ist **Saint Georges**. Sie gehen zunächst geradeaus und dann halb links und an einer Kreuzung noch einmal links auf die Kirche zu. 250 m bevor die Kirche erreicht ist, biegen Sie links in einen Feldweg ein.

☺ ↳ Die Jakobusgesellschaft Lothringen schlägt aber auch einen etwas kürzeren (7,5 km) und direkteren Alternativweg zur Strecke über Liverdun vor, der aber nicht mit der Jakobsmuschel markiert ist.

Sie gehen bis direkt vor den Kirchengrund und biegen dort halb rechts in die Rue des Tourtelles ab. 300 m weiter erreichen Sie die querende D907 in **Saizerais** 🚌 (☞ Pont-à-Mousson). Queren Sie die D907 und laufen Sie auf der Rue des Lilas bis zu deren Ende.

Nun wenden Sie sich nach links, aber nur, um schon nach 30 m rechts in den Chemin de Jaillon einzubiegen. Dieser unbefestigte Weg windet sich durch die Felder zu einem Waldgebiet. Passieren Sie die Schranke und gehen Sie nun 4 km immer geradeaus. Der Forstweg ist gut zu laufen.

Auch an dem Schild „Fôret Domaniale de Natron" gehen Sie weiter geradeaus, ignorieren also die Markierungen für den Fernwanderweg GR 5/E2. Nach einer Weile knickt der GR 5 an einem Baum (hier ist die Waldparzelle Nr. 38 vermerkt) nach rechts ab, auch hier laufen Sie weiter geradeaus, nun helfen grüne Ringe bei der Orientierung.

Wenn es geradeaus bergab nach „Jaillon 1 h" geht, bleiben Sie links auf dem breiten Forstweg und ignorieren auch den Abzweig nach Jaillon rechts kurz darauf. Sie treffen auf den GR 5F und sind nun gleichauf mit dem Pilgerweg, der aus Liverdun kommt.

Hinter dem Sportplatz folgen Sie der Rue des Coteaux nach rechts und überqueren die D907. An der T-Kreuzung biegen Sie links in die Allée des Charmilles ein und folgen ihr durch eine Rechtskurve. (🚲 Radler müssen hier gegen die Einbahnstraße schieben.)

Am Ende der Allee biegen Sie links ab (Allée des Cornouillers) und passieren einen weiteren Sportplatz. Wenn Sie nun die Zone 30 verlassen, biegen Sie rechts ab und folgen dem Fußweg neben der Straße. Sie unterqueren eine Stromleitung und gehen auf dem Feldweg immer geradeaus. Er taucht in den Wald ein und trifft auf einen breiten Forstweg. Diesem folgen Sie 1,5 km geradeaus bergauf.

✋ An einer großen Bergwiese gibt es eine Kreuzung breiter Wege. Hier trennen Sie sich vom weiter geradeaus über Pompey und Frouard nach Nancy führenden, gelb markierten Fernweg Metz – Nancy und biegen rechts Richtung Liverdun und Toul ab. Neben den durchaus recht verlässlichen Muschelmarkierungen orientieren Sie sich nun in erster Linie an den weiß-roten Markierungen des GR 5F.

Der breite Schotterweg führt rechts an der Ferme du Harras vorbei durch zunehmend offenes Gelände. Weite Blicke sind die Folge. Ein Abzweig links nach Pompey bleibt außer Acht. Etwas weiter teilt sich der Weg in GR 5 (Richtung Cité médiévale (dt. „mittelalterliche Stadt")) und GR 5F (Richtung Gare, dt. „Bahnhof") auf. Sie gehen rechts. Der Weg wird zur Wohnstraße und mündet in die D90B, dieser folgen Sie nach links bergab.

Nach dem B&B Résidence Les Vannes biegen Sie rechts auf der Avenue de la Libération ab und erreichen einem Aussichtspunkt. Hier geht es geradeaus in die Altstadt von Liverdun, zur Fortsetzung aber scharf rechts den Berg hinunter.

Liverdun B&B 54460

Accueil touristique du Bassin de Pompey, Hôtel de Camilly, 1 Place d'Armes, 03 83 24 40 40, tourisme@bassinpompey.fr, tourisme.bassinpompey.fr, 300 m, in der Altstadt am Kirchplatz, Mai-Sep tägl. 14:00-18:00, Di-Sa zusätzl. 10:00-12:30, 1. Okt-30. April Di-Sa 14:00-17:00

B&B **Les Chambres de Coco**, Corinne Dumont, 63 Rue de la Gare, 06 68 36 09 80, corinne.dumont769@orange.fr, 620 m, in der Unterstadt, 2 Zimmer, ÜF EZ/DZ € 59, Aufbettung € 8, A € 10

♦ **Résidence Les Vannes**, Marie Debet et Christian Bourion, 15 Route de Saizerais, 06 09 02 05 25, christian.bourion@icn-groupe.fr, www.chambres-hotes.fr → Résidence Les Vannes, in der Oberstadt am Weg, 2 Zimmer, 4-5 Pers., Spezialpreis für Pilger und Wanderer: ÜF EZ € 69,50, DZ € 79, die Zimmer haben Aussicht auf die Moselschleife.

Camping des Bucles de la Moselle, Avenue Eugène Lerebourg, 03 83 24 43 78, contact@lesbouclesdelamoselle.com, www.lesbouclesdelamoselle.com, hinter dem Bahnhof in der Moselschleife, Zelt inkl. 1 Pers. € 9-11, Mietzelt mit Doppelbett € 20-25/Pers., Mai-Sep

Busse fahren nach Saizerais. www.liverdun.fr/Transports.html

Von Liverdun fahren stündlich Züge Richtung Metz, Nancy und Toul, wobei Toul in nur 10 Min. erreicht wird. So könnten Sie von Liverdun auch nach Toul fahren und dort für zwei Tage eine Unterkunft buchen. Am nächsten Morgen kommen Sie zurück und wandern mit leichtem Gepäck nach Toul. Sie könnten die gute Anbindung aber auch nutzen, um einen Abend in der sehenswerten und überraschend andersartigen Stadt Nancy zu verbringen (Renaissancestadt und Jugendstilviertel). Manche Verbindungen nach Nancy erfordern einen Umstieg in Frouard (40 Min.). Es gibt aber auch Direktverbindungen (15 Min.).

Liverdun liegt in einer hufeisenförmigen Moselschleife und die Altstadt, an der der Pilger Liverdun erreicht, auf einem Hügel 50 Höhenmeter über dem Moseltal. Sie bietet wunderbare Ausblicke, Sie können dort oben übernachten und die Touristinformation und die Altstadt auf einem kurzen Spaziergang besuchen. Sehenswert sind vor allem die Kirche Saint Pierre und der arkadengesäumte Place de la Fontaine. Seit 1850, mit dem Bau der Bahnlinie, hat sich am Moselufer die Unterstadt entwickelt. Hier befinden sich die Einrichtungen des täglichen Bedarfs. Der Pilgerweg führt dort nicht vorbei. Bf., Restaurant, Bar und ein kleiner Supermarkt sind aber als Abstecher zu erreichen, ➲ 400 m.

Liverdun – Villey-Saint-Étienne, Pont de Fresnes 7,6 km

Der Wegweiser zeigt nach Villey-Saint-Étienne. Nach 700 m ist das Tal an einem Straßenabzweig erreicht. Sie gehen 50 m weiter geradeaus und biegen dann links in den Schotterweg Chemin des Jards ab. Er wird zum Grasweg und erreicht 500 m weiter den Radweg im Moseltal.

Blick von Liverdun zur Moselschleife

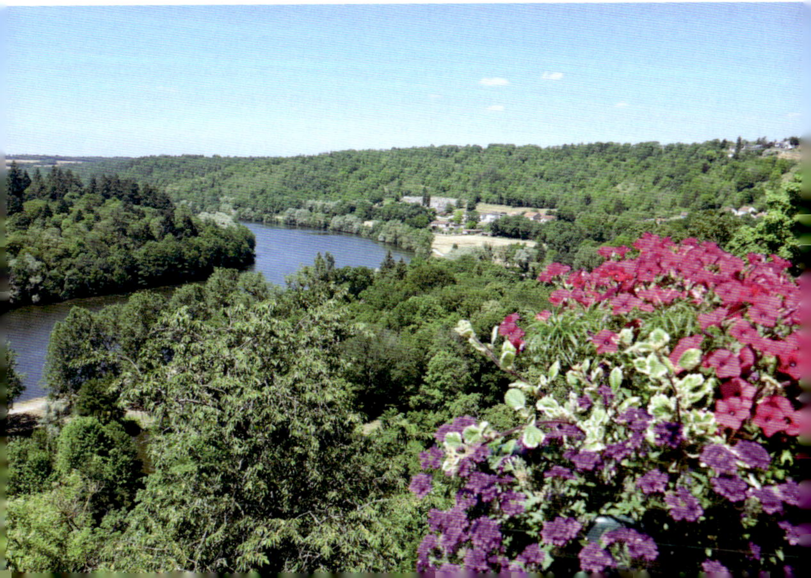

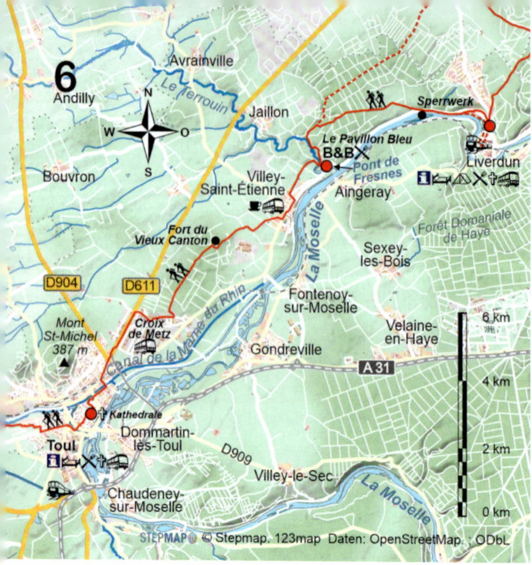

☺ Wenn Sie Liverdun mit dem Zug erreicht haben, brauchen Sie nicht wieder den steilen Berg zur Altstadt hinauflaufen, sondern folgen vor dem Bf. links der Talstraße. Nach den stillgelegten Fabrikgebäuden biegen Sie links von dem Sträßchen ab und gehen in der Linkskurve rechts entlang des Picknickareals und weiter auf dem Uferweg. Ab der Einmündung in den Pilgerweg ist der Uferweg als Radweg dann geteert.

Der Radweg erreicht kurz vor dem Sperrwerk mit Schleuse die Straße, führt ein kleines Stück parallel, aber noch bevor das Sperrwerk ganz erreicht ist, verlassen Sie die Straße und biegen rechts in den Waldweg ein.

Wandern Sie bergauf bis zu einer Weggabelung und nehmen Sie dort den Grasweg nach links. Er verläuft im weiten Linksbogen durch die Felder. Später führt der Pilgerweg an einer Schranke in den Wald hinein.

An der Forstwegkreuzung gehen Sie geradeaus und nach 200 m an einer Gabelung links vom abwärtsführenden Weg ab. An der nächsten Gabelung halten Sie sich rechts. Der Weg führt bergab zu einer T-Kreuzung, hier nehmen Sie den Weg nach links durch etwas lichteren Wald. (Hier trifft die oben erwähnte Abkürzung von rechts auf den Pilgerweg.) An der nächsten Gabelung bleiben Sie auf Geradeauskurs. An der nächsten T-Kreuzung gehen Sie links, der Wirtschaftsweg führt neben einem Bach (Le Terrouin) durch grüne Auenlandschaft zu einer weiteren T-

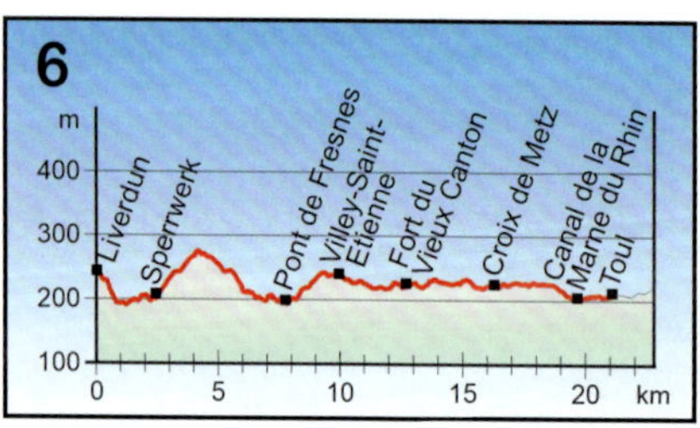

Kreuzung. Dort nehmen Sie den rechten Weg. Dann staut sich der Bach vor einer Moselbucht, deren Wasser herüberschimmert. Hier biegt der Pilgerweg (Infotafel) rechts über die Bachbrücke.

Nur 200 m nach links lockt **Le Pavillon Bleu** mit Tretbootverleih an einer besonders bezaubernden Moselbucht namens Pont de Fresnes zu einer Pause.

An schönen Tagen kommen viele Tagesausflügler zum Tretbootfahren hierher, an kalten Tagen können die Gäste sich am Kaminfeuer aufwärmen. Und wer gar nicht mehr weg will, fragt, ob eines der Fremdenzimmer frei ist.

B&B **Chambres d'hôtes La Fontaine de Fresnes und Pavillon Bleu**, 1 Sous le Pont de Fresnes, 54200 Villey-Saint-Étienne, 03 83 62 92 26, 06 86 90 07 50, roland.trevis@orange.fr, www.lepavillonbleuvilley.com, 200 m, 9 Betten, ÜF EZ € 60-70, DZ € 70-75, Zustellbett € 35, Teeküche mit Sitzecke, € 25, , GB

Villey-Saint-Étienne, Pont de Fresnes – Toul

13,4 km

Der breite Weg steigt durch die Felder zur Höhe. Nach einer Linkskurve gehen Sie an der Wegkreuzung geradeaus unter der Stromleitung hindurch an den Ortsrand von Villey-Saint-Étienne. Hier biegen Sie im rechten Winkel links auf den Chemin de Chambray. Am Ende der Straße gehen Sie rechts auf der Rue de Liverdun in das kleine Zentrum von **Villey-Saint-Étienne** mit Dorfbrunnen und Café.

Halb links wandern Sie auf der Rue de Toul aus dem Ort heraus. Hinter der Bushaltestelle (leider kein Fahrplan) gehen Sie rechts in die Rue de Banevaux und folgen der Straße durch einen Linksbogen, sie wird im weiteren Verlauf zum Wirtschaftsweg.

Am Waldrand passieren Sie zwei Bunker und gehen an der folgenden Wegkreuzung geradeaus. Sie passieren nun die Einfahrt zum **Fort du Vieux Canton** (Betreten verboten, das trapezförmige Fort wurde 1906-1909 angelegt und ist eine typische französische Fortanlage des frühen 20. Jh.). An der Infotafel biegen Sie rechts ab und passieren einen weiteren Bunker, direkt dahinter folgen Sie dem Weg nach links. Nun führt der Weg unbeachtet vieler Querwege immer geradeaus durch den Wald.

Nach 2 km erreichen Sie an einer Metallschranke einen breiten Querweg, dem Sie links folgen. Dieser führt Sie aus dem Wald und an einem zerstörten Ponyhof vorbei an eine Straße vor dem Gewerbegebiet **Croix de Metz**. (Im Gewerbegebiet gibt es mehrere Bushaltestellen am Weg. Die Busse fahren aber nur, wenn sie wenigstens 24 Stunden im Voraus bestellt wurden, ☏ 03 83 64 48 48.)

Sie gehen rechts und nach 760 m an einer Kreuzung wieder rechts entlang der Rue des États-Unis. Sie endet an der D611. Hier wenden Sie sich nun nach links und gehen auf dem Fuß- und Radweg neben der Landstraße für 2,4 km nach Südwesten, zunächst auf der linken, dann auf der rechten Straßenseite.

Ihr Weg führt Sie unter einer Bahnlinie hindurch und unmittelbar dahinter links in die Rue de La Champagne. 200 m weiter überqueren Sie den **Ancien Canal de la Marne du Rhin** (dt. „Rhein-Marne-Kanal“). Direkt danach laufen Sie rechts neben dem Kanal auf dem Treidelpfad weiter. Dabei überqueren Sie eine Straße und unterqueren eine Brücke. Sie passieren eine Sporthalle und gehen auf Höhe der nächsten Brücke links über ein Freigelände mit Parkplätzen an eine Straße hinter den Wallanlagen der Stadt Toul.

Eigentlich sollte der Weg in die Stadt nun durch die Porte de Metz, dem einzigen Stadttor von Toul, das bis in unsere Zeit erhalten werden konnte, und über die dazugehörige Zugbrücke führen, doch leider wurde die Anlage durch einen Brand am 30. August 2015 nachhaltig beschädigt, sodass der Fußweg gesperrt werden musste. Laufen Sie also nach rechts zur Straße Porte de Metz, auf der es links weitergeht. Sie passieren das Stadttor **Porte de Metz** linker Hand. Die Straße Porte de Metz wird nach 100 m zum Quai de la Glacière.

10 m vor Ende der Straße nehmen Sie rechts den Fußweg durch den Park de l'Hôtel de Ville. Schon erreichen Sie das Hauptportal der **Kathedrale**. Das Touristenbüro finden Sie gleich daneben.

Toul — BANK — 54200

Office de Tourisme, Place Charles de Gaulle, ☏ 03 83 64 90 60, contact@lepredenancy.fr, www.lepredenancy.fr/de, ➲ am Weg, Mai-Sep Di-Sa 10:00-12:30 u. 14:00-18:00, So 10:00-17:00

La Licorne, 31 Rue Général Gengoult, ☏ 03 83 43 00 51, ➲ zentral, 9 1-Bett-Apartments, entsprechend werden nur EZ vermietet, Ü EZ € 31, zwei Übernachtungen € 51 (buchbar über booking.com oder airbnb.com), mager ausgestattete Küchenzeile auf dem Flur, , große Zimmer mit Sitzecke, preisgünstige Lösung für „Einzelgänger“, nicht sehr sauber, den Schlüssel bekommt man in der Bar Licorne von 6:00-20:00, hier können Sie selbstverständlich auch buchen.

- **Hôtel de l' Europe**, 373 Avenue Victor Hugo, ☏ 03 83 43 00 10, hoteldeleurope.toul@wanadoo.fr, hotel-pas-cher.hotel-europe54.com, am Bahnhof, Ü EZ/DZ € 75-180, F € 9,50
- ♦ **ABC Hôtel**, 12 Place des Trois Évêchés, ☏ 03 83 43 04 63, abchotel.toul@wanadoo.fr, www.abchotel-toul.com, ➲ am Weg, im Zentrum, Ü EZ € 49, DZ € 49, DBZ € 65, VBZ € 70, F € 6,50
- ♦ **Le Central**, 27 Place des Trois Évêchés, ☏ 03 83 43 02 35, maral0592@orange.fr, ➲ am Weg, im Zentrum, 6 Zimmer, Ü EZ/DZ ab € 59, 🐕
- ♦ **Hôtel La Villa Lorraine**, 15 Rue Gambetta, ☏ 03 83 43 08 95, hotel.villalorraine@wanadoo.fr, www.hotel-villa-lorraine.com, ➲ 100 m vom Weg im Zentrum, Ü EZ € 59, DZ € 69, DBZ € 79, VBZ € 99, F € 9, 🐕 € 8, GB, E, im historischen Theatercafé la Comédie
- ⊙ bei der Kirchenaufsicht der ☞ Kathedrale Saint Étienne

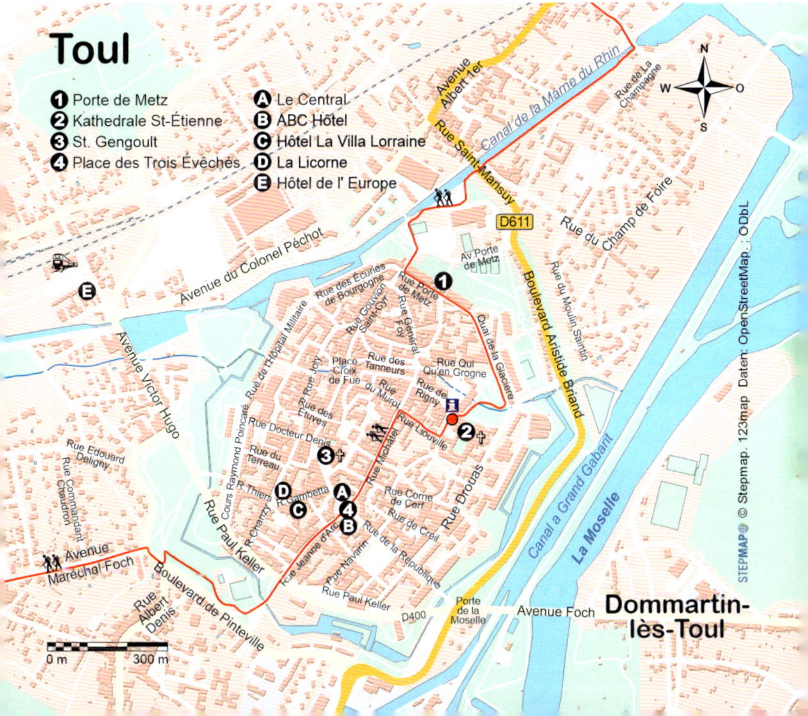

www.fluo.eu

Toul hat einen Nahverkehrsbahnhof. Züge fahren Richtung Metz, Nancy und Luxemburg, aber auch nach Süden in Richtung Dijon. Etwa zweistündlich gibt es Direktzüge nach Paris.

Flandrin Lionel, ☏ 03 83 43 11 52

♦ Laurent Dominique, Écrouves, ☏ 03 83 43 31 47

Kunst am Kreuzgang der Kathedrale von Toul

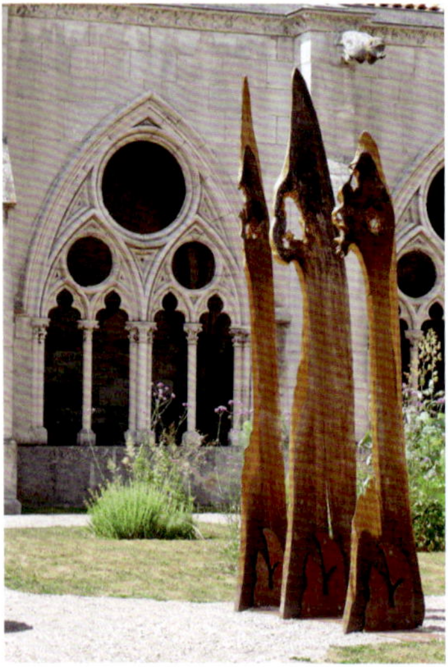

✝ Die **Kathedrale Saint Étienne** ist wie die Kathedrale in Metz dem **Heiligen Stephan** gewidmet. Stephan (ca. 1 n. Chr.-36 oder 40 n. Chr.) war einer der sieben Diakone in der Urgemeinde in Jerusalem, die von den Aposteln eingesetzt worden waren, um die Armen zu betreuen und Verwaltungsaufgaben zu übernehmen. Er war der Erste, der wegen seines christlichen Glaubens getötet wurde; er wird daher als Erzmärtyrer bezeichnet. Stephan wurde aufgrund falscher Zeugenaussagen vor den Hohen Rat zitiert und in seiner Verteidigungsrede sagte er, dass Jesus zur Rechten Gottes stehe. Wegen dieser Aussage wurde er als Gotteslästerer beschimpft und schließlich von der aufgebrachten Menge zu Tode gesteinigt. Der Grundstein der Kathedrale wurde bereits im Jahr 1221 gelegt, doch fertig war der Bau erst 1496. Im 13. Jh. entstanden Chor, Querschiff und die Ostseite des Kreuzgangs, im 14. Jh. der restliche Kreuzgang und ein Teil des Kirchenschiffes, im 15. Jh. schließlich wurden Kirchenschiff und Portal fertiggestellt. Trotz der langen Bauzeit wirkt die Kathedrale sehr einheitlich gotisch. Die reich geschmückte Fassade ist sehr sehenswert. Sehenswert ist auch der Kreuzgang, der mit einer Größe von 54 x 42 m einer der größten in Frankreich sein soll. In der Touristeninformation bekommen Sie eine deutschsprachige Broschüre, die die Kathedrale gut beschreibt.

✞ **Stiftskirche Saint Gengoult**. Die Kirche wurde zwischen dem 13. und 15. Jh. im gotischen Baustil errichtet. Das Besondere an ihr ist, dass sie zum Teil von den Bürgern finanziert wurde. Statt eines gelangweilten „Na und?" ist hier ein aufmerkendes „Aha!" angebracht. Denn in der damaligen Zeit war das Stiften von Kirchenbauwerken ein Privileg von Kirche und Adel. Spenden von Bürgern wurden zurückgewiesen. Es hat in dieser Zeit (in anderen Städten) sogar Aufstände von Bürgern gegeben, weil sie ihren Beitrag erzwingen wollten. Der bürgerliche Beitrag zum Kirchenbau in Toul belegt den Stolz und auch eine gewisse Unabhängigkeit der Einwohner gegenüber dem Bischof.

Die Stadt Toul blickt auf eine bedeutende Vergangenheit zurück: Die Bistümer von Toul, Metz und Verdun bildeten die berühmten **„Drei Bistümer"**, die auf Augenhöhe miteinander als eigenständige Länder auch im weltlichen Recht durch ihre Bischöfe regiert wurden. Heinrich I. (876-936, König des Ostfrankenreiches, der „Vogeler") hatte ihnen 928, nachdem er Lothringen dem Westfrankenreich abgenommen hatte, in der Charta von Mainz weitgehende Freiheiten gewährt.

Der Name des zentralen, kreisrunden Brunnenplatzes, Place des Trois Évêchés (dt. „Platz der Drei Bistümer"), erinnert an diese große Zeit. Mit der endgültigen Auflösung des Bistums im Jahre 1801, das auf die Nachbarstadt Nancy überging, verlor Toul zunehmend an Bedeutung.

Die bis heute in Teilen gut erhaltenen Befestigungsanlagen stammen aus dem 17. Jh.

Toul – Chalaines 20,5 km

☺ Der Weg ist heute durchgehend mit der weiß-roten Markierung des GR 703 und dem bekannten Muschelsymbol gekennzeichnet. Als Zielort wird auf den Wegweisern „Vaucouleurs" angegeben. Zusätzlich finden Sie auch Hinweise auf den Themenweg Sentier de Jeanne D'Arc, eingerichtet zu Ehren der französischen Nationalheldin, die im deutschen Sprachraum besser als die Jungfrau bzw. Johanna von Orléans bekannt ist.

Am Place Charles de Gaulle vor dem Portal der Kathedrale wenden Sie sich links und laufen dann rechts durch die Rue de Liouville. Am Ende der Straße biegen Sie nach links ab und gehen durch die Rue Michâtel bis zum zentralen Brunnenplatz **Place des Trois Évêchés**.

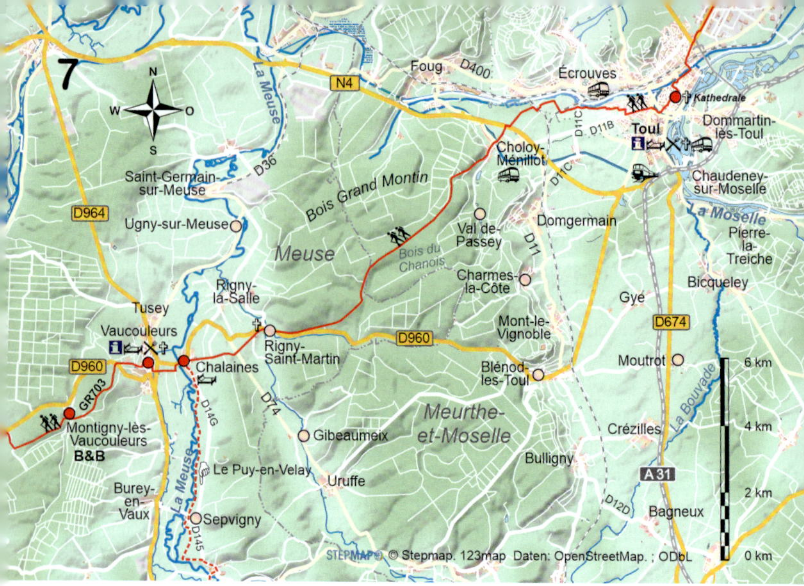

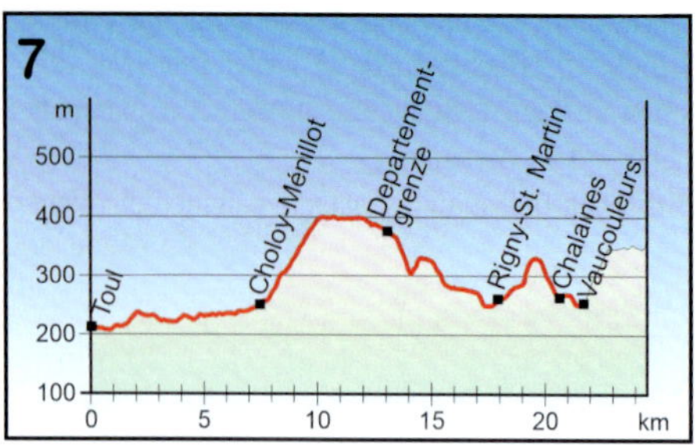

Überqueren Sie den Platz und folgen Sie der gegenüber beginnenden Rue Jeanne d'Arc bis in die die alte Stadt umgebende Wallanlage. Sie überqueren einen Wassergraben und wenden sich im Park nach rechts. Am Querweg gehen Sie links zur Bushaltestelle am begleitenden Boulevard de Pinteville.

Dem folgen Sie rechts noch 50 m und biegen dann links in die Avenue Maréchal Foch ab (D11B Richtung Choloy-Ménillot). Ohne Lücke in der gefälligen Wohnbebauung geht es weiter in den Ort **Écrouves** .

Nach dem Ortseingang von Écrouves gehen Sie bis zur Apotheke und schauen sich noch einmal um. Ein herrlicher Blick fällt auf die Kathedrale von Toul. Die Sichtachse, die hier durch die Römerstraße aus Reims nach Toul geschaffen war, ist bis heute erhalten. Die kleine Anhöhe, auf der Sie gerade stehen, verschafft die großartige Sicht. 100 m weiter biegen Sie rechts in die **Rue Jean Rostand** ein.

Aber Achtung! Nicht vorher schon an den Containern in die Wohnsiedlung abbiegen!

Sie laufen an der Mauer einer Kasernenanlage entlang, bis Sie nach links in einen Schotterweg abbiegen können. Er verläuft weiter neben der Mauer und trifft nach 550 m an einen Querweg. Gehen Sie rechts und wandern Sie nach 20 m links hinter den Gärten eines Neubaugebietes aus dem Ort heraus.

Die querende D11C überschreiten Sie um 5 m nach rechts versetzt.

Sie laufen nun zunächst parallel zu einer Bahnlinie, dann rechts darunter hindurch und folgen dem Feldweg durch eine Linkskurve. Am Querweg halten Sie sich links und überqueren eine weitere Bahnlinie. Dahinter biegen Sie rechts ab und laufen kurz neben der Bahnlinie her. Dann schwenkt der Weg nach links zur Autoroute N4. Dort gehen Sie rechts zur Brücke und auf dieser nach links über die Schnellstraße. Nun wandern Sie geradeaus am Feldrand nach **Choloy-Ménillot** .

In Choloy-Ménillot beginnt ein längerer Aufstieg über einen hohen, dicht bewaldeten Bergriegel (Bois Grand Montin). Er führt Sie aus dem Moseltal hinüber in das Tal des Flusses Maas (frz. *La Meuse*).

An der Bushaltestelle an der Mairie (Mo-Sa etwa stündlich nach Toul, Voranmeldung spätestens 1 Std. 30 Min. vor Fahrtantritt erforderlich, ☏ 03 83 64 48 48, www.fluo.eu/de) gehen Sie geradeaus auf der Rue Marcel André zunächst Richtung Val de Passey. Die Straße in das Val de Passey biegt bald links ab, Sie gehen hier aber geradeaus weiter auf dem GR 703 Richtung Vaucouleurs. Abzweigende Wanderwege beachten Sie nicht. An den letzten Häusern wird die Straße zum Schotterweg und führt bergauf in den Wald hinein. Das Vordach einer privaten Hütte linker Hand kann evtl. bei Regen als Schutzdach dienen. An einer Gabelung gehen Sie geradeaus, bleiben also auf dem breiten Forstweg. Er führt teils bequem, mitunter steinig bergauf und macht nach der nächsten Gabelung (links halten!) einen Linksbogen. Auch am folgenden Abzweig bleiben Sie links auf dem breiteren Weg, und zwar unbeachtet aller Seitenwege ganze 5 km lang.

Am Ortseingang von **Rigny-Saint-Martin** trifft der Pilgerweg auf die D960 und führt 500 m am Straßenrand entlang. Dann biegen Sie links in die Dorfstraße von Rigny-Saint-Martin ab. Es gehört bereits zum Département Meuse (dt. „Maas“).

Sie folgen nun der Grande Rue und kommen zur bemerkenswerten ✞ **Rundkirche Saint Martin**. Eines der modernen Fenster zeigt eine Abbildung des Jacobus Maior, ein anderes die des Martin von Tours. Am Eingang links im Kirchhof finden Sie Trinkwasser. Die Kirche ist tagsüber geöffnet.

Geradeaus an dem Kirchlein vorbei wandern Sie wieder bergauf, überqueren eine Straße und folgen dem sich anschließenden Schotterweg bei herrlicher Weitsicht über die Höhe hinweg bis nach Chalaines hinein.

Über die Rue de Rouvau erreichen Sie als fünfte Straße die Straßenkreuzung im Zentrum von Chalaines. Linker Hand, am Beginn der Rue de Château, steht ein Dorfbrunnen von 1856 (Fontaine au Dauphin).

Chalaines B&B 55140

B&B **Ferme Pédagogique de Rouvau**, Pascale et Christophe Mangin, 1 Rue du Château, ☏ 03 29 89 50 29, www.ferme-rouvau.fr, am Weg im Zentrum, Ü EZ € 35, DZ € 45, Pilgerermäßigung, einfache Ausstattung, Milchviehbetrieb und Kindererlebnishof direkt am Weg, Pilger, die hier übernachtet haben, sind begeistert, Verpflegung nach Absprache möglich.

Chalaines ist ein hübsches Dorf mit kaum mehr als 300 Einwohnern. Es liegt am rechten Ufer der Maas (frz. *La Meuse*) und ist Scheidepunkt der Pilgerwege. Links über die Rue de Château führt der Weg im Maastal aufwärts über Langre, Dijon und Cluny nach Le Puy-en-Velay. Geradeaus, entlang der Rue Principale (D960), quert der Weg das Maastal in das jenseits gelegene Städtchen Vaucouleurs, um weiter über Joinville, Clairvaux, Chablis und Auxerre nach Vézelay zu gelangen. Der zuletzt genannte Weg ist im Weiteren hier beschrieben. Für die andere Route finden Sie auch eine Wegbeschreibung im Conrad Stein Verlag.

Deutschland Frankreich: Jakobsweg Trier – Le Puy-en-Velay von Martin Simon und Ingrid Retterath, Conrad Stein Verlag, ISBN 978-3-86686-662-1, € 16,90

Chalaines – Vaucouleurs 1,2 km

Gehen Sie also geradeaus die Rue Principale hinab und überqueren Sie auf der Brücke die Meuse (dt. „Maas").

Wenn Sie wollen, könnten Sie danach der Markierung nach links folgen. Der GR 703 vollzieht noch einen Schlenker durch die Maaswiesen (plus 500 m).

Sie können an dieser Stelle aber auch abkürzend dem langen Damm über fünf weitere Brücken nach Vaucouleurs folgen.

Am Kreisverkehr folgen Sie geradeaus der Rue de la République über den Canal de la Haute Meuse und gehen an der querenden Hauptstraße Rue Jeanne d'Arc vor der Kirche Saint-Laurent links.

Vaucouleurs 55140

Office de Tourisme, 15 Rue Jeanne d'Arc, ☎ 03 29 89 51 82, ot.cantonvaucouleurs@orange.fr, www.tourisme-vaucouleurs.com. pro.tourisme-meuse.com/de, 100 m, Juli, Aug tägl. 10:00-12:00 u. 14:00-18:30, Mai, Juni, Sep Mo-Fr 10:00-12:00 u. 14:00-18:00, Sa, So, Fei 14:00-18:00, Okt-April Mo-Fr 9:00-12:00 u. 14:00-18:00

Lor'n Hôtel, 12 Avenue Maginot, ☎ 03 29 90 69 70, lornhotel@gmail.com, 300 m, 23 Betten, Ü EZ € 50, DZ € 56, DBZ € 66, F € 7,50, GB

⌘ **Musée Jeanne d'Arc**

♦ Place de l'Hôtel de Ville, ☎ 03 29 89 51 63, 1. Mai-30. Sep Mo-Sa 10:00-12:00 u. 14:00-18:00, So/Fei 14:00-18:00, März, April, Okt u. Nov Mo-Fr 9:30-12:00 u. 14:00-18:00, Sa 10:00-12:00

Chapelle Castrale in Vaucouleurs

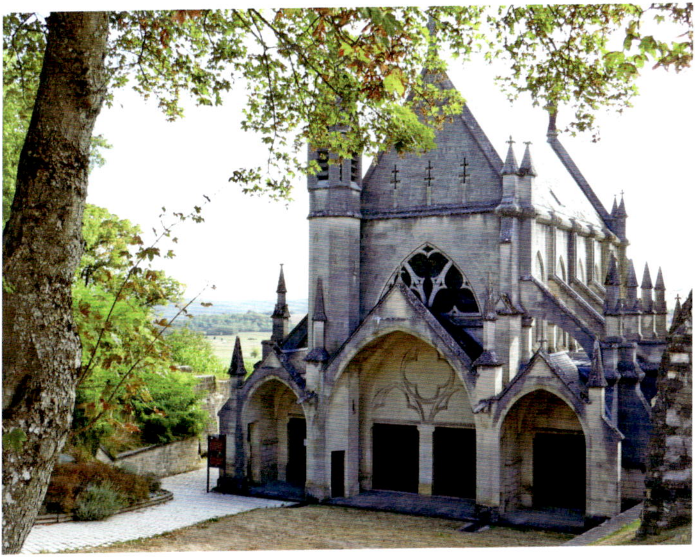

✞ **L'Église Saint-Laurent de Vaucouleurs**. Die Kirche wurde 1780-1785 erbaut. Eine Seltenheit in der Region ist die komplette Ausmalung der Decke. Beleuchtet wird die Kirche durch großformatige, bunte Fenster, die auch Szenen aus dem Leben der Jeanne d'Arc zeigen.

✞ **Chapelle Castrale**. Von diesem historisch bedeutsamen Ort aus, brach Jeanne d'Arc am 23. Februar 1429 durch das Stadttor Porte de France auf, um ihren Auftrag zu erfüllen. Die wieder aufgebaute Kapelle birgt in ihrer, von alters her, erhaltenen Krypta die Marienstatue Notre Dame des Voûtes, vor der Jeanne d'Arc oft niederkniete und betete. In der Burgkapelle sind moderne, sehenswerte Glasfenster erhalten, die vom kurzen Leben der Nationalheldin erzählen. Zur Besichtigung müssen Sie sich im Touristenbüro anmelden. Es gibt aber auch besondere Events mit Regelöffnungszeiten in der Kapelle. Auch hierzu gibt die Touristinformation Auskunft.

Vaucouleurs ist ein kleines Städtchen am Kreuzungspunkt zweier Straßen, der Nord-Süd-Achse (Verdun – Neufchâteau) und der von Nordost (Toul) nach Südwest führenden Verbindung nach Joinville. Hier finden Sie ein Hotel, Supermarkt, kleine Läden und Restaurants.

Im Zentrum befindet sich vor dem Rathaus eine Statue der kriegerischen Jeanne d'Arc, gleich daneben ein Museum mit einer Vielzahl von Exponaten, die das Leben der Nationalheldin beleuchten. Vaucouleurs, das nur eine Tagesreise (zu Fuß) vom Geburtsort Jeanne d'Arcs (Domrémy-la-Pucelle) entfernt liegt, spielt in der Geschichte der Märtyrerin eine bedeutende Rolle. Hier hielt sich die berühmte Jeanne d'Arc zwischen 1428 und 1429 auf und überzeugte den hiesigen Stadtkommandanten von ihrer Mission, bevor sie ihre Reise zum König antrat.

Jeanne d'Arc (ca. 1412-1431)

Im Februar 1429 ritt das 17-jährige Bauernmädchen Johanna in Begleitung von sechs Männern von Vaucouleurs nach Chinon, wo sich der ungekrönte König Karl VII. (1403-1461) aufhielt. Es herrschte Krieg, schon seit Langem, denn die Engländer versuchten, ihren Anspruch auf den französischen Thron durchzusetzen. 1429 hatten sie mit ihren Verbündeten, den Burgundern, das nördliche Frankreich bis zur Loire besetzt. Auch Vaucouleurs lag zu der Zeit auf burgundischem Gebiet, hielt aber zu Karl VII.

Johanna hörte bereits seit einigen Jahren Stimmen, die sie glauben ließen, dass sie die Engländer besiegen und Karl VII. zur Krone verhelfen könnte. Daher war sie zunächst von Domrémy nach Vaucouleurs gegangen, um die Unterstützung des Festungskommandanten zu bekommen.

Niemand zweifelte an ihrer psychischen Stabilität, nur weil sie Stimmen hörte. Nach dem damaligen Glauben gab es selbstverständlich übernatürliche Gaben. Die einzige Frage war lediglich, ob sie von Gott oder von Satan eingegeben waren. Man zeigte Johanna – vorsichtig – ein Kreuz, und da sie sich nicht schreiend am Boden wandte, war sie mit hoher Wahrscheinlichkeit keine Hexe. Sie durfte zum König aufbrechen.

Der befand sich 600 km weiter westlich in Chinon, einer Stadt an der Loire, empfing sie und ließ sich von ihrer Mission überzeugen. Zur Sicherheit wurde sie von Kirchenmännern getestet. Das Vorgehen war logisch und einfach, es mussten nur zwei Dinge geprüft werden: War Johanna wirklich Jungfrau? Und was sagten die Stimmen und warum?

Die erste Prüfung war kein Problem, sie war tatsächlich Jungfrau. Und sie konnte, weil sie Jungfrau war, nicht vom Teufel besessen und keine Hexe sein. Das war Fakt, das wusste zu der Zeit jeder. Das zweite Anliegen war schwieriger, die Befragungen zogen sich über Wochen hin, aber Johanna bestand auch den zweiten Teil der Prüfung. Außerdem war Frankreich in einer so verzweifelten Lage, dass man alles versuchte, um die Engländer zu besiegen. Vielleicht konnte man ja mit einer von Gott gesandten Jungfrau den Soldaten Mut machen und damit das entscheidende Quäntchen zum Sieg beitragen. So wurde Johanna ganz bewusst instrumentalisiert.

Orléans war Anfang des 15. Jh. eine bedeutende Stadt mit 30.000 Einwohnern an einem strategisch wichtigen Loireübergang. Sie lag nördlich der Loire und wurde von einem 5.000 Mann starken Heer der Engländer belagert. Johanna wurde mit einem Nachschubtransport in die Stadt geschickt. Die Kunde, dass sie die Jungfrau sei, die Frankreich retten werde, eilte ihr schon voraus und sie wurde begeistert in Orléans empfangen.

Beim nächsten Angriff der königlichen Truppen auf die vor der Stadt verschanzten Engländer war sie zu Pferd mit einem weißen Banner dabei. Sie trieb die Soldaten immer wieder an. Erfolglos. Der Kommandant wollte das sinnlose Kämpfen schon abbrechen und den Rückzug befehlen, da überredete sie ihn, noch ein letztes Mal anzugreifen. Und da schafften es die Franzosen, die Engländer aus ihrer Verschanzung zu vertreiben! Schließlich zogen sich die Engländer zurück und Orléans war frei.

Johanna schaffte es auch noch, dem König zur Krönung in Reims zu verhelfen, aber dann ließ ihre Glückssträhne nach. Ein Jahr nach dem Sieg bei Orléans geriet sie bei einem Geplänkel mit gegnerischen Truppen in burgundische Gefangenschaft.

Die Engländer waren begeistert. Das war keine von Gott gesandte und unverwundbare Engelsgestalt, wie die frustrierten englischen Soldaten befürchtet hatten, sondern eine normale Frau und vielleicht – wenn alles klappte – auch noch eine Ketzerin. Das wäre wunderbar gewesen, denn dann hätte Karl VII. seine Krone einer Ketzerin zu verdanken. Der französische Bischof Pierre Cauchon (1370-1442) wurde beauftragt, Johanna als Ketzerin zu überführen. Trotz Johannas hervorragender rhetorischer Gegenwehr befand er sie, wie verabredet, für schuldig. Im Angesicht des Scheiterhaufens widerrief Johanna jedoch in letzter Minute und das Urteil musste in eine lebenslange Haft umgewandelt werden. Die letzte Chance für Pierre Cauchon, Johanna doch noch auf legalem Wege töten zu lassen, war nachzuweisen, dass sie eine rückfällige und unverbesserliche Ketzerin war. Er ließ ihr im Gefängnis die Frauenkleider wegnehmen und Johanna zog daraufhin wieder ihre Männerkleidung an, was als ganz klarer ketzerischer Rückfall gewertet wurde. Cauchon hatte den Grund, den er brauchte. Am 30. Mai 1431 wurde Johanna öffentlich verbrannt.

Karl VII. war es herzlich egal, dass er nichts zur Rettung von Johanna unternommen hatte. Aber es war ihm unangenehm, dass er seine Krönung einer verurteilten Ketzerin verdankte. Daher stieß er – nachdem er die Engländer aus Frankreich vertrieben hatte – die Überprüfung von Johannas Prozess an. Am 7. Juli 1456 wurde das 25 Jahre alte Urteil wie geplant aufgehoben.

Am 18. April 1909 wurde Johanna selig-, am 16. Mai 1920 heiliggesprochen.

Vaucouleurs – Montigny-lès-Vaucouleurs 3,8 km

☺ Ab Vaucouleurs gab es wie einleitend beschrieben im Recherchejahr 2020 noch keine Jakobswegmarkierungen. So orientiert sich der Weg auf den folgenden knapp 170 km, wie schon ab Toul, am Sentier de Jeanne d'Arc, dem weiß-rot markierten GR 703. Er soll einmal nach dem historischen Vorbild der Reise der Johanna von Orléans zum König bis nach Chinon im Loiretal führen. Noch endet er im kleinen Örtchen Bagneux-la-Fosse. Er trifft dort auf den aus den Ardennen (☞ S. 172) kommenden Sentier de Saint-Jacques-de-Compostelle, der als GR 654 markiert ist und ab dort auch auf Ihrem Weg (überwiegend) die Führung übernimmt.

Doch aufgepasst! Nicht immer behält der Wanderweg die vom Pilger angestrebte südwestliche Richtung bei. So führt er beispielsweise zunächst einmal nach Süden zum Geburtsort der Johanna (Domrémy-la-Pucelle). Der liegt aber am Weg nach Le Puy-en-Velay. Ich werde deutlich darauf hinweisen, wenn der markierte Weg jeweils verlassen wird.

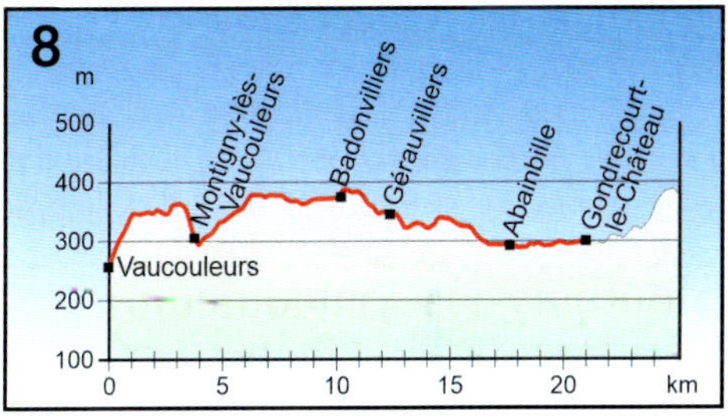

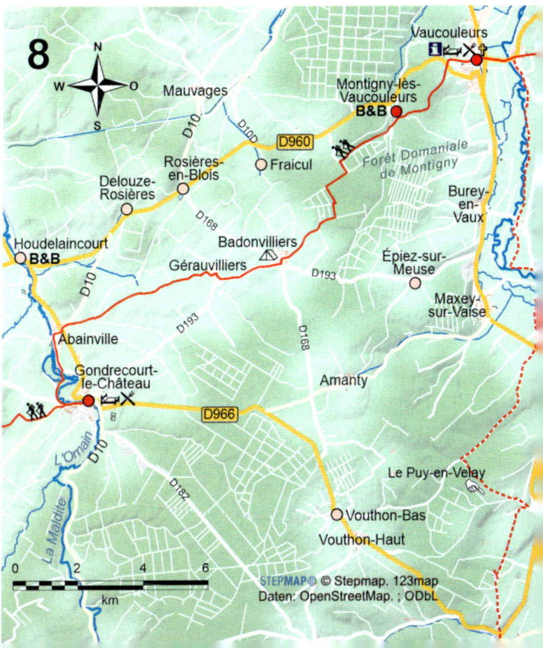

Sie steigen entweder gleich nach der Kirche Saint-Laurent rechts die Stufen zur Chapelle Castrale hinauf oder folgen an der Mairie der Rue des Announciades. So oder so kommen Sie auf das Gelände der nur in wenigen Überresten erhaltenen ehemaligen Burganlage, die hier einst am Kreuzungspunkt der Handelswege am Flussübergang entstanden war. Neben der Porte de France ist die Burgkapelle, die Chapelle Castrale zu sehen. Sie passieren diese Zeugen der Vergangenheit und folgen oberhalb der Rue de Neidenstein nach links (Neidenstein bei Heidelberg ist Partnerstadt von Vaucouleurs). Schon nach wenigen Metern biegen Sie rechts in die Rue du Grand Ban.

Die Siedlungsstraße führt weiter aufwärts, wird zum Teerweg und führt zwischen Gartengrundstücken bis an einen Querweg am Waldrand. Sie gehen links, überqueren die D960 und folgen geradeaus weiter einem Feldweg. Der ermöglicht weite Sicht in das Maastal. Hinter einem Wasserhochbehälter führt der Weg bergab ins Marécheltal und an einen Querweg an den Ortsrand von **Montigny-lès-Vaucouleurs**. Links geht der Weg weiter und ↳ rechts kämen Sie in den Ort.

Montigny-lès-Vaucouleurs B&B ✉ 55140

B&B Villa Claudette, Chambres d'hôtes Famille Lambert, 81 Rue de la Côte, ☎ 03 29 91 13 02, 📱 06 72 16 55 01, 💻 www.villaclaudette.fr, ✉ villaclaudette@orange.fr, ➲ 350 m, 10 Betten in 4 liebevoll eingerichteten Themenzimmern, ÜF EZ/DZ € 65, DBZ € 75, Ankunft nach 17:00, 🐈

Montigny-lès-Vaucouleurs – Gondrecourt-le-Château 17,2 km

☺ Wer mit dem Zelt unterwegs ist, findet bereits nach 6,3 km einen einfachen, kleinen Zeltplatz zur Zwischenübernachtung am Weg.

Der Weg gabelt sich sofort. Sie gehen rechts und folgen dem Weg über den Bach und durch eine Linkskurve. Auch dort ist eine Gabelung, an der Sie rechts, diesmal bergauf, gehen.

✋ An dieser zweiten Gabelung sind Sie nun vom GR 703 abgewichen. Die weiß-rote Markierung, die Sie nach wie vor voraus am Weg sehen, gehört zu einer Variante, von der Sie am nachfolgenden Querweg noch nicht ganz auf der Höhe auch abweichen.

Biegen Sie an der T-Kreuzung nach links in den Waldweg ein. Der führt im Forêt Domaniale de Montigny wieder an einen Querweg. Folgen Sie diesem breiten Forstweg für 750 m nach rechts. Dann nehmen Sie links den Waldweg zwischen den Parzellen 18 und 19 Richtung Süden. An der folgenden Wegkreuzung laufen Sie geradeaus weiter und nach 50 m an der T-Kreuzung rechts. Schon nach knapp 100 m geht es nach links, zwischen den Waldparzellen 5 und 6 weiter.

An der nächsten T-Kreuzung wandern Sie nach rechts durch die breite Schneise bergab. Der Wald wird lichter und der Weg ist im Mai von vielen wilden Primeln gesäumt. Der Weg führt aus dem Wald hinaus und Sie wandern durch eine

Rechtskurve in den Feldern leicht bergauf. Auf der Anhöhe haben Sie einen schönen Blick ins Umland. Folgen Sie dem Wirtschaftsweg in einigen Bögen nach Badonvilliers und gehen Sie dort an der Dorfstraße (Grande Rue) links zur Fortsetzung und, falls Sie zum Campingplatz wollen, ↳ rechts und wieder links.

Badonvilliers 55130

Ferme Orgeval, 2 Chemin rural, ☎ 03 29 89 77 88, 07 70 97 96 18, ➲ 150 m, 10 Stellplätze, 2 Pers. + Zelt € 10, , Mai-Okt

Bereits nach 140 m biegen Sie rechts auf der D193/D168 Richtung Gérauvilliers ab und nehmen an der folgenden Gabelung links die D193, die durch die Felder aussichtsreich nach **Gérauvilliers** führt.

Am Ortsrand biegt die Landstraße nach links. Gehen Sie hier geradeaus in die Ortsmitte. Noch vor der Kirche, in Höhe des Buswartehäuschens, biegen Sie links in die Rue de la Fontaine Richtung Abainville ein. Die Straße wird zum Schotterweg und biegt an einer Hofstelle links in die Felder. Nach weiteren 1,2 km gehen Sie an einer Gabelung links. Ab hier ist auch wieder eine weiß-rote Markierung zu sehen (Variante zum GR 703). Der Weg führt bald durch ein kleines Wäldchen. Dahinter trifft er auf einen breiten Feldweg. Hier gehen Sie geradeaus weiter. Der Weg führt bergab auf eine Bogenbrücke zu. Gehen Sie unter der Brücke hindurch und biegen Sie dann mit dem ab hier geteerten Weg nach links ab. Er führt auf die D10. Biegen Sie dort links ein und folgen Sie ihr bis zum Stoppschild in Abainville.

↳ Falls Sie in Gondrecourt-le-Château kein Quartier finden, könnten Sie vom Stoppschild der erreichten D966 rechts nach Houdelaincourt folgen und dort übernachten, ➲ 2,5 km.

Houdelaincourt B&B 55130

B&B La maison du canal, 1 Rue d'Abainville, ☎ 03 29 46 41 52, 06 27 05 16 37 und 06 81 52 68 15, kremer.philippe@gmail.com, maison-du-canal.com, ➲ 2,6 km, 2 Zimmer, ÜF EZ € 70, DZ € 80, GB, D

Zur Fortsetzung biegen Sie links in die D966, gehen aber schon nach 40 m vor dem Lebensmittelmarkt (Mi und So nachmittags geschlossen) rechts in die Grande Rue. Sie kommen an der Kirche vorbei und erreichen eine Straßenkreuzung direkt vor dem Bach L'Ornain. Hier gehen Sie links weiter.

Es empfiehlt sich aber, vorher geradeaus über die zwei Brücken zu gehen und sowohl den Bach als auch das restaurierte Waschhaus anzuschauen. Neben einer Wandertafel finden Sie an der Kreuzung auch Verweise auf die handwerkliche Verarbeitung von Granitstein im Dorf.

Folgen Sie also links der Grande Rue parallel zum Bach und gehen Sie ganz durch das Dorf bis vor das letzte Haus mit der Nr. 6. Hier biegen Sie rechts in einen Fußweg ein. Auf Brücken werden zwei Flussarme überquert. Am Anwesen Le Vaucheron passieren Sie einige Teichanlagen. Gehen Sie auf der Zufahrtsstraße links bergauf. Sie wandern weiter geradeaus an der Station d'Epuration (dt. „Klärwerk“) vorbei und durch den Wald parallel zum Bachlauf durch die Auen zu den ersten Häusern von Gondrecourt.

Der Weg war seit Abainville mit den weiß-roten Wegmarken des GR 714 markiert. Auch die nun erreichte querende D32 ist sowohl nach links als auch nach rechts mit weiß-roten Wegmarken versehen. Sie gehören hier wieder auch zum Sentier de Jeanne d'Arc, dem GR 703, der von seinem Ausflug nach Domrémy-la-Pucelle zurück ist und nun über Gondrecourt-le-Château hierherführt.

☺ Falls Sie nicht ins Zentrum von Gondrecourt-le-Château wollen, folgen Sie dem Weg zur Fortsetzung rechts entlang der Straße.

Nach links gehen Sie, um in das Zentrum von Gondrecourt-le-Château und damit zum Ende der Etappe zu kommen.

Gondrecourt-le-Château

B&B ✕ ⌘ 55130

✕ **Hotel Central**, 2 Place de l'Hôtel de Ville, ☏ 03 29 89 63 42, lecentral.gondrecourt@wanadoo.fr, ➲ Zentrum, 4 Zimmer, DZ ab € 40. ☹ Die wenigen Zimmer im Hotel Central sind oft belegt. Buchen Sie hier auf jeden Fall rechtzeitig im Voraus

B&B B&B **des Bords de la Tour**, Mme Devillier, 4 Place de la Halle, ☏ 03 29 89 63 57, 06 82 51 36 01, ➲ 380 m vom Zentrum, 12 Betten, Ü EZ € 40, DZ € 60, DBZ € 80, , die betagte Mme Devillier bietet sehr saubere, etwas altmodisch eingerichtete Zimmer.

⌘ Musée Lorrain du Cheval, kleines Museum rund um das Pferd

♦ 2 Rue Saint Blaise, La Tour Ronde, Juni, Sep So 14:00-18:00, Juli, Aug tägl. außer Di 14:00-18:00

Gondrecourt-le-Château – Cirfontaines-en-Ornois 14,1 km

Nehmen Sie an der D32 den Weg wieder auf und überqueren den Bahnübergang. Halten Sie sich am nachfolgenden Abzweig der D182 links auf der D32 und verlassen diese erst nach weiteren 500 m nach rechts in einen Feldweg. Der Wegweiser zeigt Richtung Tourailles-sous-Bois und Horville-en-Ornois.

Sie laufen bis zu einem kleinen Wäldchen rechter Hand, dahinter biegen Sie links in einen Feldweg ein und wandern bergauf zum Wald. Sie gehen erst geradeaus am Waldrand entlang und dann in den Wald hinein. An einer unscheinbaren Kreuzung auf der Höhe folgen Sie dem Weg geradeaus und auch im Folgenden bleibt Ihr Weg ohne Richtungswechsel. Er führt schließlich über eine landwirtschaftlich genutzte Höhe hinweg auf den Kirchturm von Tourailles-sous-Bois zu.

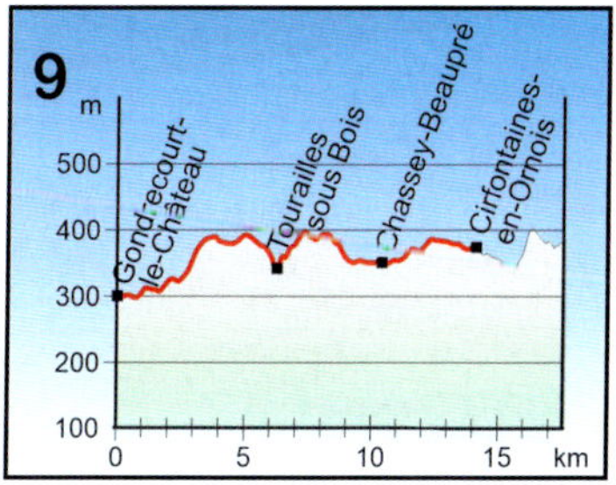

An der Kirche Saint Michelle (13.-18. Jh.) vorbei, sie steht etwas links des Weges und noch oberhalb des Dorfes, kommen Sie zur Dorfstraße (D132). Sie gehen rechts und an der Gabelung vor dem historischen Waschhaus links in den Chemin de la Trémont ⍲. Dem Sträßchen folgen Sie in Bögen aufwärts, bald auch ohne Teerdecke durch ein Waldgebiet Richtung Luméville-en-Ornois. Wieder am Waldrand finden

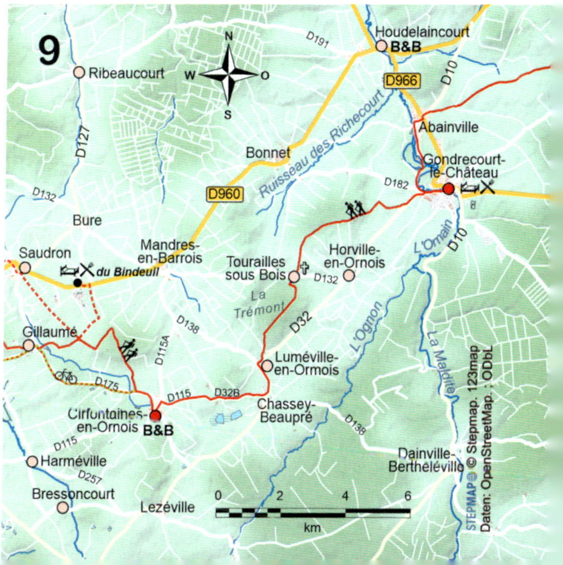

Sie einen ⾀ Picknicktisch mit Pausenbank. Ab hier ist der Weg wieder geteert. Er führt Sie nach Luméville-en-Ornois hinab ein. Im Tal treffen Sie auf die D32, der Sie rechts zum Place de la Fontaine im Zentrum und dort links bis Chassey-Beaupré folgen (1 km). An der Kirche biegen Sie geradeaus (am Wasserturm vorbei) in die D32B Richtung Cirfontaines-en-Ornois.

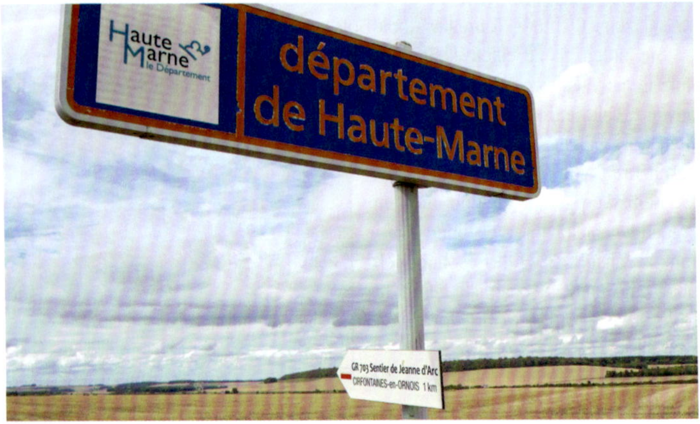

Grenze zwischen Lothringen und der Champagne

Nach 2 km weist ein Schild auf den Wechsel in das Département 52 Haute-Marne hin. Dies ist auch die Grenze zwischen den Landschaftsräumen Lothringen und Champagne. Die Straße wechselt ihre Bezeichnung und heißt nun D115. 1 km weiter ist eine Straßenkreuzung am Rande des knapp 80-Seelen-Dorfes **Cirfontaines-en-Ornois** erreicht. Hier gehen Sie links zur Ortsmitte. Unterwegs informiert rechter Hand eine Tafel über den Verlauf des Sentier historique de Jeanne d'Arc, der 107 km durch Haute-Marne verläuft.

Cirfontaines-en-Ornois B&B 🛒 ✉ 52230

B&B Chambres d'hotes La forge, 1 Rue de Gault, ☏ 04 75 81 56 03, 📱 06 31 36 36 21, ✉ tony.pinxten@gmail.com, ➲ am Weg, 2 DZ, 1 FW für bis zu 5 Pers., ÜF EZ € 60, DZ € 80, DBZ € 100, weitere Preise auf Anfrage, A möglich, 🛁, D, liebevoll renovierte alte Schmiede im Dorfzentrum gegenüber der Kirche, Garten, Nutzung der Sauna und des Whirlpools möglich, sehr freundliche und zugewandte Atmosphäre

🛒 Di-So (Brötchen-)Lieferservice um 8:30

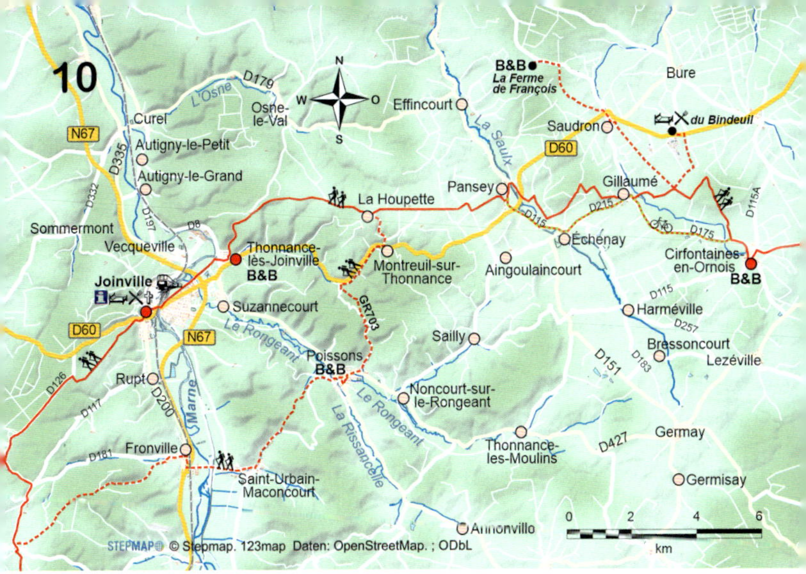

Cirfontaines-en-Ornois – Thonnance-lès-Joinville

22,2 km

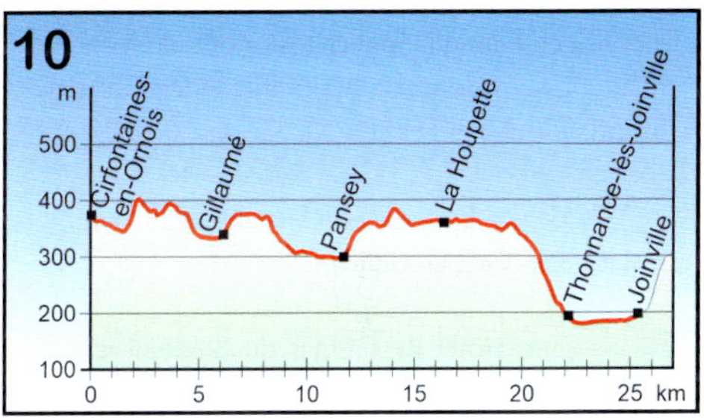

An der Kirche von Cirfontaines-en-Ornois biegen Sie rechts in die Rue de la Forge ab. An der ersten Gabelung laufen Sie links zur D175 und folgen ihr links für 400 m. Dann nehmen Sie rechts den Feldweg.

🚲 Radfahrer könnten bequemer der D175 nach Gillaumé und dort der D215 nach Échenay folgen. Hier biegen Sie rechts in die D151 ein und folgen ihr bis **Pansey**.

Der Feldweg führt an einem verlassenen Bahnwärterhaus vorbei und bergauf in den Wald hinein. Bevor Sie im Wald verschwinden, drehen Sie sich noch einmal um und genießen das unglaubliche Panorama.

Auf der Höhe kommen Sie an einen Holzlagerplatz und gehen geradeaus wieder abwärts bis etwa 10 m vor den Waldrand. Hier wenden Sie sich nach links und folgen dem Pfad parallel zum Feldrand.

☺ ↳ Vorher könnten Sie aber noch zum Waldrand gehen. Von dort haben Sie die beste Aussicht vom Weg auf das Betriebsgelände der **ANDRA**, einer französischen Gesellschaft, die für die Entsorgung und Lagerung des in Frankreich anfallenden Atommülls verantwortlich ist. Allzu viel ist nicht zu sehen. Neben einigen Betriebsgebäuden sind ein paar Abraumhalden und ganz rechts das Hôtel/Restaurant du Bindeuil zu sehen. Wie einst im deutschen Gorleben geschehen, sucht Frankreich hier in einer kaum besiedelten Gegend nach dem ultimativen Endlager für Atommüll, der dort dann die nächsten 100.000 Jahre lagern soll. Noch ist nichts entschieden. Es handelt sich hier im weniger als 100 Einwohner zählenden und durch die Endlagersuche in ganz Frankreich bekannt gewordenen Örtchen Bure bisher lediglich um ein Forschungslabor, das den Untergrund auf seine Eignung untersucht. Anders als im deutschen Gorleben gibt es hier nur sehr wenige Proteste gegen das Unterfangen.

Später laufen Sie direkt am Feldrand leicht bergauf. Der Weg entfernt sich etwas vom Wald und kommt an einen Querweg vor einem umzäunten Gelände. Hier folgen Sie dem Sentier historique de Jeanne d'Arc rechts Richtung Gillaumé entlang einer Feldhecke. In der folgenden Lücke der Hecke biegen Sie links in den abwärtsführenden Feldweg ein.

Von dieser Ecke, bevor Sie abbiegen, könnten Sie zwei Unterkünfte etwas abseits vom Weg erreichen.

↳ Zum **Hôtel Restaurant du Bindeuil** kämen Sie, wenn Sie noch ein paar Schritte geradeaus und dann rechts über die Höhe hinweglaufen. Der Weg biegt bald links und bis an die D960. Etwas weiter links steht das Hotel am Kreisverkehr.

Saudron — 🛏 B&B ✕ ✉ 55290

🛏 ✕ **Hôtel Restaurant du Bindeuil**, Rond Point de l'Andra an der D960, Bure, ☎ 03 29 70 02 50, 💻 www.hotel-restaurant-lebindeuil.com, ➲ 2,2 km, 14 Zimmer, Ü EZ/DZ € 69-79, F € 9,50, das Hotel verdankt seine Existenz dem Forschungslabor der ANDRA.

↬ Leider etwas weit entfernt liegt die **La Ferme de François**. Wer aber in der Schmiede in Cirfontaines-en-Ornois mal nicht unterkommen kann und nicht im futuristisch anmutenden Hotel in Bure übernachten will, wird auf dem Hof François sehr gut aufgenommen.

Um zur Farm zu kommen, gehen Sie an der oben beschriebenen Ecke geradeaus bis Saudron. Kurz bevor Sie die D60 erreichen, gehen Sie links in die Ortsmitte von Saudron und folgen an der Kreuzung rechts der D175 nach Norden über die D60 hinweg. 60 m nach der Überquerung der Hauptstraße (D60) biegen Sie links in einen Feldweg ab, der nach 2 km die D175 wieder erreicht. Gehen Sie nach links. Es sind dann noch knapp 600 m bis zum Abzweig zur Farm. Sie brauchen von dort auch nicht wieder nach Guillaumé zurückzukehren, sondern treffen im Tal des Baches Saulx bei Pansey wieder auf den Weg. Den genauen Rückweg lassen Sie sich von den Gastgebern beschreiben oder nutzen einen Navigator.

B&B **La Ferme de François**, Le Val Louzet, ☏ 03 25 04 69 28, 📱 06 76 72 11 66, ✉ lafermedefrancois@orange.fr, 💻 www.lafermedefrancois.com, ➲ 6,3 km, 5 Zimmer, 14 Pers., ÜF EZ € 52, DZ € 62, DBZ € 92, VBZ € 105, A, 🐕 gratis

In der Senke treffen Sie auf eine Verzweigung. Sie gehen links weiter bis an eine Straßenkreuzung. Folgen Sie rechts der D175. In der folgenden Straßenkurve steht dann das alte Waschhaus des Dorfes **Gillaumé** nach einer Wegstrecke von 6,3 km. Ein ⛼ Rastplatz ist eingerichtet.

Sie folgen der Straße durch die Kurve und dann geradeaus der Rue de la Mairie (laut Google: Rue Principale) zur Kirche.

Gleich danach biegen Sie rechts von der Durchgangsstraße ab und folgen der Siedlungsstraße zur Höhe mit dem Wasserhochbehälter. Der Wegweiser weist Ihnen hier den Schotterweg links Richtung Pansey. Es folgt ein aussichtsreicher Höhenweg. Weitere ⛼ Rastbänke stehen im Waldschatten.

Nach 400 m biegt der Weg rechts in den Wald ein. Hier finden Sie an Bäumen die Parzellennummer 20. Nach etwa 300 m folgen Sie dem Weg zwischen den Parzellen 22 und 23 nach links (der zweite Weg links) und nach wiederum 300 m gehen Sie rechts ab (zweite Weg rechts). Wieder sind es 300 m, bis Sie auf eine Schotterpiste treffen. Sie gehen links. Ab einer leichten Anhöhe ist der Weg geteert. Am Waldrand geht es dann abwärts bis zu einem Abzweig an einem Wegkreuz mit Wegweiser und Koniferendickicht. Sie wandern nun rechts auf einem Grasweg weiter. An einer querenden Teerstraße gehen Sie geradeaus.

Etwas später biegt der Weg mitten in den Feldern nach rechts ab. 50 m bevor es nun bei Geradeauskurs bergauf gehen würde, biegen Sie links ab. Der Weg biegt noch einmal rechts ab und erreicht die D60, die Sie geradeaus überqueren. Sie folgen dem Wegweiser „Étang" (dt. „Teich") und passieren den zu diesem Schild passenden Angelteich. Der erreichten Straße folgen Sie nach links. Sie überqueren einen Bach und kommen an eine Straßenkreuzung am Ortsrand von **Pansey**. (Hier haben Sie 11,4 km der Wegstrecke geschafft.) Folgen Sie der D151 Richtung Joinville (Rue de Jeanne d'Arc) nach links.

Nach 450 m biegen Sie rechts in die Rue de l'Église (am Kriegerdenkmal). Die Kirche lassen Sie links liegen und wandern geradeaus auf dem Wirtschaftsweg bergauf. Der Höhenweg führt auf einige Windräder zu. Etwa 1 km hinter Pansey kommen Sie an eine Kreuzung und gehen rechts zu einer Straße. Dieser folgen Sie links für etwa 3 km. Zunächst wandern Sie dabei zur Windradhöhe hinauf und in der nachfolgenden Senke kommen Sie an eine Gabelung. Gehen Sie rechts weiter. Sie passieren nach 350 m die **Ferme de Frinval** und nach weiteren 1,3 km erreichen Sie die **Ferme la Houpette**. Hier führt der Jeanne-d'Arc-Weg nach links über Poissons und St-Urbain-Maconcourt nach Fronville und Blécourt. Joinville berührt er nicht.

↳ Wer dem Jeanne-d'Arc-Weg treu bleibt, kann in Poissons übernachten. Bis dahin sind von der Ferme la Houpette noch 7,2 km zu gehen. Der weitere Weg nach Blécourt ist dann 13,5 km weit. Es ist durchgängig weiß-rot markiert. Der Weg ist insgesamt etwa 2 km länger als der Weg über Joinville.

Poissons

B&B ✉ 52230

B&B **Au Saint Amand**, Isabelle Moreno, 1 Impasse de l'Auditoire, ☏ 03 25 06 85 9, 📱 06 81 08 74 64, ✉ lesaintamand@gmail.com, 💻 www.le-st-amand.com, ➲ 150 m vom Jeanne-d'Arc-Weg, ÜF EZ € 55, DZ € 65, DBZ € 75, VBZ € 95, GB, E

Es gibt viele Gründe, den hier beschriebenen Weg über Joinville zu nehmen. Für die Pilger früherer Zeiten war es möglicherweise die kostbare Reliquie. Joinville beherbergt in der Kirche Notre Dame den Gürtel des Jesusvaters Josef. Der moderne Pilger wird sich vermutlich zuallererst auf die gute Infrastruktur der Stadt freuen. Richtung Joinville führt der Weg nun ohne Markierung rechts zwischen den Farmgebäuden hindurch an eine weitere Windradhöhe.

Sie erreichen ein Trafohäuschen, an dem Sie links abbiegen (Servicestraße für die Windräder). Kurz darauf ignorieren Sie an einem letzten Windrad eine rechts abzweigende Baustraße und gehen geradeaus. Die Servicestraße endet und wird wieder zum Feldweg. An einem Wäldchen gabelt sich dieser. Sie gehen links (schöner Höhenweg), bis Sie eine Teerstraße erreichen

Folgen Sie dieser Straße nach links durch den Wald ins Tal. Sie passieren einen Friedhof ♦ und laufen nach Thonnance-lès-Joinville hinein.

Thonnance-lès-Joinville B&B ⌘ 52300

B&B Les Jardins de mon Moulin, Route de Nancy, La Voinchère S, 06 79 50 74 92, www.lesjardinsdemonmoulin.fr, lesjardinsdemonmoulin@wanadoo.fr, ➲ 820 m, 1 Gästezimmer, ÜF EZ/DZ € 80

♦ Le Moulin aux Ecrevisses, Route de Nancy, ☏ 03 25 94 13 76, 06 07 82 90 91, jean.geeraert@ecrevisses.fr, ecrevisses.synaptic52.com, ➲ 1,4 km, 2 Zimmer, ÜF EZ € 57, DZ € 70-75, DBZ € 80, VBZ € 85, € 8, A, 5.01.-22.12.

Der Ort ist durch die Gärten Les Jardins de mon Moulin, die auf über 12.000 m² Zier- und Nutzpflanzen zeigen (Do, Sa, So 14:00-18:00 oder nach Vereinbarung), bekannt. Außerdem gibt es eine Flusskrebszucht. Beide Betriebe bieten auch Übernachtungsmöglichkeiten an (s. o.).

Thonnance-lès-Joinville – Joinville 3,2 km

Folgen Sie, noch bevor die Kirche ganz erreicht ist, der Rue de Bussy nach rechts (Richtung Bussy). An der Gabelung mit der Ruelle des Pierges bleiben Sie rechts auf der Rue de Bussy. Wenn die Straße einen 90°-Rechtsbogen vollzieht, gehen Sie links über die Bachbrücke und dann geradeaus von der Straße ab auf einen Schotterweg. Der führt über eine Rampe zur Brücke über den Canal entre Champagne et Bourgogne.

Nachdem Sie über die Brücke gelaufen sind, folgen Sie am Ufer dem Radweg nach links. Auf diesem Weg bleiben Sie für etwa 2 km, dabei unterqueren Sie die N67 und passieren gleich danach eine Schleuse.

Wer zum Hotel La Vinaigrerie will, überquert bereits an der Schleusenbrücke den Kanal, biegt direkt dahinter rechts in den Fußweg ab und kommt über die Rue de Paradies zur D60. Hier gehen Sie rechts bis zum beschilderten Abzweig. Das Hotel liegt direkt am Kanal.

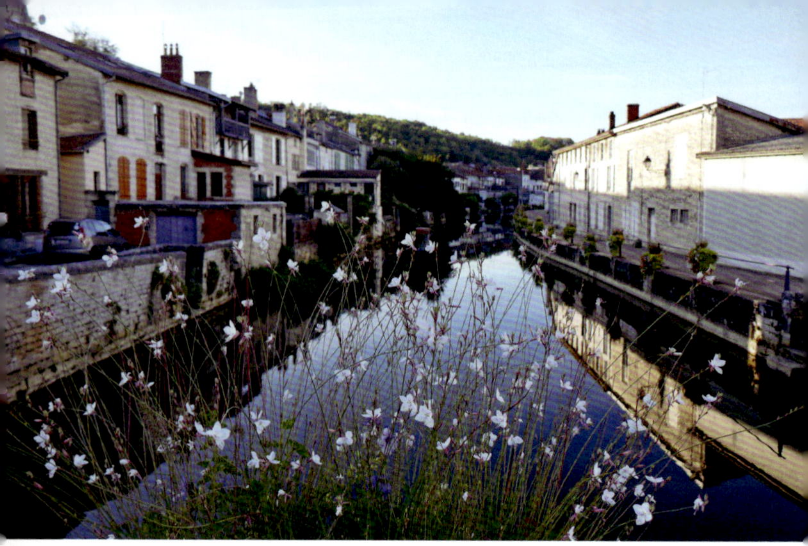

Bras de la Marne in Joinville

Sie laufen am Kanal weiter bis zur nächsten Straßenbrücke, gehen zu ihr hoch und überqueren rechts den Fluss Marne, der hier parallel zum Kanal fließt. Rechter Hand sehen Sie den Bahnhof. Geradeaus gehen Sie in die Innenstadt.

↳ An der Straßenkreuzung könnten Sie rechts zum Schloss gehen, in dem auch das Office de Tourisme untergebracht ist, ➲ 420 m.

☺ Achten Sie an dieser Kreuzung auf das Denkmal für Jean de Joinville.

Ihr Weg führt Sie weiter geradeaus auf der Rue Aristide Briand bis über einen Nebenarm der Marne (Bras de la Marne). Dahinter biegen Sie links in die Rue de la Fontaine. Die zweite Straße rechts führt dann zum Kirchplatz.

Joinville

i B&B BANK ✉ 52300

i **Office intercommunal de Tourisme de Joinville**, Château du Grand Jardin, 5 Avenue dela Marne, ☏ 03 25 94 17 54, office-tourisme-joinville@wanadoo.fr, www.tourisme-joinville.com, ➲ 420 m, April-Sep tägl. 9:30-19:00, Okt-März 9:30-12:30 u. 13:30-17:30. (Die Damen im Touristbüro waren sich nicht sicher, ob das Zeitfenster auf Dauer so aufrechterhalten werden kann.)

(✗)**La Vinaigrerie**, Jean-François Labat, 52 Avenue de Lorraine, ☏ 03 25 55 58 20, 06 08 26 55 30, contact@lavinaigrerie.fr, www.lavinaigrerie.fr, ➲ 800 m vom Weg, 1,3 km vom Zentrum, 15 Zimmer, Ü EZ/DZ € 69-140, F € 9,60, € 8, Restaurant Mo-Do abends für Hotelgäste, das Hotel steht sehr idyllisch direkt am Kanal, ganz in der Nähe befindet sich ein großer Supermarkt.

✗ **Hôtel Le Soleil** d'Or, 9 Impasse des Capucins, ☏ 03 51 25 50 59, le.soleil.dor52@gmail.com, le-soleil-dor52.fr, ➲ am Weg im Zentrum, 17 Zimmer, Ü EZ € 60-70, DZ € 74-81, F € 10, beliebtes Hotel mit guter Küche, Restaurant Di, So geschlossen

B&B **Chambres d'hôtes Le Val du Roy**, Valérie Weber, 22 Rue du Valleroy, 06 07 55 43 67, levalduroy@gmail.com, levalduroy.wixsite.com/joinville52, ➲ am Weg, 9 Betten, ÜF EZ € 60, DZ € 80, DBZ € 100, VBZ € 120, liebevoll umgebautes Haus von 1686, Inhaberin ist eine deutschsprachige Schweizerin, die Pilgern nur zu gerne weiterhilft, € 10, , (beliebte Unterkunft, rechtzeitig anmelden!)

Taxis Jean-Pierre Chambraud, ☏ 03 52 80 07 54

♦ Taxi du Vallage, Philippe Delbé, ☏ 03 25 94 16 18

Joinville hat einen Bahnhof an einer Regionalbahnstrecke. Züge fahren Richtung Chaumont (Langres) oder Saint Dizier (Reims).

⌘ Schloss und Garten Château du Grand Jardin, und Adresse wie ☜ **i**

✞ Notre Dame von Joinville, 12. Jh., Umbauten aus dem 19. Jh. tägl. 10:00-19:00

Joinville entwickelte sich wie schon Vaucouleurs an einer bedeutenden Straßenkreuzung (günstiger Flussübergang). Die Nord-Süd-Verbindung (Reims – Festungsstadt Langres) ist hier durch den Fluss Marne vorgegeben. Von West nach Ost verläuft die Straße von Troyes, der alten Bischofsstadt und ehemaligen Residenz der Grafen der Champagne, zur ehemaligen Bischofsstadt Toul. Das quirlige Städtchen ist das ideale Etappenziel: gute Infrastruktur, nette Gastgeber und noch dazu einige beachtliche Sehenswürdigkeiten. Die Sommerresidenz der Herzöge von Guise mit ihrem großen Renaissancegarten wurde auf Betreiben des Claude von Lothringen errichtet. Er war der Großvater von Maria Stuart, der Königin von Schottland und Frankreich. In der großen Kirche Notre Dame von Joinville ist ein Gürtel ausgestellt, der der Überlieferung nach dem heiligen Josef gehört haben soll. Jean de Joinville soll ihn im Jahr 1252 vom Siebten Kreuzzug mitgebracht haben. Horst Degen (Kalebasse 35, S. 10) hält es für möglich, dass Pilger im Mittelalter aufgrund dieser Reliquie ihren Weg über Joinville gewählt haben könnten. Als weitere Indizien führt er auf, dass Joinville ein

Stadttor im Südwesten besaß, das nach dem Apostel benannt war, es gab eine Vorstadt Saint Jakob und bis heute diverse Straßennamen, die sich auf Jakobus beziehen. Zudem versteckt sich in der Sakristei von Notre Dame de Joinville eine Jakobusstatue.

Jean de Joinville (1224 oder 1225-1317)

Für Jakobspilger ist das Denkmal von Jean de Joinville interessant, denn Jean ist 1244 als Jakobspilger nach Santiago de Compostela gepilgert. 1248 begleitete er König Ludwig IX. (1214-1270) auf einem Kreuzzug nach Ägypten, geriet zusammen mit dem König in Gefangenschaft und wurde schließlich gegen ein hohes Lösegeld freigelassen. Nach der Heiligsprechung von Ludwig, der fortan als Ludwig der Heilige bezeichnet wurde, verfasste Jean de Joinville eine Biografie des Königs, die er 1309 fertigstellte. Sie ist die erste Biografie in französischer Sprache.

Joinville – Ambonville 21,3 km

☺ Den ersten Teil der Etappe laufen Sie ohne wegweisende Zeichen. An der Wallfahrtskirche Notre Dame de Blécourt (nach 9,7 Wegkilometern) haben Sie den Jeanne-d'Arc-Weg aber wieder erreicht und können sich an der weiß-roten Markierung orientieren.

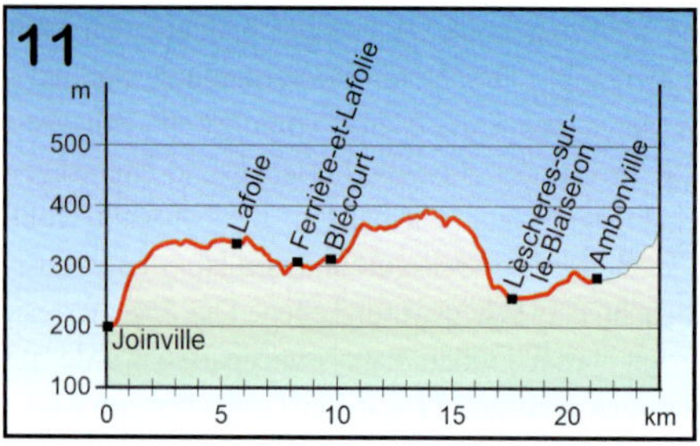

Vom Portal der Kirche gehen Sie über den Kirchplatz an einen etwas erhöht liegenden Parkplatz und dort rechts durch die Rue Devienne an die querende Rue Saint-Jacques. Hier gehen Sie links an die Kreuzung mit der D60 vor dem Restaurant Nord.

Gehen Sie hier geradeaus auf der D200, der Rue du Faubourg Saint-Jacques, Richtung Rupt. Bereits nach weniger als 100 m biegen Sie in die erste Straße, die Rue du Petit Valleroy, ab. Sie mündet auf die Rue de Valleroy. Sie gehen rechts, passieren das B&B Le Val du Roy und biegen 120 m weiter links in den Teerweg Chemin de la Côte aux Vaches ein, der steil bergauf führt.

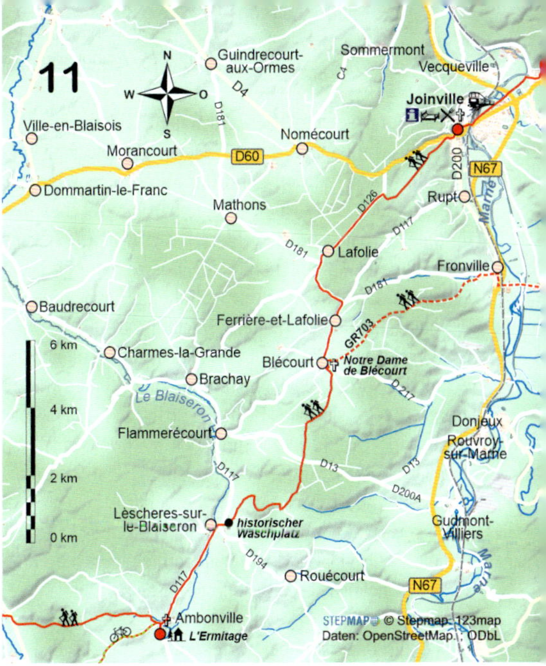

Im morgenkühlen Schatten des bewaldeten Nordhangs erreichen Sie schnell die Höhe an einer Hofstelle. Geradeaus führt ein Feldweg weiter. Er biegt schließlich in einem Rechtsbogen zur D126. Der ruhigen Landstraße folgen Sie nach links durch den Wald bis Lafolie. Vielleicht philosophieren Sie unterwegs ein wenig über die mögliche Herkunft des Namens. Übersetzt bedeutet er „Wahnsinn".

Nach den paar Häusern von Lafolie biegt die Straße nach links. Von rechts mündet danach die D181 ein. Sie gehen geradeaus bis an eine Gabelung und dort links auf der D181 weiter.

Die führt leicht abwärts zu einer Kreuzung mit Wegkreuz in einer Senke. Von links münden zwei Straßen ein. Sie gehen rechts auf der D117 wieder aufwärts nach Ferrière-et-Lafolie.

Sie durchqueren das kleine Bergdörfchen **Ferrière-et-Lafolie**, gehen auf Höhe der romanischen Kirche geradeaus mit Weitsicht über die Höhe nach **Blécourt** ✞ ● ⊙ ⌘ (auch Toiletten).

✞ Kirche Notre Dame de Blécourt

Blécourt überrascht mit einer der wenigen offenen Kirchen am Weg. Die heutige, für das 200-Seelen-Dorf viel zu große, Kirche entstand am Übergang von der Romanik zur Gotik. Allerdings war es nicht der erste Bau. Aus dem Jahr 622 n. Chr. wird berichtet, dass ein gewisser König Dagobert I. nach Blécourt kam, um die Jungfrau Maria zu bitten, ihn vom bösartigen Fieber zu heilen.

Als Lohn versprach er, die Kapelle durch eine größere Kirche zu ersetzen. Offenbar wurde Dagobert vom Fieber geheilt, denn er baute eine erste Kirche, die noch im 7. Jh. zu den zehn meistbesuchten Pilgerkirchen Frankreichs aufstieg. Aus dem Jahr 1209 ist eine Vereinbarung zwischen dem Abt der Benediktinerabtei Saint Urbain und dem Pfarrer von Blécourt bekannt: 2/3 der Pilgerspenden sollten an die Abtei gehen, dafür musste diese zu den Kosten einer neuen Kirche beitragen. Das Geschäft war zielführend für beide Parteien. Bereits 1272 konnte die neue, bis heute erhaltene Kirche Notre Dame von Blécourt geweiht werden. Die kleine Marienfigur, mit der alles begann, soll zufällig an einem Marienbrunnen gefunden worden sein. Nur unschuldige Kinder, wie es heißt, sollen in der Lage gewesen sein, sie nach Blécourt zu tragen. Für alle anderen war sie zu schwer gewesen. Sie steht leider nur noch als Kopie auf ihrem Sockel, da das Original 1965 gestohlen wurde. Wiedergefunden hat man nur das Zepter und die Hand des Jesuskindes. Das scheint die verklärt lächelnde Maria mit dem fröhlichen Kind, die an der vorderen Säule linker Hand aufgestellt ist, nicht zu stören. Sie lächelt im Original und ist für mich die eigentliche Königin von Blécourt.

♦ 💻 notredamedeblecourt.com, 🚪 9:00-18:00

⦿ Ein Pilgerstempel wartet auch auf die Jakobspilger. Ein Besucherbuch liegt aus.

💧 ⛩ Vor der Kirche finden Sie Trinkwasser und schattige Bänke zum Ausruhen. Sie finden aber auch noch am Ortsausgang am Weg eine schöne Picknickwiese und im dortigen Waschhaus auch einen wunderbaren überdachten Platz zum Ausruhen, allerdings ohne Trinkwasser. Eine öffentliche Toilette gibt es in der Mairie. Das Haus liegt etwas versteckt nach hinten versetzt. Sie finden es, wenn Sie an der Kreuzung, über die Sie die Kirche erreicht haben, nach rechts gehen. Es ist das zweite Haus.

Auf der D217 gehen Sie am Portal der Kirche vorbei Richtung Mussey. Wenn die Straße einen 90°-Linksbogen beschreibt, biegen Sie rechts in die Rue de Lavandières ab. An der Kreuzung am Feldrand gehen Sie links, rechter Hand liegt dann das bereits erwähnte, sehenswerte ⌘ ⛩ Waschhaus von 1878. Es war bis 1993 im Dienst. Die Quellwasser dienen heute allerdings anderen Zwecken.

Sie durchqueren ein talähnliches Gelände entlang von Restgärten, erreichen einen geteerten Querweg und gehen rechts. Der Teerweg steigt leicht an und wird zum Schotterweg, erreicht ein Waldstück, das Sie durchqueren, und Sie gelangen wieder an ein Feld. Hier steht ein Wegweiser, der zeigt links am Waldrand entlang Richtung Lèscheres-sur-le-Blaiseron.

Nach 1 km überqueren Sie die D13 (Windräder) und gehen geradeaus wieder in den Wald. Hier folgen Sie zunächst dem breiten Schotterweg und ignorieren kleinere abzweigende Wege.

Nach etwa 500 m, bevor der breite Weg zu steigen beginnt, steht rechts etwas versteckt ein Wegweiser, der halb rechts in einen Waldweg Richtung Lèscheres-sur-le-Blaiseron zeigt. Da müssen Sie abbiegen. Sie erreichen abkürzend den verlassenen Schotterweg aber wieder am Waldrand und gehen rechts weiter.

Unter einem Sendemast befinden sich einige Wegweiser. Gehen Sie geradeaus auf die Windräder zu und über die Windradhöhe hinüber. Nachdem Sie das erste Windrad passiert haben, fällt der Weg steiler ab in einen Taleinschnitt. Auch ist er jetzt geteert. Bevor das Sträßchen aber in den Wald eintaucht, achten Sie auf den Wegweiser, der zeigt rechts zur Windradhöhe wieder hinauf. Was zunächst vielleicht wie eine Schikane aussieht – kurz vorm Ziel wird der Wanderer noch einmal bergauf gescheucht –, entpuppt sich als äußerst genüsslicher Höhenweg, den Sie sich nicht entgehen lassen sollten. Nur ganz müde Pilger (und Radfahrer) können der Straße bergab folgen. Der Aufstieg fällt nur kurz aus. Dann führt der Weg im Bogen an einem Wäldchen entlang und wird zum herrlichen, leicht abwärtsgerichteten Waldweg.

Weiter geht es aussichtsreich am Feldrand entlang bis an einen Querweg. Hier gehen Sie links. Achten Sie im Folgenden auf den Miniabstecher links in das Wäldchen, welches sich inmitten eines Feldes erhalten hat. Dort steht, schon etwas wackelig, eine Statue des heiligen Antonius. Gemeint ist nicht der Zeitgenosse des Franz von Assisi (der von Padua), sondern Antonius der Große, der im 3. und 4. Jh. als Eremit gelebt hat und über 100 Jahre alt geworden sein soll. Einen Hinweis darauf gibt das Schweinchen, eines seiner Attribute, das, mit viel Fantasie, an seinem linken Fuß noch zu erkennen ist. Antonius der Große gilt unter anderem auch als Schutzpatron der Bauern und ihrer Nutztiere, aber auch der Schweinehirten und Metzger.

Der Weg führt wieder an das oben verlassene Teersträßchen. Sie gehen rechts und passieren eines der schönen historischen Waschhäuser. Diesmal sammelt sich klares Quellwasser im Wasserbecken. Gibt es einen schöneren Platz für eine letzte Rast? Ihr Weg stößt an die D117. Sie folgen ihr geradeaus und dann im Linksbogen zum Lindenplatz am Rathaus von Leschères-sur-le-Blaiseron.

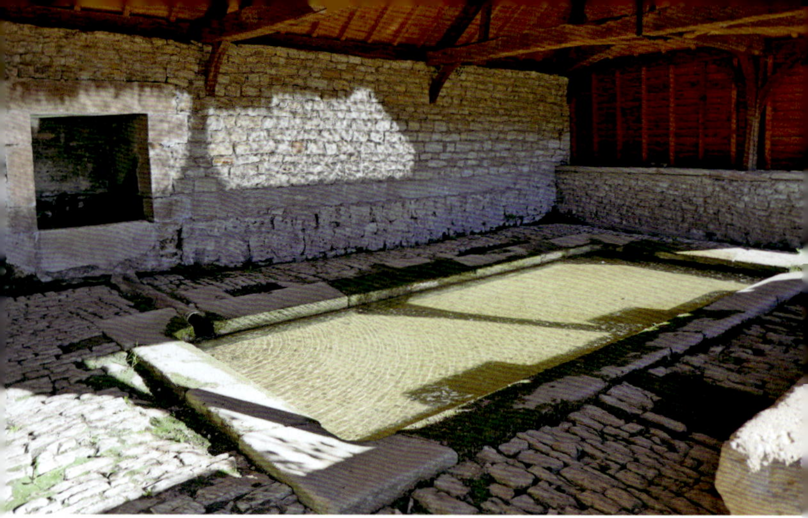

Klares Quellwasser sammelt sich im Waschhaus von Leschères-sur-le-Blaiseron

Sie biegen mit der Straße rechts über den Bach ab und folgen ihr dahinter links noch 3 km bis Ambonville, das Sie auf der Rue du Pâtis erreichen. Auf Höhe der Kirche biegen Sie mit der Straße nach rechts ab und danach links in die Grande Rue. Wieder ist ein historischer Waschplatz am Weg zu sehen. Danach passieren Sie das Portal der Kirche Saint-Bénigne. Etwas weiter ist rechter Hand die Pilgerherberge nicht zu übersehen.

Ambonville 52110

L'Ermitage, Accueil du Pelerin, 20 Grande Rue, Kontakt über den ehemaligen Pfarrer von Joinville unter 06 81 49 09 85, p.leseur@orange.fr, bitte spätestens am Morgen vor der Anreise anmelden, vor Ort haben Hubert Leseur, 15 Grande Rue (Bauernhof gegenüber), 06 87 12 77 38, und seine Schwester Bernadette Delaloy, 8 Rue du Pâtis, ☏ 03 25 02 43 44, die Betreuung übernommen, 180 m, die Betten habe ich nicht genau gezählt, es gibt aber wenigstens 15 Schlafmöglichkeiten, Ü gegen Spende, die in einem Briefkasten an der Straßenseite des Gebäudes deponiert wird, jeder Euro dient dem Erhalt dieser großartigen, rein privaten Einrichtung! In einer ausgebauten ehemaligen Scheune finden Sie alles, was zu einem unbeschwerten Pilgeraufenthalt gehört: Dusche, Waschmaschine, gut bestückte Küche mit Lebensmitteln, auch Eier, Käse und Wurst, Brot, Obst und Wein, die Betten sind bezogen, es gibt einen Andachtsraum, Radio, Pilgerstempel ...

Ambonville – Colombey-les-Deux-Églises

21,6 km

☺ Der Weg folgt heute in Gänze dem GR 703, dem Sentier historique de Jeanne d'Arc. Etwas Verpflegung für unterwegs mitzunehmen bietet sich an, denn wieder einmal können Sie erst im nächsten Etappenort wieder etwas kaufen. Trinkwasser finden Sie in Bouzancourt bei km 5,4 und in Argentolles nach 17,9 km.

Von der Pilgerherberge gehen Sie zurück, an der Mairie, der Kirche und dem Waschhaus vorbei, zur Straßengabelung und biegen dort links in die C2 Richtung Guindrecourt und Bouzancourt ab (Rue des Vaux de Cirey). Am 100 m weiter folgenden Abzweig folgen Sie geradeaus der Rue des Vaux de Cirey, die jetzt auch weiß-rot markiert ist.

Radfahrer biegen hier links in die C4, die nach Guindrecourt-sur-Blaise führt. Dort biegen Sie nach der Kirche rechts in die D325 ein, die zur D2 führt. Fahren Sie links und biegen Sie gleich wieder rechts in ein Nebensträßchen ab. Dieses führt über das Flüsschen **Blaise** und dann im Linksbogen in den gleichnamigen Ort. Sie treffen auf die D233 und fahren rechts bis Buchey, das wieder am Pilgerweg liegt.

Vor dem Friedhof bleiben Sie links auf der C2, die Richtung Bouzancourt führt. 500 m weiter biegen Sie dann links von der Straße in einen Schotterweg ab. Der windet sich in sanften Kurven durch ein flaches Tal bequem zur Höhe, auf der einige Windräder stehen. Oben angekommen treffen Sie auf eine Kreuzung vor dem Waldrand. Gehen Sie geradeaus in den Wald und dort wieder abwärts (Abzweige ignorieren). Der Weg führt aus dem Wald an eine hier noch schmale Talwiese, die sich in den Wald hineinzieht. Gehen Sie geradeaus zwischen Wald und Wiese weiter. Das Tal weitet sich. Der Wald tritt zurück. Durch Wiesen und Felder führt der Weg bis an die D2. Hier gehen Sie rechts und nach 150 m links in Richtung der Kirche von **Bouzancourt** (Rue des Corèes). Die Kirche ist von einem Friedhof umgeben. Über den Place de la Mairie erreichen Sie eine Querstraße und gehen links über die Bachbrücke. Hier befindet sich ein schöner Picknickplatz unter einer Trauerweide.

Folgen Sie geradeaus der Rue de la Côte de Bar, die wieder aufwärts- und aus dem Dorf hinausführt. Der Wegweiser zum GR 703 zeigt Richtung Buchey.

Wenn Sie nach der Bachbrücke nach links in die Rue du Moulin biegen würden, kämen Sie nach Daillancourt. Dort gibt es eine Unterkunft.

Daillancourt B&B 52110

B&B **Le Grand Pre**, Jean-Paul Martin, ☎ 03 25 02 80 15, 06 88 16 57 30, martin.jean-paul.28@orange.fr, 1,8 km, 2 Zimmer, ÜF EZ € 45, DZ € 59, DBZ € 71, VBZ € 83

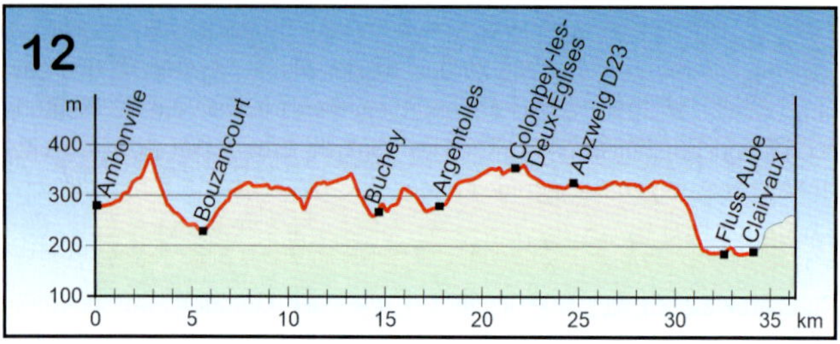

Am Ortsrand ignorieren Sie einen rechts und einen links abzweigenden Weg. Etwas später verliert sich die Teerdecke. Auf der Höhe ignorieren Sie weitere abzweigende Wege. Schließlich treffen Sie am Waldrand auf einen Querweg. Hier gehen Sie nach rechts, biegen aber in der folgenden Rechtskurve des breiten Weges links in einen Waldweg ab. Sie erreichen eine Weggabelung, an der es links weitergeht. Der Weg schlängelt sich an vielen Hochständen entlang zu einer Wegkreuzung. Hier gehen Sie weiter geradeaus. Dann mündet der Weg in einen breiteren Wirtschaftsweg, wo Sie links weitergehen. Der Forstwirtschaftsweg erreicht den Waldrand. Hier biegen Sie links vom Weg ab, überqueren das angrenzende Feld auf einem Trampelpfad und folgen dem beginnenden Weg am gegenüberliegenden Waldrand (es ist gut markiert). Wieder schlängelt sich der Weg durch den Wald und erreicht den Waldrand an einem Querweg. Gehen Sie hier rechts weiter. An einem Holzlagerplatz lassen Sie die letzten Waldreste hinter sich und erreichen eine offene, aussichtsreiche Feldlandschaft. An zwei Gabelungen biegen Sie links ab, an einer dritten biegen Sie im rechten Winkel rechts ab. Nun kommen Sie an die ersten Weinberge der Champagne. Durch die Weinberge steigen Sie ab, überqueren geradeaus einen Landwirtschaftsweg und kommen nach Buchey. Nahe dem Ortsschild von Buchey treffen Sie auf die D203, gehen links, am Abzweig der D233 geradeaus und biegen dann, kurz bevor die D203 rechts biegt, links in einen Landwirtschaftsweg ein. Vor einer zurückliegenden Hofstelle

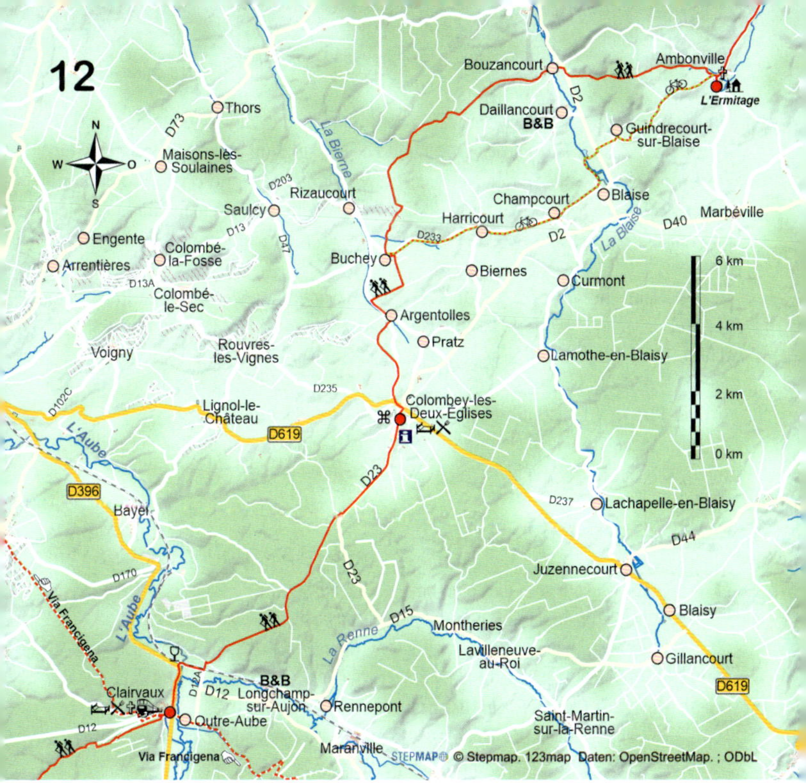

biegen Sie mit dem Weg im rechten Winkel rechts ab und steigen nun geradeaus leicht bergan. Auf der Höhe folgen Sie dem Querweg nach rechts. Er führt an die D104, der Sie links nach Argentolles folgen.

Sie passieren die Kirche ♦ und danach den salle des fêtes. Davor stehen einige ⩩ Pausenbänke in der Sonne. Gegenüber gibt es eine überdachte Bushaltestelle. Folgen Sie der Straße noch durch die nächste Rechtskurve bis kurz vor den Ortsausgang (sie führt nach Colombey-les-Deux-Églises). Hier biegen Sie geradeaus von der links biegenden Straße in den Chemin du Credo ab. Auf der Höhe gehen Sie am Querweg links und erreichen die Straße wieder. Unübersehbar steht auf einem Hügel voraus ein riesiges Kreuz mit zwei ungleichen Querbalken, das sogenannte Lothringische Kreuz. Folgen Sie der Straße rechts bis an ein Einfahrt-verboten-Schild (200 m vor einem Kreisverkehr mit der Route Nationale 19, RN19, auch D619), gehen halb links in diese für Autos gesperrte Nebenstraße bis an die

Nationalstraße und dort noch 200 m nach links bis an eine Kreuzung B&B. Zum Zentrum des Ortes und zur Fortsetzung biegen Sie an der Kreuzung vom weiter entlang der Nationalstraße geführten Jeanne-d'Arc-Weg ab und folgen rechts der Rue du Général de Gaulle. Sie kommen an eine Gabelung, bleiben auf der Straße und biegen wenig weiter halb rechts in die Rue de l'Église.

Wenn Sie auf der Rue du Général de Gaulle nur ein paar Schritte weiter geradeaus gehen würden, könnten Sie linker Hand einen Wohnmobilstellplatz sehen. Dort gibt es Toiletten und Trinkwasser.

Die Rue de l'Église führt zur Kirche und zum Place de l'Église.

Vom Place de l'Église führt Ihr Weg rechts am Maison et Tartine vorbei zu einem kleinen Kreisverkehr.

Colombey-les-Deux-Églises

B&B BANK 52330

Office de Tourisme de Colombey, 10 Rue du Général de Gaulle, 03 25 03 80 80, colombeylesdeuxeglises-tourisme@wanadoo.fr, www.colombey-les-deux-eglises.com, am Weg, Wegbeschreibung, Do-Di 9:30-12:30 und 14:00-18:30

Hôtel des Dhuits, Route Nationale 19, 03 25 01 50 10, dhuits@relais-sud-champagne.com, www.relais-sud-champagne.com, am Weg, 42 Zimmer, Ü EZ ab € 50, DZ ab € 55, F € 9

Hôtel-Restaurant la Grange du Relais, 24 Route Nationale 19, 03 25 02 03 89, lagrangedurelais@gmail.com, www.lagrangedurelais.fr/colombey, 200 m, 11 Zimmer, Ü EZ/DZ ab € 75, F € 9

Hôstellerie La Montagne, Rue Pisseloup, 03 25 01 51 69, contact@hostellerielamontagne.com, www.hostellerielamontagne.com, 200 m, 9 Zimmer, Ü EZ/DZ ab € 120, F € 14

Maison et Tartine, 6 Place de l'Église, 03 25 02 03 89, am Weg, Ü EZ/DZ ab € 70, VBZ ab € 95, F € 9,50

B&B **Chambres d'hôtes La Fromagerie**, 87 Rue du Général de Gaulle, 06 47 86 53 48 und 06 69 20 57 54, www.chambres-relais-postal-royal.fr, venus06200olive.fr, am Weg, ÜF EZ € 55, DZ € 65, DBZ € 75, VBZ € 85, untergebracht in einem Haus von 1777, das einmal Bahnhof und Poststation war, später arbeitete hier eine Käserei und seit 2008 ist es B&B mit stilvollem Ambiente und schattigem Gartenplatz.

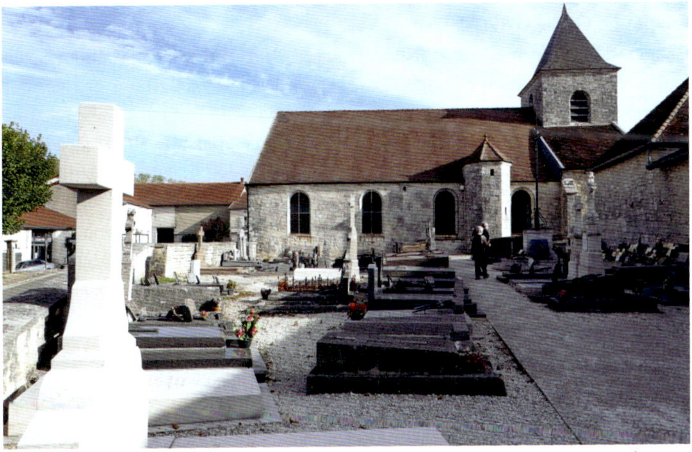

Friedhof und Kirche von Colombey-les-Deux-Églises

⌘ **Die Gedenkstätte für Charles de Gaulle und das Lothringische Kreuz**
Das Denkmal für Charles de Gaulle steht auf einem Hügel nah am Ort. In modernen Gebäuden befindet sich eine Ausstellung über de Gaulle und sein Lebenswerk. Oberhalb der Gedenkstätte steht das 44 m hohe sogenannte Lothringische Kreuz aus Granit und Bronze, das in dieser Form, mit den zwei unterschiedlich langen Querbalken, 1940-1944 zum Symbol für den französischen Widerstand der Exilregierung unter de Gaulle wurde. Sie erreichen die Anlagen, wenn Sie am Kreisverkehr an der Kirche der Rue des Vignes geradeaus nur 70 m folgen und dann rechts in einen Fußweg einbiegen. Der führt zu den Parkplatzanlagen für die Gedenkstätte. Von hier führt ein Fußweg links zum Museum und auch weiter zum Lothringischen Kreuz, ➲ 650 m.

♦ 💻 www.memorial-charlesdegaulle.fr, 🚪 Okt-April 10:00-17:00, Mai-Sep 9:30-19:00

⌘ **La Boisserie** ist der Familiensitz von Charles de Gaulle. Das Gebäude wurde 1810 erbaut und von de Gaulle 1934 gekauft. Hier starb er 1970 an einem Schlaganfall. Er wurde auf dem Friedhof neben der Kirche von Colombey-les-Deux-Églises begraben. Zehn Jahre später gab sein Sohn Philippe das Haus für die Öffentlichkeit frei und seither kommen pro Jahr etwa 40.000 Besucher.

♦ 1 Rue du Général de Gaulle (☞ Wegbeschreibung),
🚪 tägl. 10:00-12:30 und 14:00-18:00

Charles de Gaulle (1890-1970)

Charles de Gaulle war General und Politiker. Aufgrund seiner Erfahrungen im Ersten Weltkrieg und im Polnisch-Russischen Krieg 1919/1920 war er einer der wenigen, die den Bau der Maginotlinie ablehnten (☞ S. 85).

Im Zweiten Weltkrieg war er gegen den von Pétain (1856-1951) ausgehandelten Waffenstillstand mit Deutschland und rief am 18. Juni 1940 von London aus in einer Übertragung der BBC das französische Volk zum Widerstand auf. Er gründete das Komitee Freies Frankreich und wurde im August 1940 von der französischen Regierung, dem Vichy-Regime, wegen Hochverrats in Abwesenheit zum Tode verurteilt.

Nach dem Ende des Zweiten Weltkrieges war de Gaulle für zwei Monate Ministerpräsident der provisorischen Regierung, trat aber zurück, weil er die neu ausgearbeitete Verfassung der Vierten Republik missbilligte. Während des Algerienkrieges (1954-1962) wurde de Gaulle erneut Ministerpräsident und ließ eine neue Verfassung erarbeiten, die vom Volk im September 1958 angenommen wurde. Dadurch entstand die heutige Fünfte Republik, deren erster Präsident er war.

Zusammen mit Konrad Adenauer (1876-1967) betrieb er die Annäherung zwischen Deutschland und Frankreich, die schließlich zum deutsch-französischen Freundschaftsvertrag von 1963 führte, dem sogenannten Élysée-Vertrag, der die Vertragsparteien zu Konsultationen in allen wichtigen Fragen und zu regelmäßigen Treffen auf Regierungsebene verpflichtet. Durch diesen Vertrag wurde die alte „Erbfeindschaft“ zwischen Frankreich und Deutschland ad acta gelegt.

Colombey-les-Deux-Églises – Clairvaux 12,6 km

☺ Der Joanne-d'Arc-Weg nach Clairvaux ist gegenüber der hier favorisierten, bereits von meinen Vorgängern gewählten Route 11,4 km länger. Ob er auch entsprechend kurzweiliger ist, könnten Sie herausfinden, wenn Sie ihm folgen. Es ergibt sich durchaus noch eine moderate Tagesetappe von 24 km. Etwas eng könnte es aber dann werden, wenn Sie die ehemaligen Klosteranlagen in Clairvaux noch besichtigen wollen oder sich in Colombey genauer umschauen. Um zum Einstieg in den markierten Jeanne-d'Arc-Weg zu kommen, müssten Sie wie oben erwähnt der Nationalstraße vom Abzweig in die Rue du Général de Gaulle noch etwa 500 m geradeaus folgen (südöstlich). Genau am Ortsschild biegen Sie an einem kleinen Straßendreieck rechts ab und gehen gleich wieder links in einen schattigen Fußweg.

Der Weg ist mit der gewohnten weiß-roten Markierung versehen und führt über Montheries und Maranville nach Clairvaux. Einen GPS-Track zum GR 703 finden Sie auf der in den Reise-Infos unter Informationen, Wanderwege angegebenen Webseite.

Wer der hier beschriebenen Route folgt, biegt am Kreisverkehr im Zentrum nach links, berührt den Friedhof, auf dem auch der General begraben liegt, und geht im Bogen zurück zur Rue du Général de Gaulle. Ihr folgen Sie nun rechts dorfauswärts. Linker Hand befindet sich bald das Office de Tourisme am Weg. Gegenüber ist das Wohnhaus, die Boisserie, des Generals nur gegen ein kleines Eintrittsgeld zu besichtigen. Sie wandern weiter auf der D23 aus dem Ort heraus durch ein leicht welliges Gelände auf ein größeres Waldgebiet zu.

2,5 km von der Boisserie entfernt haben Sie den Waldrand erreicht und 100 m weiter zweigt nach rechts ein Schotterweg ab, gekennzeichnet durch den Wegweiser „Route forestière de Clairvaux a Colombey". Hier biegen Sie rechts ab, folgen einer Linkskurve (rechter Hand sind einige Häuschen im Hintergrund zu sehen) und folgen nun diesem Schotterweg für ca. 6 km durch den Staatswald. Es gibt einige Abzweige von Wegen, die sich deutlich vom Schotterweg unterscheiden, die ich hier nicht erwähne. Aber nach 2,9 km gibt es eine Gabelung gleichwertiger Wege. Hier ist noch einmal der Hinweis auf die Forststraße zwischen Clairvaux und Colombey angebracht. Folgen Sie geradeaus diesem Wegweiser. Es gibt einen weiteren rechts abzweigenden Weg, der ignoriert wird. Danach macht der Hauptweg eine Rechtskurve. Ein links abzweigender Weg bleibt hier außer Acht.

Nachdem Sie eine Jagdhütte (rechter Hand, nahe am Weg) passiert haben, kommen Sie aus dem Wald und haben einen schönen Ausblick auf Clairvaux. Der Weg führt leicht abwärtsgerichtet an einem Funkmast vorbei an eine versetzte Kreuzung.

↳ Wenn Sie hier dem Weg nach links folgen würden, kämen Sie, sich an der Bahnstrecke orientierend, nach Longchamp-sur-Aujon. Sie erreichen dort die D1, überqueren mit ihr rechts die Bahnlinie und kommen direkt an der Unterkunft vorbei.

Longchamp-sur-Aujon B&B 10310

B&B **Chambres d'hôtes La Toile de Jade**, 3 Rue de Rennepont, ☎ 03 25 92 77 88, 07 78 31 06 98, chambresdhotes-marylin-joly.e-monsite.com, 2,5 km (nach Clairvaux sind es 3,5 km), 12 Betten, 4 Zimmer, ÜF EZ € 43, DZ € 55, DBZ € 75,

Gehen Sie 10 m nach rechts und biegen Sie dann links in den breiten Weg ein. Der führt an der Mauer eines Gutshofes entlang. Danach überqueren Sie eine Bahnlinie und direkt danach biegen Sie rechts in die D12A Richtung Forges-Saint-Bernard ab. Dort überqueren Sie auf einer gemeinsamen Brücke mit der Bahnlinie den Fluss Aube und erreichen einen Gasthof/Bar (🚪 Mittagsrestaurant, Barbetrieb ganztägig, kein Ruhetag).

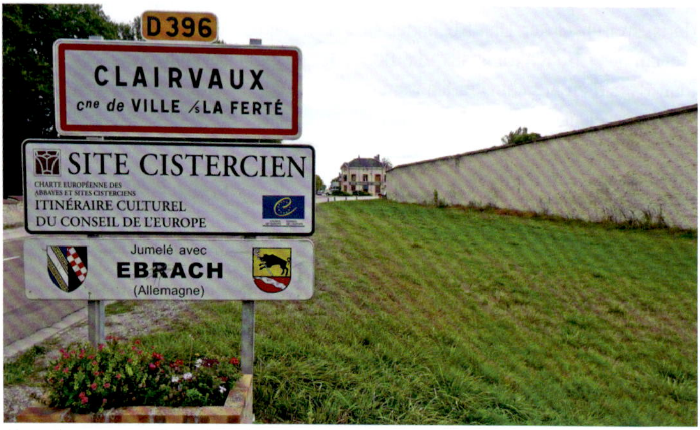

Ortseingang mit Hotel und Gefängnismauer

Sie kommen an die querende D396 und gehen links nach **Clairvaux**. Hier sind Sie nicht nur im Aubetal, sondern auch im Département Aube angekommen. Schon von Weitem ist die gewaltige ehemalige Klostermauer zu sehen. Aus einer anderen Perspektive, vom morgigen Weg, wird dann auch die neuere Innenmauer mit den Wachtürmen des Gefängniskomplexes sichtbar.

Clairvaux-sur-Aube (Ville-sous-la-Ferté)

🛏 ✕ ☕ 🍷 🏦 📯 ⌘ ✝ 🚆 ✉ 10310

🛏 ✕ **Hôtel Restaurant de l'Abbaye**, 19 Route de Dijon, ☏ 03 25 27 80 12, ✉ hrabbaye-clairvaux@orange.fr, 💻 www.hotel-restaurant-abbaye.fr, ➲ am Weg, 10 Zimmer für je bis zu 3-4 Pers., Ü EZ ab € 45 (übrige Preise auf Anfrage), F € 8,50, im ehemaligen Bahnhof, schattiger Garten, GB

🚆 Clairvaux liegt an der Regionalbahnstrecke Culmont-Chalindrey–Paris. Nächstgelegener Bahnhof ist Bar-sur-Aube, 14 km nordwestlich von Clairvaux.

Bernhard von Clairvaux (ca. 1090-1153)

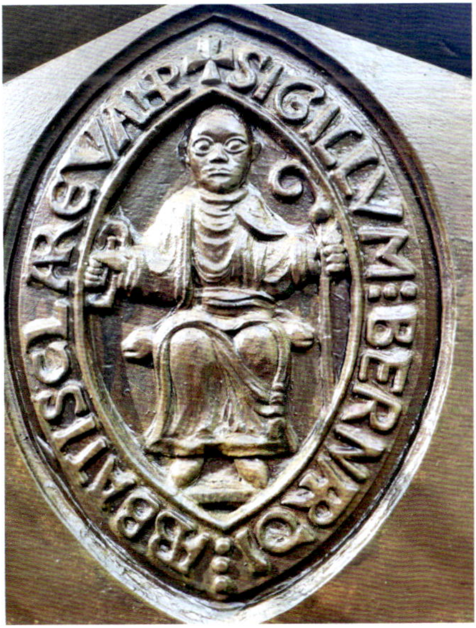

Das Siegel des Bernard von Clairvaux

Bernhard trat 1113 in das Kloster Cîteaux südlich von Dijon ein, das der Benediktiner Robert von Molesme (1028-1111) 1098 gegründet hatte, weil er unzufrieden mit der Lebensweise der Benediktiner war, die, seiner Meinung nach, nicht mehr hinreichend von ora et labora (dt. „bete und arbeite") geprägt war. Die Besinnung auf ein Leben in Askese äußerte sich auch in der Wahl des Standortes, denn das Kloster lag in einem Feuchtgebiet voller Röhricht (altfrz. cistels), woraus sich der Name der Zisterzienser ableitete. Sie erbauten ihre Klöster häufig an unwirtlichen Standorten und erschlossen das umliegende Land. Bereits 1115 wurde Bernhard ausgeschickt, um das Kloster Clairvaux zu gründen.

Bernhard wirkte wesentlich an der Ausbreitung des Zisterzienserordens mit, war aber auch ein glühender Verfechter und als Werber entscheidend am Zustandekommen des zweiten Kreuzzuges (1147-1149) beteiligt. Nachdem in Rom 1144 bekannt wurde, dass die im Ersten Kreuzzug eroberten heiligen Stätten Palästinas wieder durch die Seldschuken bedroht waren, drängte der Papst den Abt von Clairvaux, den König von Frankreich mit dessen Rittern und Heerführern für einen neuerlichen Krieg zu gewinnen. Bernhard warb nicht nur in Frankreich, sondern auch in Deutschland mit großem Erfolg, sodass schließlich die Deutschen von Regensburg und die Franzosen von Metz aus in den Krieg zogen, der mit dem Tod von mehr als 100.000 Kämpfern verloren ging. Bernhard musste hinfort mit der Schuld gegenüber den Hinterbliebenen leben. Sein Argument, er habe nur auf Anordnung des Papstes gehandelt, fand wenig Gehör.

⌘ ✞ **Kloster Clairvaux.** Im Jahr 1115 gründete Bernhard von Clairvaux zusammen mit zwölf anderen Mönchen die Abtei. Sie wurde mit ihrer Hinwendung zu Armut und Askese die Keimzelle für 68 Klostergründungen. Das Kloster wurde 1791 in Folge der Französischen Revolution aufgelöst, die Abteigebäude ab 1808 zu einem Gefängnis umfunktioniert. Bis heute befindet sich hier ein Zentrum des Strafvollzugs (frz. pénitentiaire). Den Großen Kreuzgang aus dem 18. Jh. und das Laiengebäude aus dem 12. Jh. können Sie aber im Rahmen einer 90-minütigen Führung besichtigen.

♦ ☏ 03 25 27 52 55 (10:00-12:30 u. 13:30-18:00), ✉ abbaye.clairvaux@orange.fr, 💻 www.abbayedeclairvaux.com, 🚪 2020 gab es nur zwei bis drei Führungen tägl., und zwar um 10:30, 14:15, 16:15 (Mo, Di nicht um 16:15). Für 2021 waren die Öffnungszeiten vor der Drucklegung noch nicht festgelegt. Schauen Sie auf die Webseite oder vor Ort auf dem Aushang nach.

Clairvaux – Essoyes 27,3 km

☺ Von Clairvaux führt der GR 703 sehr kurzweilig vorbei am Bernhardsdenkmal und durch das wunderschöne Tal mit der Bernhardsquelle durch die ausgedehnten Waldgebiete südwestlich von Clairvaux. Wieder empfehle ich Ihnen, diesmal aber erst nach 12,5 km, vom GR 703 abzuweichen. Diesmal nicht, um die Wegstrecke zu verkürzen, sondern um das reizende Örtchen Essoyes zu besuchen. Es liegt, so ganz nebenbei, im Champagner-Gebiet, ist vor allem aber langjähriger Wohnort des berühmten Malers des Impressionismus Pierre-Auguste Renoir gewesen. Wer auf dem gut markierten Jeanne-d'Arc-Weg bleiben will, kommt über Cunfin, Grancey-sur-Ource und Mussey-sur-Seine auch nach Les Riceys, Ziel der nachfolgenden Etappe. Er hat dann insgesamt 49,7 km statt 44,9 km hinter sich gebracht, also gar nicht so viel mehr.

☺ Am **Hôtel de l'Abbaye** quert der ebenfalls weiß-rot markierte GR 145 auf der D12 die D396. Der GR 145 beschreibt innerhalb Frankreichs die Via Francigena. Das ist der Frankenweg von Canterbury zum Petersdom im Vatikan. Wer hier nach Rom abbiegen will, wird in Langres und kurz vor Lausanne auf die Jakobswege nach Le Puy-en-Velay treffen und kann ab Lausanne mit Ingrid Retteraths Pilgerführer „Via Francigena" nach Rom pilgern.

🕮 **Via Francigena von Lausanne nach Rom** von Ingrid Retterath, Conrad Stein Verlag, ISBN 978-3-86686-559-4, € 16,90

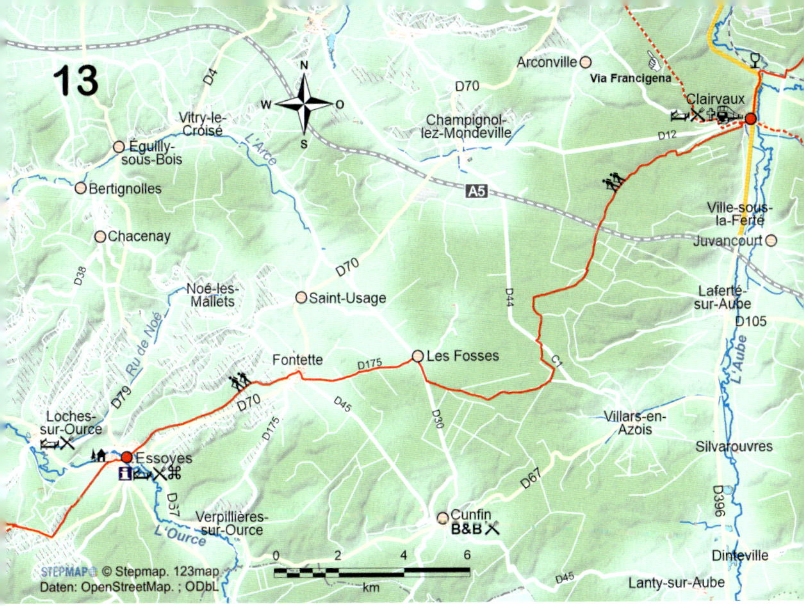

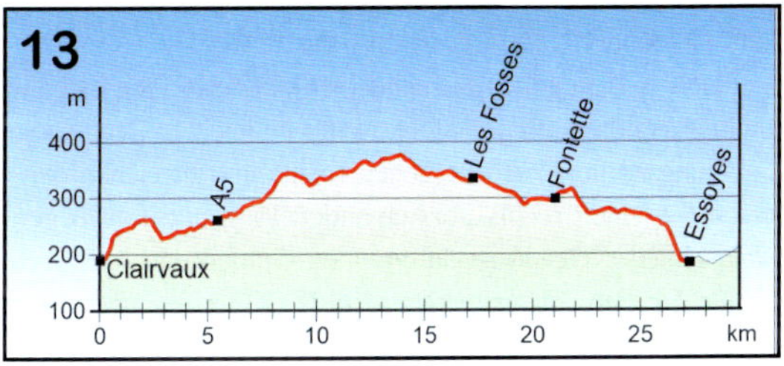

Am Hôtel de l'Abbaye biegen Sie rechts in die Rue de la Abbaye (D12) Richtung Abbaye de Clairvaux ab. Etwa 100 m bevor Sie das Tor zur Abtei erreichen, führt links der weiß-rot markierte GR 703 treppauf in den Wald. Auch geradeaus entlang der Straße befinden sich die Markierungen. Sie gehören aber zum GR 145. Angezeigt wird auch die Statue des heiligen Bernhard und auch die Quelle, die nach ihm benannt wurde. Die Stufen führen an einen breiten Schotterweg, den Sie links zur Statue des heiligen Bernhard aufwärtsgehen. Oberhalb der Statue, die einen schönen Blick auf die alten Klosteranlagen hat, kommen Sie an eine Waldweggabelung und gehen rechts. Ein schöner Höhenweg im Wald schließt sich an. Der trifft nach 1,4 km auf einen breiten Schotterweg, der geradeaus überquert wird. Gleich danach biegen Sie aber links wieder in einen, zum Schotterweg parallelen Waldweg ab. Es ist gut markiert. Teilweise ist der Weg nun etwas zugewachsen. Ein umgestürzter Baum liegt im Weg. Sie erreichen aber schnell eine aufgeräumte Wegschneise, auf der es rechts weitergeht.

An einer Wegkreuzung gehen Sie geradeaus bis an einen Querweg in einer Senke und dort rechts. Noch einmal gabelt sich der schmale Weg. Gehen Sie links über zwei Brückchen an ein Waldsträßchen, dem Sie nach links folgen. Nach nur 300 m treffen Sie auf einen ⊼ Picknickplatz an der Fontaine du Valle Sainte-Bernard. Die gefasste Quelle selbst war im September 2020 leider ausgetrocknet, der Ort aber wunderschön. Ein Bach durchströmt eine baumbestandene Waldwiese. Sie folgen dem sanft aufwärtsführenden Sträßchen, das seine Teerdecke verliert und 1,2 km weiter oberhalb einen Wendeplatz erreicht. Hier nehmen Sie den linken der zwei abgehenden Waldwege. Es ist eindeutig markiert. Sie erreichen wieder einen breiteren Weg, dem Sie links folgen. Zwei rechts abzweigende, schmalere Wege werden hier ignoriert. Es geht wie auf einer Eisenbahntrasse ständig ganz leicht bergan. Bevor Sie die A5 erreichen, ignorieren Sie zwei links abzweigende Waldwege und einen rechts abzweigenden Schotterweg und unterqueren die Autobahn in einem Tunnel. Dahinter folgen Sie geradeaus weiter dem sanft steigenden, fahrwegbreiten Schotterweg.

Nach 1,3 km geben Sie acht! Der markierte Weg biegt links vom breiten Weg in einen Waldweg ab und steigt weiter im leichten Rechtsbogen sanft an. An einer Gabelung ist markiert. Sie gehen rechts und erreichen eine Anhöhe. Hier ignorieren Sie einen rechts abzweigenden Weg und folgen geradeaus einer breiten Waldschneise. Der Weg fällt in einen Graben und trifft dort auf einen Querweg. Gehen Sie links bis zu einem weiteren Querweg und dort rechts. An der D44 angekommen biegen Sie links ein, nach 200 m aber wieder rechts davon in den Schotterweg ab. Die Markierung zeigt bereits nach 70 m wieder links in den rechten der beiden wegführenden Waldwege. Sie erreichen eine Waldwegekreuzung, an der Sie links abbiegen. Der Weg führt am Waldrand entlang bis an einen Querweg. Hier gehen Sie rechts bis an eine Teerstraße.

✋ An dieser Stelle weichen Sie vom markierten Weg ab und folgen der Forststraße rechts für genau 4 km.

➪ Wer dem GR 703 weiter folgen will, könnte nach nur weiteren 7,4 km in Cunfin übernachten. Das würde mit 18,4 Gesamtkilometern eine entspannte Etappe bedeuten. Bis Les Riceys wären am Folgetag aber 31,3 km zu gehen.

Cunfin

B&B ✕ 10360

B&B **Chambres d'hôtes Sainte Anne**, 5 Rue de la Fontaine, ☏ 03 25 38 65 59, +31 627 10 73 50 (niederländisches Handy), 07 72 55 56 69 (französisches Handy), www.sainteanneaube.com, direkt am GR, 4 Zimmer, ÜF EZ/DZ € 59-79 (abhängig vom Zimmer), möglich, die Betreiber sind niederländischer Herkunft

Dann erreichen Sie die D30 und gehen rechts bis zur Siedlung Les Fosses, die auf einer Anhöhe liegt. Hier biegen Sie links in die D175 ein und laufen auf ihr bis in den Champagnerort Fontette (3,8 km).

Champagner

Champagner ist typisch französisch, aber ohne die Engländer gäbe es ihn nicht. Die Engländer kauften nämlich gern den stillen Wein der Champagne. Da dieser durch den Transport in Fässern manchmal nicht mehr so frisch in England ankam, versuchten die Winzer im 17. Jh., den Wein für die englischen Kunden schon im Anbaugebiet in Flaschen abzufüllen. Einige von ihnen füllten den Wein viel zu früh und noch nicht ausgegoren in die Flaschen und entweder explodierten die Flaschen auf dem Weg nach England oder sie sprudelten nach dem Öffnen. Eine einzige Katastrophe! Diese exotische und gefährliche Methode hätte man sicher bald wieder aufgegeben, aber die Engländer fanden den Sprudelwein apart. Und als der Benediktinermönch Dom Pérignon die geniale Idee hatte, die Korken am Flaschenhals festzubinden, stand der Produktion von sprudelndem Wein nichts mehr im Wege. Das Gebiet, in dem Champagner hergestellt werden darf, ist ganz genau festgelegt. Es umfasst momentan eine Fläche von 34.000 ha. Viele Vorschriften sorgen dafür, das Niveau hoch und vor allem den Kreis der Produzenten klein zu halten.

Die Trauben werden zunächst gepresst. Die besonders wertvollen ersten vier Fünftel des Mostes, die weniger Bitterstoffe enthalten als das letzte Fünftel, werden als „Cuvée" bezeichnet. Aus dem Most wird Grundwein hergestellt. Verschiedene Grundweine werden vermischt (Assemblage), damit der typische Geschmack des zukünftigen Champagners entsteht. Das Gemisch wird mit Zucker und Hefe versetzt und in Flaschen gefüllt. Wir sind es heute gewohnt, dass Champagner vollkommen klar ist, aber bis ins 19. Jh. hinein war er das nicht! Die in der Flasche vorhandene Hefe trübte die teure Flüssigkeit. Erst Witwe Cliquot fand einen Weg, wie dieser unwürdige Zustand beendet werden konnte: das Rütteln!

Dazu liegen die Flaschen in langen Regalen, zunächst nahezu horizontal. Vom „Rüttler" (oder heute von Rüttel-Robotern) werden sie jeden Tag ein Stückchen gedreht und dabei auch ein wenig steiler gestellt, bis sie schließlich nahezu auf dem Kopf stehen und sich die Heferückstände im Flaschenhals abgesetzt haben. Wird die auf dem Kopf stehende Flasche geöffnet, flutscht zuerst der Hefesatz aus der Flasche, gefolgt von einem Schuss des guten Schaumweins. Selbst in den Händen besonders geschickter Spezialisten erzeugt diese alte Methode einen schmerzlich hohen Verlust, sodass man heute dazu übergegangen ist, die Flaschen mit dem Hals in eine eiskalte Salzlake zu tunken. Dadurch gefriert ein kleines bisschen vom Sekt, gerade der Teil, in dem sich die Heferückstände befinden. Die Flaschen werden dann richtig herum gestellt, der Kronkorken wird entfernt und der Überdruck in der Flasche schießt den Eispfropfen mit den Ablagerungen darin heraus.

Ein kleiner Flüssigkeitsverlust tritt allerdings auch bei dieser Methode auf, den man durch Zugabe von Süßwein, Grundwein oder auch Cognac ausgleicht. Dann wird der Korken aus Kork in die Flasche gepresst und die bekannte Drahtsicherung darüber angebracht. Beim Öffnen von Champagnerflaschen ist ein leichtes Plopp erlaubt, an wildem Knallen und Schäumen erkennt man den Banausen. Und der erste Schluck gilt selbstverständlich den Engländern, ohne die es keinen Champagner gäbe!

☺ Zum Glück für diejenigen, die Schaumwein nicht mögen, hält die Champagne auch eine Überraschung bereit: Produziert wird hier auch, zwar nur zu einem kleinen Anteil, ein Roséwein ganz ohne Schaum. Der Rosé des Riceys steht dabei ganz oben auf der Bestenliste (☞ Les Riceys).

Die D175 mündet auf die D45. Sie gehen rechts und folgen der Straße im Linksbogen durch das Dorf. Hier heißt die Straße Rue des Pressoirs. Zweimal bleiben Rechtsabzweige liegen. Dann gibt es eine Gabelung. Hier bleiben Sie rechts auf der D45. Linker Hand steht an dieser Stelle ein Wanderwegweiser für Ihren weiteren Weg nach Essoyes. Die Markierung ist weiß-gelb. Es folgt eine Kreuzung. Hier weichen Sie geradeaus von der D45 ab und erreichen die querende D70. Gehen Sie geradeaus darüber hinweg in einen geteerten Nebenweg. Der Weg führt an Gärten vorbei in die Felder und wird zum Schotterweg. Es begleitet Sie die weiß-gelbe Markierung durch die Weinberge. Ein rechts abzweigender Weg bleibt unbeachtet. Nach den ausgedehnten Waldgebieten bedeuten die offenen Flächen mit ihren Weinfeldern, Buschwerkinseln, Obstbäumen und kleinen Wäldchen einen besonderen Genuss.

Schutzhütten im Weinberg

Cadole oder Loge ist die Bezeichnung für die Steinhütten, die mancherorts in den Weinbergen stehen. Vor 200 Jahren nutzten die Winzer sie als Zuflucht vor dem Wetter. An heißen Tagen boten sie kühlen Schatten für die Mittagspause, sie schützten aber auch vor Sturm, Regen und Hagel. Die kleinen und niedrigen Türöffnungen fast aller Cadolen zeigen nach Osten, sind also von der Wetterseite abgewandt. Die so simple wie durchdachte runde Bauweise mit flachen Bruchsteinen ließ ein Loch in der Decke, sodass an kühlen Tagen auch ein Feuerchen gemacht werden konnte.

Sie folgen dem breiten, abwärtsgerichteten Hauptweg, der sich in der Senke fängt, die Nähe der D70 erreicht und wieder verliert und dann stärker abwärtsführt. Am äußersten Ortsrand zweigt rechts ein Sträßchen zum einzigen Hotel im Ort ab (Wegweiser).

Die Ortsdurchgangsstraße erreichen Sie über die Rue Pierre Renoir und gehen geradeaus entlang der Rue Gambetta.

↳ Die nächste Straße rechts (Rue du Bocage) würde Sie zu einem Supermarkt führen, ➲ knapp 300 m, über Mittag und sonntags geschlossen.

Sie gehen noch 350 m geradeaus bis zum Place de la Mairie in Essoyes, der direkt vor dem Fluss L'Ource gelegen ist.

Essoyes 10360

Office de Tourisme d'Essoyes et de ses environs, im Centre culturel Renoir, 9 Place de la Mairie, ☏ 03 25 29 10 94, accueil@renoir-essoyes.fr, www.aube-champagne.com, ➲ 50 m, Mai-Okt tägl. 10:00-12:30 u. 13:30-18:30

Les Demoiselles, 1 Rue Pierre Renoir, ☏ 03 25 29 08 59, contact@les-demoiselles-essoyes.fr, les-demoiselles-essoyes.com, ➲ 100 m, 14 Zimmer, Ü EZ/DZ ab € 80, F € 10,50, € 10

Catherine und François Chevallier, 41 Rue Auguste Renoir, ☏ 03 25 29 68 84, ➲ am Weg, 800 m vom Zentrum, kostenlose Übernachtung (Spende) in einer einfachen, aber sauberen Unterkunft auf einem Weingut möglich. Freundliche Gastgeber, die sich über Pilger freuen, wenn sie zu Hause sind. Bitte unbedingt vorher anrufen. Küche vorhanden, nur Selbstversorgung möglich. Eigene Bettwäsche erforderlich. Vermittlung auch über das Office de Tourisme, falls die Gastgeber mal nicht zu Hause sind.

Pierre Auguste Renoir (1841-1919)

Renoir wuchs in Paris auf und erlernte den Beruf des Porzellanmalers, aber durch die Umstellung auf maschinelle Verfahren musste die Manufaktur, in der er arbeitete, schließen. Er versuchte weiterhin mit Malen sein Geld zu verdienen, lebte aber in so großer Armut, dass er nicht immer sein tägliches Brot erwirtschaften konnte. Er nahm am Deutsch-Französischen Krieg 1870/71 teil, zum Glück weit von der Front entfernt. Schließlich wurde Renoir in der besseren Gesellschaft bekannt und bekam viele Aufträge als Porträtmaler. Er reiste nach Algerien und Italien, heiratete Aline Charigot aus Essoyes und hatte mit ihr zwei Kinder. Sein Haus in Essoyes kaufte er 1895. Es ist bis heute im Familienbesitz und kann besichtigt werden. Auf dem Friedhof von Essoyes hat er seine letzte Ruhestätte gefunden.

⌘ **Centre culturel Renoir**, 9 Place de la Mairie, ☏ 03 25 29 10 94, 💻 www.renoir-essoyes.com, März, April, Okt, Nov Mi-So 10:00-12:30 und 13:30-17:00, Mai, Juni, Mi-Mo 10:30-12:30 und 13:30-18:00, Juli-Sep tägl. 10:30-12:30 und 13:30-18:00

☺ Atelier und Wohnhaus von Renoir befinden sich am Ortsausgang am Weg und können besichtigt werden. Fragen Sie bei Interesse am Office de Tourisme nach den aktuellen Öffnungszeiten. Ganz in der Nähe vom Wohnhaus ist auch der Friedhof zu finden.

Wer Schwierigkeiten hat, in Essoyes unterzukommen, findet eventuell im Nachbarort ein Zimmer, ➲ 3,2 km. Am kürzesten ist der Weg über die D67, die Sie auch zur Fortsetzung aus Essoyes hinauslaufen. Eventuell finden Sie eine Mitfahrgelegenheit.

Loches-sur-Ource 10110

L'Hôtel Au Coeur des Bulles, 45 Rue Général de Gaulle 43, ☏ 03 25 29 10 01, accueil@renoir-essoyes.fr, 💻 aucoeurdesbulles.fr, Ü EZ/DZ ab € 83, F € 11, GB

Essoyes – Ricey-Bas 16 km

Am Place de la Mairie in Essoyes überqueren Sie das Flüsschen L'Ource auf der Rue Victor Hugo, erreichen über ein paar Treppenstufen die Kirche und gehen auf der D67 (Rue Auguste Renoir) rechts weiter Richtung Loches-sur-Ource.

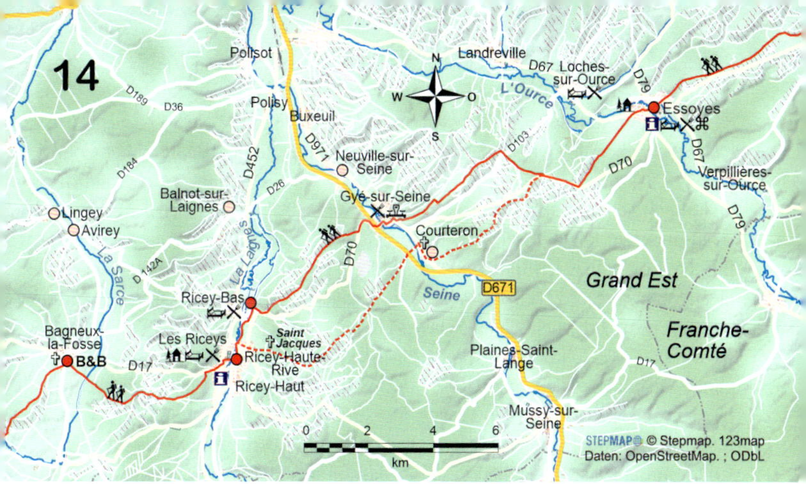

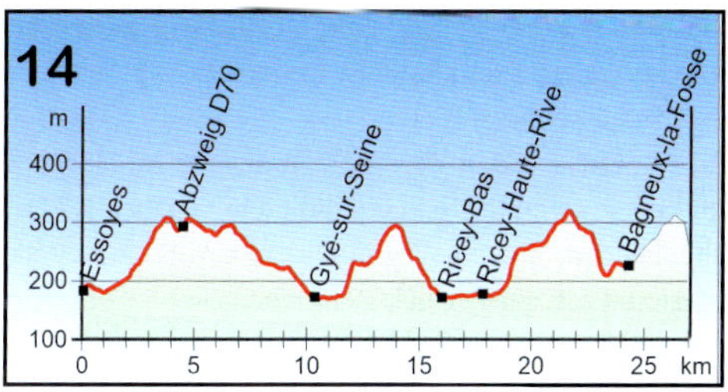

Gleich nach dem ehemaligen Wohnhaus von Renoir, dort, wo die Rue de l'Usine nach rechts zum Atelier von Renoir abgeht, biegen Sie halb links auf einen zunächst geteerten, später geschotterten Feldweg ab.

Sie folgen den gelb-roten Zeichen des GRP (GR de Pays sind große Rundwanderwege) geradeaus nach Südwesten. Der Schotterweg führt erst durch Felder, erreicht dann den Wald, macht dort eine Rechtskurve und erreicht eine Gabelung. Hier steht der Wegweiser Gros Noyer. Bleiben Sie hier links auf dem gelbrot markierten Weg.

Der Weg ist schließlich wieder asphaltiert und trifft oben in einem Sattel auf die kleine D70, der Sie für 1,1 km nach rechts über einen Bergrücken folgen. (Der GRP macht hier einen unnötigen Extraschlenker, den man nicht nachvollziehen muss.)

Bevor die D70 einen Linksbogen macht, gehen Sie rechts in den Forstweg und gleich wieder links auf dem Waldweg weiter, jetzt wieder mit der gelb-roten Markierung.

↳ Es gibt Indizien dafür, dass der historische Pilgerweg vielleicht nicht, wie hier beschrieben, in Gye-sur-Seine das Seinetal durchquerte, sondern über Courteron (1,5 km weiter südöstlich gelegen) nach Les Riceys führte. Ich kann das nicht beurteilen und erwähne das hier auch nur deshalb, da es vielleicht den ein oder anderen Pilger gibt, der diese andere Route ausprobieren will. Eine Beschreibung muss ich Ihnen aber schuldig bleiben, da ich den Weg nicht aus eigener Anschauung kenne. Wer eine genauere digitale oder analoge Karte besitzt, wird ihn aber ohne Schwierigkeiten finden. Eine nach Kartendaten gezeichnete Wegführung liegt den GPS-Tracks bei. Als Anhaltspunkt können folgende Stichpunkte dienen: Sie folgen der D70 noch bis hinter die Linkskurve und biegen dann links in den Schotterweg. Der breite Hauptweg führt durch die Weinberge zunächst auf einer Parallelen zur D70 und im Weiteren über den erst vor Courteron abfallenden Höhenrücken in das Tal des Flusses Seine. In der Église Saint-Lambert von Courteron hat eine Wandergruppe der Jakobusbruderschaft Düsseldorf 2005 zufällig eine Jakobusfigur auf einem Sockel in der Kirche stehend entdeckt. Die Kirche ist normalerweise verschlossen. Vielleicht können Sie den Schlüssel organisieren.

Am Ortsschild im Nordwesten des Dorfes biegen Sie links in die Rue du Pont und überqueren die Seine und die D671 (auch N71). Geradeaus folgen Sie dem abgehenden, breiten Weg in die Felder und zum Waldrand. Kurz vor Les Riceys passieren Sie eine aufgelassene ehemalige Jakobuskapelle, die schon 2005 verwahrlost war. Meine OSM-Karten zeigen eine Rue Saint-Jacques, die von dort zur D70 in Ricey-Haute-Rive hinabführt. Google benennt diese Straße mit Champmorin. Ein Pilgerführer von Wolfgang Steffen aus dem Jahr 2009 interpretiert ein Wegstück vor Courteron als „alten Handelsweg“. Indizien sind ihm „altes Pflaster“ und ein „wieder aufgebautes keltisches Steinhaus“ am Weg. Der Weg ist unwesentlich (500 m) kürzer als der hier beschriebene, es sei denn, Sie übernachten in Ricey-Bas, dann ist er ungefähr um 500 m länger.

Nach kurzem Waldweg kommen Sie wieder an den Rand der Weinberge. Hier treffen Sie auf einen breiten Schotterweg, auf dem es rechts weitergeht. Ein Wegweiser zeigt hier das Eintreffen des gelb-rot markierten Wanderwegs auf den GR 2, der an dieser Stelle auch der europäische Fernwanderweg E5 ist.

Sie laufen bis zur D103. Diese queren Sie und biegen an der nach 100 m folgenden Gabelung links auf einen geteerten Weg ab, der nach kurzem, kaum merklichem Anstieg durch die Weinberge leicht abwärtsführt.

Nach etwa 2,5 km umgehen Sie das Gelände eines großen holzverarbeitenden Betriebes rechtsherum und wandern nach **Gyé-sur-Seine** ✕ 🍷 🥖 💧 hinab.

Am Friedhof 💧 erreichen Sie den Ortsrand. Sie biegen an der Querstraße nach rechts ab und kommen an eine Kreuzung mit der D971. Gehen Sie geradeaus über diese hinweg, bald über einen kleinen Mühlenkanal, der das Wasser der Seine führt ⛩. Danach weichen Sie geradeaus von der Durchfahrtsstraße in die Rue du Four ab. Eine 🥖 Boulangerie befindet sich am Weg. An der Querstraße gehen Sie dann rechts und an der wieder erreichten Durchfahrtsstraße (D70) links mit der Brücke über die Seine. Geradeaus geht es weiter zur Straßenkreuzung mit der N71 bzw. D671. Sie haben hier 10,9 km Ihres Weges geschafft. Vielleicht kommt die Bar, die an der Straße geöffnet hält, da ja gerade recht (✕ 🍷 Bar/Restaurant de la Gare).

Überqueren Sie die D671 und folgen Sie der D70 über die ehemalige Bahnlinie hinweg Richtung Les Riceys. Rechter Hand befindet sich noch das alte Bahnhofsgebäude. In einem weiten Linksbogen führt Sie die Straße hinter einen bewaldeten Hügel und in ein Tal. Etwa 700 m nach der Hauptstraße im Seinetal biegen Sie in die erste Straße rechts ab. Die kleine Nebenstraße ist geteert und steigt durch die Felder den Hang hinauf in den Wald. Nach kurzem, steilem Anstieg haben Sie einen nicht mehr geteerten Querweg am Rand der Weinberge erreicht. Sie folgen dem Schotterweg links weiter aufwärts. Auf einer erneuten Anhöhe queren Sie eine Teerstraße geradeaus und erreichen nur 200 m weiter eine Gabelung. Beide Wege führen in das Tal des Baches Laignes, einem Nebenbach der Seine, und nach Les Riceys hinab. Ich habe mich für den linken Weg entschieden, da er mir an dieser Stelle schmaler erschien und durch den Wald führt.

Nach dem Waldstück kommen Sie an eine Kreuzung, von der auch noch ein fünfter Weg abzweigt. Sie gehen geradeaus auf dem geteerten Weg in einer Talkehle abwärts bis an die D70. Hier gehen Sie rechts zu einer Kreuzung mit Wegkreuz und ⛩ Minipausenbank. Biegen Sie hier rechts ab, dann kommen Sie an den Ortsrand von Ricey-Bas.

↳ Noch vor dem Ortsschild führt der erste Schotterweg links zur 🛏 ✕ L'Auberge Chez „Jo" auf einem Weingut. Zum Hôtel-Restaurant Le Marius folgen Sie dem Sträßchen im Linksbogen über den Bach La Laignes (drei Brücken) in den Ortskern von Ricey-Bas.

Zur Fortsetzung biegen Sie noch vor dem Bach, aber nach der kleinen Kapelle Saint-Antoine links in den zweiten abgehenden Schotterweg.

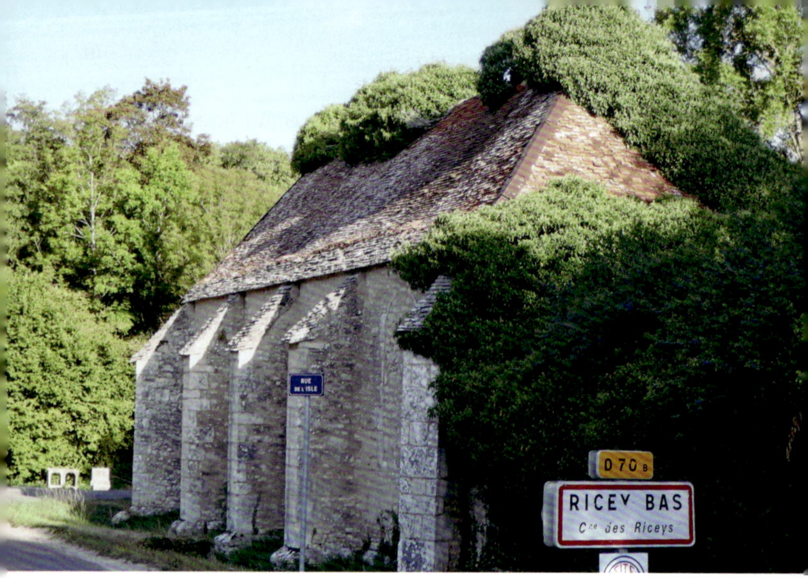

Ortseingang an der Kapelle Saint-Antoine in Ricey-Bas

Ricey-Bas (Les Riceys) 🛏 B&B ✕ ✉ 10340

🛏 ✕ **Hôtel-Restaurant Le Marius**, 2 Place de l'Église, OT Ricey-Bas, ☎ 03 25 29 31 65, ✉ contact@hotel-le-marius.com, 💻 www.hotel-le-marius.com, ➲ 770 m, 11 Zimmer, Ü EZ/DZ ab € 65, F € 11, 🐕 € 15

B&B (✕) **L' Auberge Chez „Jo"**, Puissant François et Joëll, 22 Rue de l'Isle, ☎ 03 25 29 31 42, 📱 06 21 21 52 71, ➲ 80 m, ÜF DZ € 100, A € 25, die Ferienwohnung hat 6 Betten und liegt direkt über dem Restaurant und Weingut in Ricey-Bas am Weg, es gibt weitere Quartiere im Besitz der Puissants in der Nähe. Auf dem Weingut Puissant wird ein hervorragender Rosé des Riceys produziert und natürlich zum Abendessen serviert. 🚪 Restaurant nur auf Voranmeldung

Ricey-Bas – Les Riceys 1,8 km

Der Schotterweg bringt Sie im schönen Tal weiter bachaufwärts Richtung Ricey-Haute-Rive und trifft auf eine querende Teerstraße. Sie gehen rechts, dann aber noch vor der Bachbrücke wieder links in den nun geteerten Talweg. Er führt nun sehr nah am Bach entlang. An der nächsten Bachbrücke, einer schönen Steinbogenbrücke, sind Sie der trutzigen Kirche von Ricey-Haute-Rive nahe gekommen.

Auf der anderen Bachseite ist nahebei ein Supermarkt in einem Gewerbegebiet zu sehen. Bleiben Sie diesseits und folgen weiter dem schmalen Gässchen, das am Bach entlangführt, jetzt bei weiß-roter Markierung. Sie haben den GR 703 wieder erreicht. Sie kommen an ein schlossartiges Gebäude. Hier überqueren Sie den Fluss auf einer hellblau gestrichenen Fußgängerbrücke. Die Farbigkeit der Brücke ist abgestimmt mit der Terrassenüberdachung des Schlösschens, in dem die Gemeindeverwaltung untergebracht ist. Außerdem gibt es eine Bibliothek, Mehrzweckräume und eine Gîte de séjour communal, eine Gemeinschaftsunterkunft.

Les Riceys 10340

Office de Tourisme des Riceys, 14 Place des héros de la Résistance, 03 25 29 15 38, oceane.becard@tourisme-cotedesbar.com, www.tourisme-cotedesbar.com, 280 m, Wegbeschreibung, April-Okt Di-Sa 9:00-12:30 u. 14:00-17:30

Hôtel-Restaurant Le Magny, 15 Rue de la Voie Pouche, OT Ricey-Haute-Rive, 03 25 29 38 39, lemagny@wanadoo.fr, www.hotel-lemagny.com, 580 m, Wegbeschreibung, 12 Zimmer, Ü EZ/DZ ab € 80

Gîte de séjour communal, Mairie des Riceys im Château Saint Louis, 35 Rue du Général de Gaulle, 03 25 29 30 32 (Mo-Do 8:00-12:00 u. 14:00-18:00, Fr nur bis 17:00), mairiericeys@wanadoo.fr, www.les-riceys.fr, am Weg, 8 Zimmer, 25 Betten, Ü € 12, Decken, Küche, Bettwäsche (Schlafsack) erforderlich, , diese Unterkunft können Sie auch über das Office de Tourisme in Essoyes buchen, aber nur innerhalb der Öffnungszeiten der Mairie (s. o.) beziehen. Pilger sind willkommen.

Rosé des Riceys

Rosé des Riceys wird ausschließlich aus den Trauben der Sorte Pinot Noir gekeltert, die zudem von den Weinfeldern der Gemeinde Les Riceys (Ortsteile Ricey-Bas, Ricey-Haute-Rive, Ricey-Haute) stammen müssen, und hat damit eine Gemeinsamkeit mit den hochpreisigen Weinen des knapp 100 km weiter südlich gelegenen Weinbaus im Burgund. Auch der Burgunder besteht ausschließlich aus den Trauben der Sorte Pinot Noir, wird dort aber zumeist zu einem Rotwein ausgebaut. Trotz der Selbstbeschränkung bezüglich Anbaufläche und Rebsorte, eine Mengenbegrenzung kommt auch noch dazu, ist diese kostbare Spezialität in der Preisgestaltung im Gegensatz zu den Weinen aus dem Burgund noch als moderat zu bezeichnen und auch von dieser Seite her unbedingt zumindest einen Probierschluck wert.

Les Riceys – Bagneux-la-Fosse 6,4 km

Gehen Sie vor der Mairie links und dann rechts im Park am Gebäudekomplex entlang zu einer weiteren Bachbrücke. Hier steht ein Wegweiser, der Auskunft zum Sentier historique de Jeanne d'Arc gibt und auf eine spätere Kreuzung mit dem GR 654 verweist. Letzterer wird auch als Chemin de Saint-Jacques-de-Compostelle bezeichnet. Sie folgen den weiß-roten Markierungen des GR 703 durchgängig bis Bagneux-la-Fosse. Gehen Sie über die Brücke hinüber zu einem Parkplatz für Wohnmobile und geradeaus bis zu einem Kreisverkehr in einer Siedlung.

Biegen Sie in die erste links abgehende Straße (Rue Saint Robert), nach 80 m aber schon wieder halb rechts in einen abgehenden Nebenweg.

Wenn Sie der Rue Saint Robert nur 280 m geradeaus weiter folgen würden, kämen Sie zum Office de Tourisme und weiter zum Hôtel Le Magny.

Sie erreichen die Fahrstraße, gehen links bis an eine Kreuzung und dort rechts in die D17 Richtung Bagneux-la-Fosse.

Fahrradfahrer können sich einige Steigungen und schlechte Wegstrecken ersparen, wenn sie ab hier durchgehend die D17 nach Bagneux-la-Fosse nehmen.

Nach 50 m biegen Sie links in die Rue de la Croix Rouge und folgen der Siedlungsstraße aufwärts. **Noch vor** dem letzten Haus ignorieren Sie den gelb markierten, links abzweigenden Grasweg.

Nur 150 m weiter, nach dem letzten Haus, biegen auch Sie links in einen leicht aufwärtsstrebenden Grasweg ab.

Nach 100 m biegt der Weg bergauf nach rechts in den Wald hinein.

☺ Sie haben hier einen schönen Blick zurück auf Les Riceys und können im Hintergrund auf dem Gegenhang auch die kleine Kapelle Saint Jacques ausmachen.

Sie erreichen eine Freifläche. An deren Ende gehen Sie an der Kreuzung geradeaus am Waldrand entlang und treffen dann auf eine Waldstraße, der Sie rechts folgen.

Die Straße erreicht wieder die Weinberge. Sie bleiben auf diesem Hauptweg, der zur Höhe strebt, und ignorieren abzweigende Wege. Der Weg ist eindeutig markiert und es ist auch der breiteste von allen Wegen.

An einer Kreuzung direkt vor einer Überlandleitung geht es geradeaus und dann unter der Leitung hindurch. Wenig weiter biegen Sie von der geteerten Straße, die nach links biegt und abwärtsführt, geradeaus in einen geschotterten Weg ab.

Nach etwa 500 m auf diesem Schotterweg, wenn der Weg zu fallen beginnt, erreichen Sie den Waldrand und eine unscheinbare Kreuzung mit nicht eindeutig angebrachten Wegzeichen. Schauen Sie genau hin und halten Sie sich dort halb rechts. Der Weg führt direkt in den Wald und aus den Weinbergen hinaus. Hinter dem Wald haben Sie einen weiten Blick über die Felder. Der Kirchturm von Bagneux-la-Fosse ist bereits zu sehen.

Über die Rue du Moulon À Vent (= „Windmühlenweg") erreichen Sie eine Querstraße in Bagneux-la-Fosse. Hier steht ein Wegweiser zum GR 654, der als Chemin de Saint-Jacques-de-Compostelle bezeichnet wird. Sie folgen ihm nach links.

Vorher sollten Sie sich den kleinen Abstecher von 270 m in das Zentrum des hübschen, ruhigen Dorfes mit der Kirche, der ein schönes Waschhaus gegenübersteht, nicht entgehen lassen. Es gibt dort eine schattige Sitzmöglichkeit, ein Schutzdach und einen kleinen Gemischtwarenladen, der allerdings mittwochs, sonntagnachmittags und über Mittag geschlossen hat.

Bagneux-la-Fosse B&B 10340

B&B **Fontaine Nicole**, 14 Rue du Moulin à Vent, ☏ 03 25 29 90 66, 06 78 74 75 34, am Weg, 3 Zimmer, Ü EZ € 52, DZ € 70, A € 22, Garten

In Bagneux-la-Fosse endete 2020 der GR 703, der Sentier historique de Jeanne d'Arc, mit seinem Eintreffen auf dem GR 654, der nun in großen Teilen die Führung übernimmt. Der GR 654 ist ein 1.587 km langer Wanderweg, der ganz Frankreich durchquert. Er beginnt an der belgisch-französischen Grenze in den Ardennen im kleinen Örtchen Moulin Manteau nahe Rocroi und führt über Reims, Auxerre und Vézelay an den Rand der Pyrenäen. Er endet an der Via Podiensis (GR 65), auf der Pilger weiter Richtung Santiago ziehen.

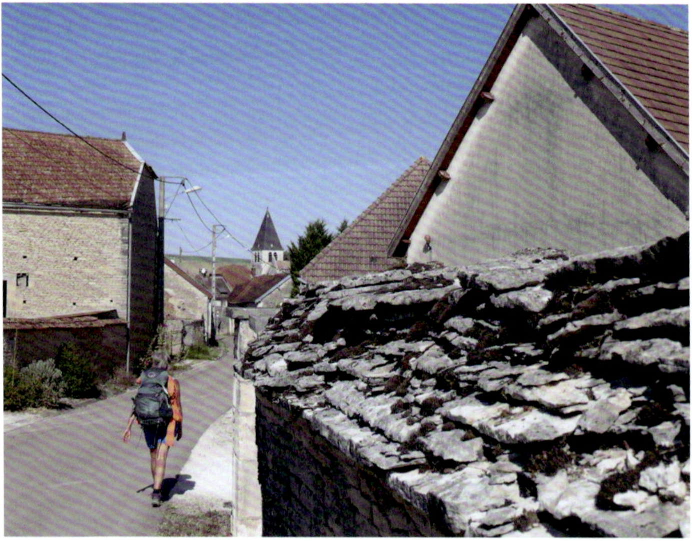

Der Windmühlenweg in Bagneux-la-Fosse

Der Weg orientiert sich dabei an den historischen Routen der Jakobspilger und heute orientieren sich die modernen Pilgerwege an diesem Wanderweg. Das sind zwischen Rocroi und Vézelay die Via Campaniensis (Champagner-Route) und ab Vézelay die zum Welterbe zählende Via Lemovicensis (☞ Literatur).

In Frankreich wird der GR 654 deshalb auch als Chemin de Saint-Jacques-de-Compostelle bezeichnet. Der GR 654 sammelt die Pilger aus Belgien, den Niederlanden und Deutschland. Sammelpunkt in Belgien ist Namur im Maastal. Aus Deutschland kommen die Pilger über Aachen und Lüttich nach Namur. Im Conrad Stein Verlag finden Sie auch passende Literatur zu den heranführenden Wegen Via Mosana/Via Monastica (Aachen – Namur – Rocroi) und Via Campaniensis (Rocroi – Vézelay).

🕮 **Jakobsweg Via Mosana/Via Monastica** von Jens M. Warnsloh, Conrad Stein Verlag, ISBN 978-3-86686-139-8, € 10,90

♦ **Frankreich: Jakobsweg Via Campaniensis** von Rocroi nach Vézelay, Franz Felsner, Conrad Stein Verlag, ISBN 978-3-86686-684-3, € 12,90

Bagneux-la-Fosse – Étourvy 15,4 km

Nach 150 m biegen Sie halb rechts in einen Nebenweg ein. Der führt aus dem Dorf hinaus und steigt entlang eines Weinfeldes zu einer Zwischenhöhe. Hier gabelt sich der Weg. Sie gehen rechts weiter. Es ergibt sich ein schöner Rückblick auf das Dorf. Sie steigen weiter zur Höhe, auf der ein Handymast steht. Nun gehen Sie weiter abwärts. An der Gabelung halten Sie sich rechts und gehen nun am Waldrand entlang. Ein Stück laufen Sie im Wald und dann durch die Weinberge abwärts an einen Querweg. Gehen Sie rechts, über einen Bach und dann zum Dorf Bragelogne hinauf.

Am Ortsrand biegen Sie rechts auf die Querstraße. Die wird zur Rue du Croc Cadot. Sie passieren die Bar Au Cheval Blanche, die allerdings nur sehr knappe Öffnungszeiten hat (Montag und Mittwoch ist ganz zu, an anderen Tagen ist von 11:30-12:30 und abends geöffnet.)

Am Place de la Mairie gehen Sie links und gleich wieder rechts in die Rue au Gros. Am Ortsrand erreichen Sie eine Kreuzung. Gehen Sie rechts mit der weiß-roten Markierung auf bald nicht mehr geteertem Weg durch die Felder. Sie kommen an eine kleine Baumgruppe, eine Linde und eine Kirsche stehen dort in einem Wegdreieck. Gehen Sie hier geradeaus weiter. Wenige Schritte weiter gabelt sich der Weg erneut. Hier biegen Sie rechts ein.

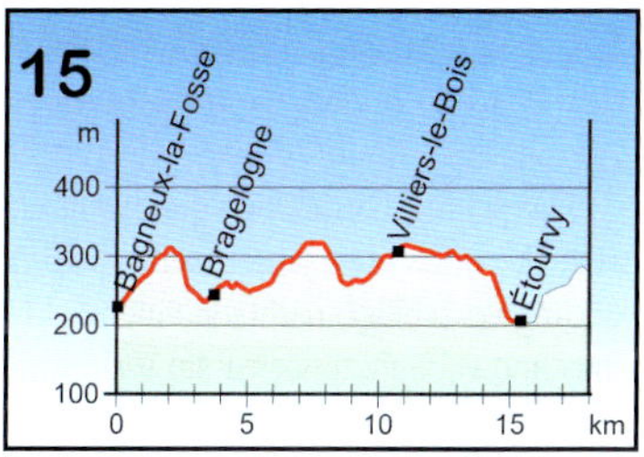

Am Fuß der Weinberge angekommen gehen Sie an der Gabelung links. Der Weg bleibt am Rande der Weinberge und führt dann im Bogen durch ein Waldstück an einen Querweg. Hier gehen Sie rechts noch leicht aufwärts an die D82 und dort links weiter.

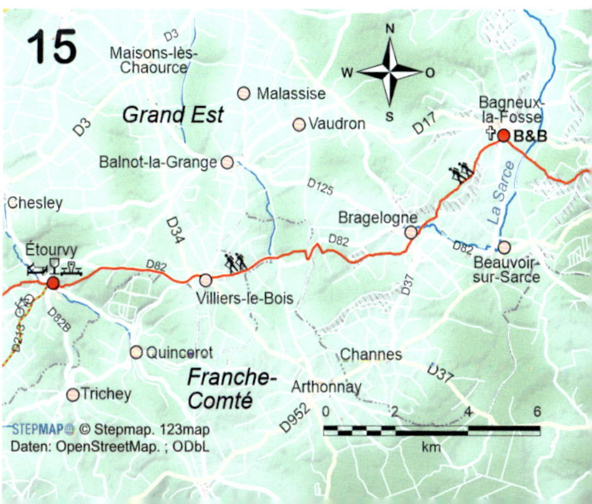

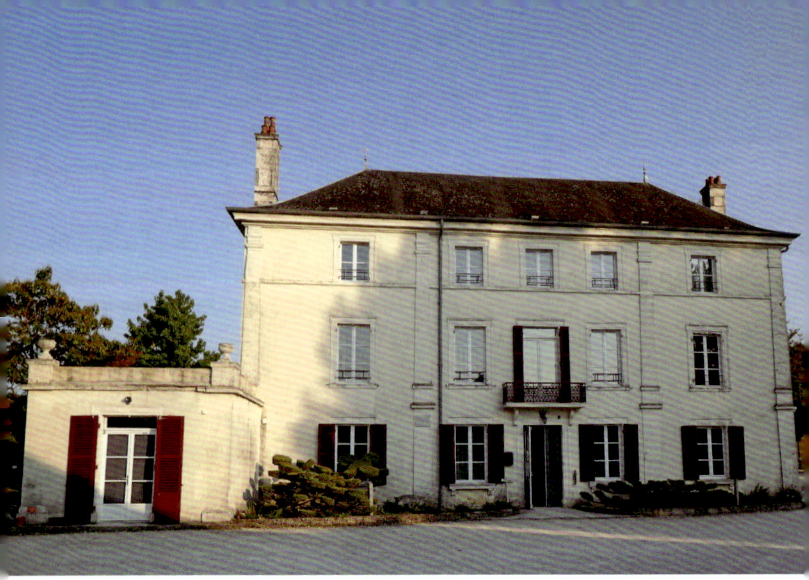

Das Château in Étourvy ist Pilgerunterkunft

Das schmale Sträßchen durchläuft ein Wäldchen. Dahinter quert ein Schotterweg, der noch unbeachtet bleibt. 150 m weiter aber biegen Sie, wie es die Markierung vorschlägt, rechts in einen Feldweg ab. Nach 250 m biegt der Weg nach links und verläuft zunächst am Waldrand, durchquert dann ein Wäldchen und landet wieder auf der Straße. Hier geht es nun rechts weiter durch ein Tal wieder zur Höhe und in das stille Dorf Villiers-le-Bois 💧 ⛼.

An der Ferme du Carron stoßen Sie auf die D34 und folgen ihr rechts im Ort aufwärts.

✋ Es weicht rechts ein gelb-rot markierter Weg ab. Der wird nicht beachtet.

Es gibt eine ⛼ Pausenmöglichkeit am Dorfplatz. An der Mairie bleiben Sie rechts auf der Grande Rue und kommen schließlich an einen Wasserturm mit einer 360°-Rundumsicht raus. Neben dem Turm stehen ⛼ Pausenbänke. Am benachbarten Friedhof gibt es 💧 Trinkwasser.

Links des Wasserturms folgen Sie der D82 über die aussichtsreiche Höhe. Auch wenn wenige Schritte weiter der markierte GR 654 links von der Straße abweicht, empfiehlt es sich, auf dem Sträßchen zu bleiben. Auch an der dann folgenden Gabelung folgen Sie rechts weiter der D82.

Die durchläuft eine kleine Senke und steigt wieder zur Höhe. In der zweiten Senke steht dann ein Wegweiser zum GR 654, der inzwischen wieder auf dem Sträßchen gelandet ist. Biegen Sie hier links von der Straße in einen leicht abwärtsführenden Schotterweg ab.

Der Weg führt auf einen Taleinschnitt zu, in dem sich das Örtchen Étourvy noch kaum zu erkennen gibt. Bevor der Weg zu einer Hofstelle stärker abwärtsfällt, biegen Sie rechts in den markierten Grasweg ab.

Sie kommen hinter einigen Häusern raus, folgen dem Hangsträßchen nach rechts und biegen in die erste links abwärtsführende Straße. Sie führt an die Talstraße, auf der es rechts in das Dorf hineingeht. Links der Straße finden Sie den Zugang zum Park mit der Domaine Saint Georges, Foyer rural (dt. „Landheim") und Gîte de groups (dt. „Gruppenunterkunft"). Eingerichtet ist man hier aber vor allem auf Pilger, ob sie nun einzeln oder in Gruppen eintreffen.

Étourvy 10210

Domaine Saint Georges, Marie Claire Lhomme, 2 Route Quincerot, 03 25 70 05 45, 06 80 21 09 71, contact@domainesaintgeorges.fr, www.domainesaintgeorges.fr, am Weg, 70 Betten, ÜHP € 46. Sehr gepflegt und wunderschön ruhig gelegen. Es gibt eine Bar und einen kleinen Laden, € 10, , etwas GB und D

Auf der Internetseite der Domaine Saint Georges ist ein interessanter kleiner Abriss der Geschichte des von den Bewohnern des Dorfes Le Château genannten Anwesens zu entdecken. Erbaut wurde es im 14. Jh. und später unter Ludwig dem XIV. für den Comte de Prusy hergerichtet. Dieser war einer von 30 Intendanten, welche der absolutistische Herrscher zur Verwaltung in den Provinzen Frankreichs eingesetzt hatte. In neuerer Zeit war es unter anderem Hotel/Restaurant und Pflegeheim. 1976 fiel es an die Gemeinde Étourvy und wird seitdem durch den Verein Foyer Rural d'Étourvy, mit dem Ziel des Erhalts und der Pflege, bewirtschaftet.

Étourvy – Mélisey 7,8 km

Im Wesentlichen folge ich mit meiner Beschreibung dem weiter weiß-rot markierten GR 654, weiche aber wieder an einigen, im Text deutlich hervorgehobenen Stellen davon ab. Ziel dabei ist es vor allem, unnötige, kräftezehrende Schlenker zu vermeiden.

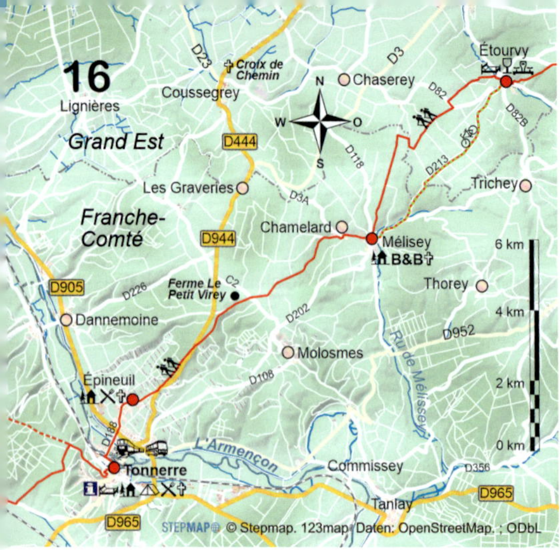

Die Talstraße erreicht gleich nach der Domaine Saint Georges einen kleinen Dorfplatz mit Bushaltestelle, Briefkasten und Wandertafel. Hier biegen Sie links in die D82 Richtung Chaserey ein und überqueren den Bach Landion auf der Brücke. Unmittelbar dahinter führt Sie der Weg nach rechts am Bach entlang.

🚲 Fahrradfahrer nehmen besser die D213 Richtung Mélisey, die biegt schon bald von der D82 ab.

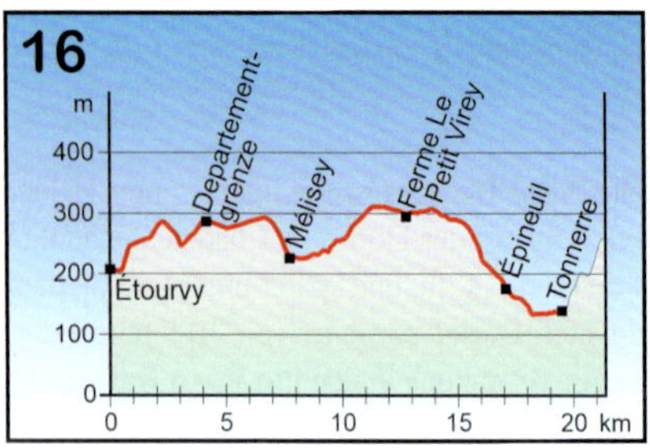

Bei der nächsten Brücke wenden Sie sich nach links und laufen zunächst auf einem Sträßchen und gehen in der bald folgenden Linkskurve geradeaus davon ab in einen Schotterweg, der nun wieder bergauf führt. Oben auf der Hochfläche erreichen Sie die D82 wieder. Sie biegen nach links ab. Gleich hinter einer (sehr) kleinen Schutzhütte nehmen Sie einen Feldweg nach rechts bergab. Sie durchqueren ein Waldstück und folgen den Jakobswegschildern geradeaus wieder auf die Hochfläche hinauf. Oben angekommen stoßen Sie auf einen Querweg und biegen nach rechts ab. Nach 350 m, mitten in den Feldern, führt der Weg nach links. Diese Abzweigung ist gekennzeichnet durch ein Zeichen auf einem Stein, der auf dem Weg liegt.

Nach weiteren 350 m erreichen Sie wieder einen Weg, auf dem Sie nach links weitergehen. Auch hier finden Sie auf dem Weg einen Stein mit einem Zeichen. Nun gehen Sie etwa 3 km geradeaus über die Hochfläche und stören sich auch nicht daran, wenn die Markierung links abweicht. Der GR führt durch ein Nebental schließlich auch nach Mélisey hinab. Sie erreichen den Dorfplatz mit dem Kriegerehrenmal über die Rue des Ardilliers. Links können Sie zur Kirche Saint Aventin sehen und gleich an der Ecke linker Hand steht ein frisch renoviertes Häuschen. Es war das Schuhmacherhaus und gibt heute Pilgern Unterkunft. Inzwischen haben Sie die Region Bourgogne-Franche-Comté und das Département 89 Yonne erreicht.

Mélisey

B&B 89430

B&B **Chambres d'hôtes Les Champs Melisey**, 1 Rue Basse, 03 86 75 73 20, www.champsmelisey.com, champsmelisey@me.com, 300 m, 5 liebevoll eingerichtete Themenzimmer, ÜF EZ € 75, DZ € 80-90, A € 28

La Maison du Sabotier (dt. „Schuhmacherhaus"), am Weg, 3 Plätze, Pilger können hier gegen eine Kostenbeteiligung/Spende übernachten, den Schlüssel gibt's bei Mme Roy, 2 Rue de Coussegrey, oder M. Bouchard (Mairie), 2 Rue Ferdindine, oder M. Onzia, 2 Rue des Fossés. Alle Anlaufstellen befinden sich in unmittelbarer Nähe und sind auf einem Plan, der am Haus angebracht ist, vermerkt;
Mairie: 03 86 75 74 34, mairie-melisey89@wanadoo.fr,
www.yonne.fr/Ma-Commune/Melisey-89430, keine Reservierung möglich.

Mélisey – Épineuil

9,4 km

Folgen Sie halb rechts (links des Ehrenmals) der Rue du Pâtis Richtung Chamelard und Coussegrey. Nach gut 100 m zeigt die Markierung rechts in die Rue des Buchettes. Mein Vorschlag: Ersparen Sie sich diesen Schlenker. Er führt rund 50 Höhenmeter über das Tal hinaus und kurz vor Chamelard wieder hinunter. Wenn Sie hier geradeaus der kleinen Straße (Route de Coussegrey) folgen, sparen Sie zudem 500 m Weg. In Chamelard gehen Sie links zu einer Gabelung und dort wieder links. Die Markierung ist wieder da.

Wegmarkierung

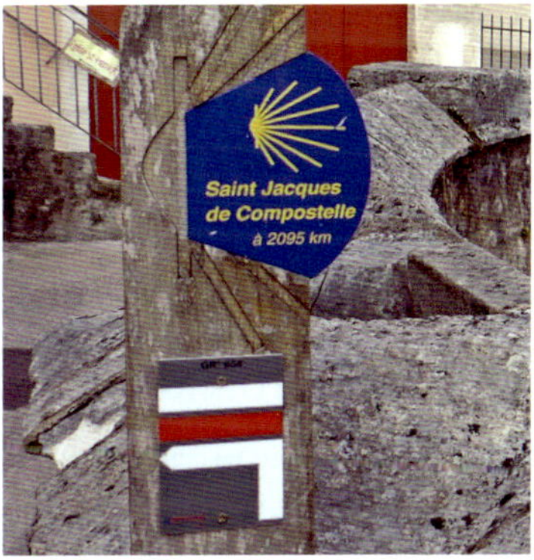

➪ Radfahrer hätten die Möglichkeit (für Fußgänger ist es zu weit), auf der Route de Coussegrey zu bleiben und etwas nördlich von Coussegrey direkt an der D444 das in der Karte als Croix de Chemin bezeichnete Kapellchen zu besuchen. Die Besonderheit ist ein in der Rückwand eingemauertes Kreuz, welches die Kapelle überragt. Dort sind einige Muscheln im Relief, ein Pilgerstab mit Kalebasse sowie das Symbol des Santiago-Ritterordens eingelassen. Die Auftraggeber für die Kapelle sind bekannt. Das Kreuz, vermutet Horst Degen, hier an der Abzweigung der alten Römerstraße von Troyes nach Tonnerre ist schon früher entstanden. (Degen, Horst, Kalebasse Nr. 37, S. 38). ➲ 7 km; der Rückweg kann entlang der D444 Richtung Tonnerre erfolgen.

Nach 30 m folgen Sie rechts dem Chemin des Buchettes. Der führt auf eine Remise zu. Dahinter zeigt der Wegweiser rechts Richtung Ferme de Bellevue.

Der Weg mündet auf eine Teerstraße, auf der es geradeaus in einem Tal sanft aufwärtsgeht. Es gibt eine Verzweigung im Wiesengrund, an der Sie links gehen. An einer weiteren Gabelung gehen Sie rechts weiter und steigen im schattigen Wald zur Hochfläche hinauf. Sie passieren geradeaus eine Hofstelle. Weiter führt eine geteerte Zufahrt zu einer Kreuzung. Sie gehen geradeaus weiter zur Ferme Le Petit Virey ⩩. Nicht weit nach der Farm (340 m) zeigt die Markierung halb links von der leicht aufwärtsstrebenden Straße in einen Feldweg ab. Der führt Sie zur D944. Sie gehen links, biegen aber gleich wieder rechts davon ab. Der sich anschließende Waldweg erreicht die Straße nach 1,4 km wieder. Sie gehen rechts, biegen nach gut 200 m aber erneut rechts auf die D188 Richtung Épineuil ab. An der folgenden Gabelung halten Sie sich halb links auf der D188 (Grande Rue Alfred Grévin, später Rue Perreres). Nach gut 300 m ist das Zentrum mit der schönen Kirche Saint Étienne aus dem 12. Jh. erreicht. Der Vorraum ist geöffnet.

Épineuil 89700

La Parenthèse, Marc Perroncel, 5 Rue de l'Abbé Gautier, 06 09 73 39 10, centre@laparenthese.org, www.laparenthese.org, ➲ 60 m, 25 Betten in 6 Zimmern, Ü € 25 inkl. Bettwäsche, Pilger willkommen.

Épineuil – Tonnerre 2,3 km

Gehen Sie die Straße weiter abwärts und an der folgenden Kreuzung halb links durch den Park. Sie laufen dann zur Rue des Perrières, die der Fortsetzung der Hauptstraße D188 entspricht, und gehen links.

Am Kreisverkehr geht es geradeaus. Sie überqueren den Canal de Bourgogne an einer Schleuse, 200 m weiter einen Altarm, dann den Fluss Armançon selbst. Die Bahnlinie unterqueren Sie in einem kleinen Tunnel und steigen gleich danach links die Treppe hinauf. Sie gehen parallel zu den Gleisen auf der Rue du Pâtis und weiter durch den Park zum Bahnhof von Tonnerre (↳ im Park nur wenige Meter rechts vom Weg steht das B&B Villa Thais und das Pfarrhaus mit der Pilgerunterkunft). Gehen Sie hier rechts entlang des Place de la République und weiter entlang der gleichnamigen Straße über eine Kreuzung und den kleinen Kanal Bief des Moulins hinweg. Voraus haben Sie die auf dem ehemaligen Burghügel thronende Kirche Saint Pierre im Bild.

↳ Die nächste Straße links würde Sie zum Hôtel Dieu und zum Office de Tourisme führen.

Die Karstquelle Fosse Dionne mitten in der Stadt Tonnerre

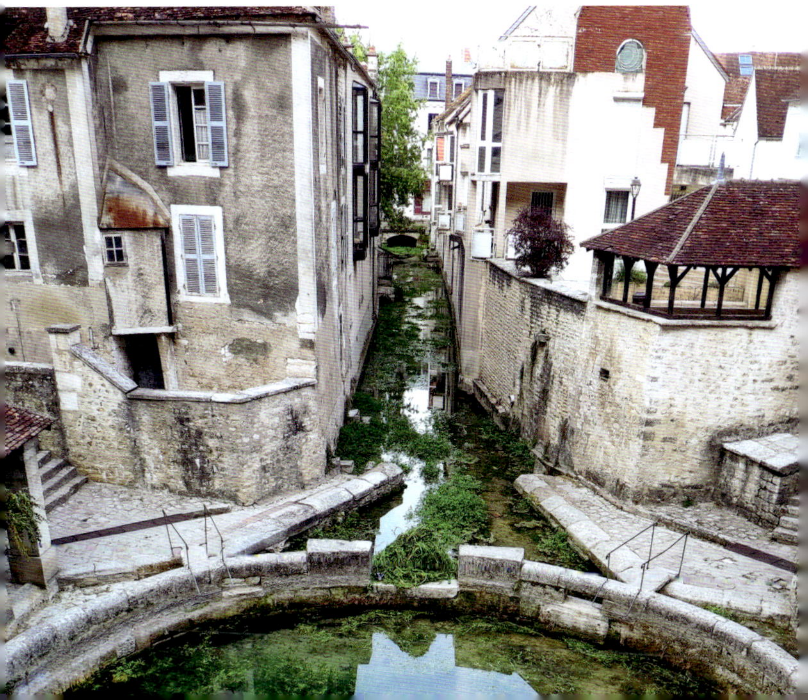

Tonnerre

B&B 89700

Office de Tourisme de Tonnerre, 12 Rue Général Campenon, 03 86 55 14 48, contact@escale-en-tonnerrois.fr, www.escales-en-bourgogne.fr, 190 m, April, Mai, Juni, Sep Mo-Sa 9:30-12:00 und 13:30-18:00, So/Fei 10:00-12:30 und 14:00-18:00, Juli, Aug Mo-Sa 9:30-12:00 und 13:30-18:30, So/Fei 10:00-12:30 und 14:00-18:00, Okt-März Mo, Di, Do, Fr, Sa 9:30-12:00 und 13:30-17:30. In der Information bekommen Sie auch Broschüren zu den Sehenswürdigkeiten in deutscher Sprache sowie einen Stadtplan. Selbstverständlich können Sie hier auch eine Unterkunft buchen. Das Angebot ist sehr viel größer als das hier aufgeführte, allerdings liegen manche Unterkünfte auch für Fußgänger nicht ganz so günstig außerhalb der Stadt.

Hôtel du Centre, 65-67 Rue Hôpital, 03 86 55 10 56, hotelducentre.tonnerre@orange.fr, www.hotel-tonnerre.com, 170 m, 15 Zimmer, Ü DZ € 56

B&B **Chambres d'hôtes Ferme de la Fosse Dionne**, 11 Rue la Fosse Dionne, 07 71 18 31 66, info@ferme-fosse-dionne.eu, www.ferme-fosse-dionne.eu, am Weg neben der Karstquelle, ÜF DZ € 82, A möglich, € 10, von Pilgern empfohlen, D

♦ **Maison d'hôtes Caroline's**, 111 Rue du Général Campenon, 03 86 55 26 32, contact@carolines.fr, www.carolines.fr, 250 m, ÜF EZ € 72, DZ € 83, DBZ € 110, VBZ € 130, direkt unter der Steilwand der Kalkklippe befinden sich fünf mit öffentlichen Geldern restaurierte Gebäude aus dem frühen 19. Jh., die vermietet werden. Komfortable Einrichtung. Leider ist das äußere Umfeld wenig gepflegt. An heißen Tagen herrschen hier im Ganztagsschatten der Nordwand angenehm kühle Temperaturen.

♦ **Le Clos des Hérons**, Quartier Tarte Maillet, 03 86 55 20 76, 06 07 83 65 06, info@leclosdesherons.com, www.leclosdesherons.com, 650 m, oberhalb der Stadt im Grünen gelegen, 4 Zimmer, ÜF EZ/DZ € 70,

♦ **Chambres d'hôtes Villa Thais**, 11 Rue du Patis, 06 22 19 08 74, 80 m, ÜF DZ € 95-120

Accueil Pèlerins au Presbytère Association Saint Joseph, 9 Rue du Pâtis, 80 m, 2-4 Plätze, Ü € 12 p. P., Schlafsack erforderlich, die Anmeldung für eine Übernachtung im Pfarrhaus erfolgt über das Office de Tourisme.

Camping municipal de la Cascade, Avenue Aristide Briand, 04 73 93 60 00, 06 11 23 24 52, 300 m, 71 Stellplätze, Zelt inkl. 2 Pers. ab € 10,90, € 1, , April-Anfang Okt, halbinselartig zwischen Kanal und Fluss, sehr schön gelegen

Taxi Julliet, ☏ 03 86 55 36 36

Das Mobilitätsunternehemen für die Region Bourgogne-Franche-Comté ist Mobigo. Auf der Webseite www.viamobigo.fr finden Sie Abfahrtzeiten, Verbindungssuche und Pläne für die Region, aber auch spezifiziert für die einzelnen Départements. Von Tonnerre fahren Direktbusse nach Avallon und Auxerre.

Tonnerre hat einen Bahnhof an der Regionalbahnstrecke Laroche-Migennes–Dijon Ville. In Laroche-Migennes ist ein Umstieg Richtung Vézelay (über Auxerre) möglich. Es gibt auch Direktzüge nach Auxerre, Paris und Lyon. Die heutige Regionalbahnstrecke ist Teilstück der in den 1850er-Jahren gebauten Strecke Paris Gare de Lyon–Marseille. Die Neubaustrecke für den TGV liegt vor den Toren der Stadt. Einen Halt in Tonnerre für den Fernverkehr gibt es nicht mehr. Auf Ihrem weiteren Weg werden Sie die Neubaustrecke überqueren.

⌘ Hôtel Dieu.

Das beeindruckende Bauwerk im Stadtzentrum ist das Hôtel Dieu, in dem auch das Office du Tourisme untergebracht ist.

Das 1293 erbaute Hospital wurde von Margarete von Burgund (1250-1308) gegründet. Sie war mit Karl von Anjou (1226-1285) verheiratet, der zusammen mit seinem älteren Bruder Karl IX. und Jean de Joinville am Kreuzzug nach Ägypten teilgenommen hatte (☞ S. 144).

In dem großen Krankensaal standen einst 40 durch Holzwände voneinander getrennte Krankenbetten und von einer Galerie aus konnte man die Kranken beaufsichtigen. Das Krankenhaus beherbergte auch Pilger.

Am Boden des Krankensaals wurde 1785 ein astronomisches Instrument eingerichtet. Mit einem solchen Instrument hatte bereits Eratosthenes (276-194 v. Chr.) nicht nur bewiesen, dass die Erde rund ist, sondern auch gleich noch den Erdumfang mit 40.000 km richtig gemessen.

Vor dem Hôtel Dieu ist ein großer Garten zu besichtigen und östlich schließt sich das großzügige, moderne Krankenhausgelände an.

♦ wie ☞ Office du Tourisme

⌘ Canal de Bourgogne.

Der 242 km lange Kanal verbindet die Seine mit der Yonne und ist Teil einer Verbindung vom Atlantik zum Mittelmeer. Der Kanal wurde bereits Anfang des 18. Jh. geplant, doch die Umsetzung lief nur schleppend, sodass er erst 1843 vollständig fertiggestellt wurde. Durch die Eisenbahn verlor er schnell seine wirtschaftliche Bedeutung und wird heute fast nur von Freizeitschiffern befahren.

⌘ **Fosse Dionne.**
Die Karstquelle mit dem sehenswerten Quelltopf schüttet im Schnitt 242 l/s aus. Das Wasser hat einen unterirdischen Weg von bis zu 40 km hinter sich, wenn es hier aus mehr als 30 m Tiefe aufsteigt. Der Name der Quelle leitet sich entweder vom lat. fons divinis (dt. „heilige Quelle“) ab oder er bezieht sich auf die keltische Göttin Divona, man liest beide Versionen. Die Einfassung der Quelle und das umgebende Waschhaus wurden 1758 erbaut.

Der GR 654 führt direkt an der Quelle vorbei.

✞ Die **Église Saint-Pierre** steht hoch oben auf der steilen Abbruchkante des Kalkstocks zum Armançontal. Sie entstand aus der Kapelle einer Burganlage aus dem 14. Jh. Nach einem Brand im Jahr 1556 dauerte der Wiederaufbau bis zur Mitte des 17. Jh., was den seltsamen Stilmix erklärt. Vom Platz der Kirche haben Sie einen atemberaubenden Blick auf die Stadt.

✞ Die **Église Notre Dame** steht im heutigen Stadtzentrum, wurde 1164 aber auf einem damals nicht bebauten Grundstück vor den Stadttoren errichtet. Sie erlebte vielfache Zerstörungen und darauffolgende Wiederauf- und Umbauten im Laufe der Jahrhunderte.

Tonnerre – Collan 9,5 km

☺ In Tonnerre trifft eine Variante, die als Alternative zum GR 654 ab Reims über Sézanne und Troyes führt, wieder auf den weiß-rot markierten Hauptweg. Sie wird als Via Campaniensis bezeichnet und ist mit einer gelb-blauen Markierung und der Jakobsmuschel versehen. Bis Chablis verlaufen beide Wege überwiegend parallel. Oberhalb von Tonnerre bildet die Via Campaniensis aber meiner Ansicht nach eine sinnvolle Abkürzung und ist im Folgenden auch in die von mir gewählte Wegführung eingeschlossen. Es gibt einen kleinen Nachteil gegenüber dem weiß-rot markierten Weg – meine Wahl umfasst ein um gut 600 m längeres Landstraßenstück. Ein GPS-Track des GR 654 ist aber vorhanden und kann von der Homepage des Verlags heruntergeladen werden.

Die Rue de la République endet an der querenden Rue de l'Hôtel de Ville. Ihr folgen Sie nach rechts. An der nächsten Kreuzung biegen Sie halb links in die Rue de la Fosse Dionne (achten Sie auf den Richtungswegweiser oben an der Hausecke), an der die Quelle liegt.

Von der Fosse Dionne führt ein weiß-rot markierter Fußweg über Treppenstufen hoch zur Kirche Saint Pierre.

Radfahrer fahren von der Quelle aus wieder zurück und biegen rechts in die Rue Jean Garnier, von der es noch einmal rechts ab in die steil bergauf führende Rue Armand Colin geht. Die Kirche auf der Höhe lassen Sie rechts liegen. Fahren Sie geradeaus am Friedhof vorbei. Dort befinden Sie sich wieder auf dem Wanderweg.

Sie gehen links an der Kirche vorbei und an der querenden Teerstraße rechts am Friedhof vorbei aufwärts. Sie kommen in offenes Gelände und sehen auf einer Anhöhe einen Sendemast stehen. Rechter Hand passieren Sie einige Häuser. Nach dem Haus Nr. 32 biegen Sie in den übernächsten schmalen Fußweg rechts ab. Der kürzt etwas ab und trifft wieder auf die Teerstraße, der sie rechts folgen. Der Weg steigt wieder an.

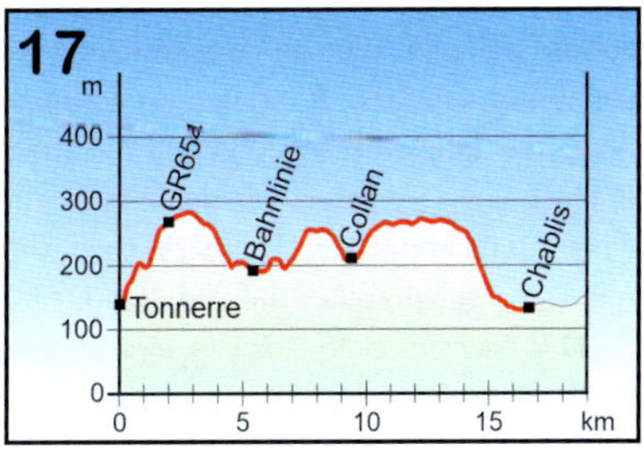

Bevor er die Höhe erreicht, zeigt die Markierung nach rechts in einen parallel zur Straße verlaufenden Fußweg. Dann stoßen Sie unterhalb eines Bauernhofes auf Ackerland und gehen 50 m links an einen Schotterweg. Der GR 654 biegt rechts in den Weg, der auf der Karte als Teil einer alten Römerstraße eingezeichnet ist und schnurgerade über die Höhe weiterführt. Wenn Sie wollen, bleiben Sie auf dem GR.

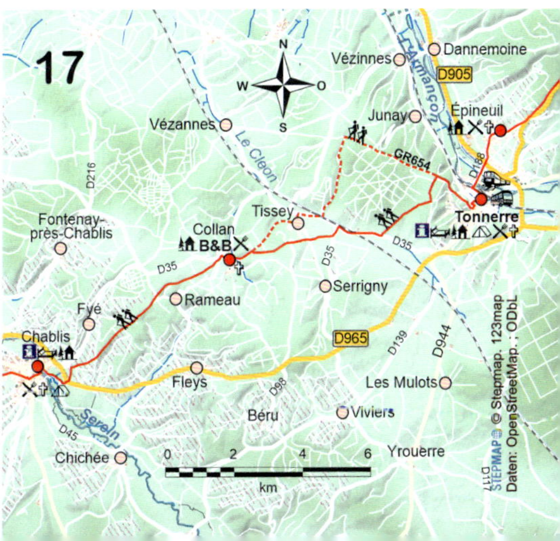

Die weiß-rote Markierung wird Sie leiten. Ich habe an dieser Stelle, wie oben erwähnt, die 1,5 km kürzere Wegstrecke entlang der gelb-blau markierten Via Campaniensis gewählt und kann nur diese beschreiben.

Gehen Sie geradeaus entlang der Hofstelle und zwischen der Scheune und dem Hof hindurch. Der Schotterweg führt zu der Anhöhe, auf der halb links der Sendemast steht. In etwa auf Höhe des Sendemastes kommen Sie an eine Wegkreuzung. Sie biegen nach rechts ab.

Der Weg stößt nach 1,8 km vor der TGV-Strecke auf die D35. Hier gehen Sie rechts und überqueren nach ca. 800 m mit der Straße die TGV-Trasse. Nach weiteren 500 m biegen Sie nach links auf die D51 Richtung Serrigny und Viviers ab.

Die Straße steigt leicht an. Nach ca. 350 m biegen Sie vor einem Siloblock rechts in einen Schotterweg ab. Der Weg führt durch eine Senke und dann weiter aufwärts. Sie kommen an eine Kreuzung mit einer Teerstraße und gehen geradeaus weiter aufwärts. Sie treffen wiederum auf ein Sträßchen, dem Sie leicht links ohne Richtungswechsel folgen. Das Sträßchen macht nach ca. 200 m einen Rechtsbogen. Sie gehen geradeaus weiter auf dem Schotterweg und kürzen damit einen Straßenbogen ab. Das Sträßchen wird wieder erreicht und geradeaus überquert. Sie gehen weiter auf dem Schotterweg über die letzte Höhe hinweg.

Der nächste rechts abzweigende Weg wird ignoriert. Hier befindet sich keine Markierung. Sie erblicken nun das in einer Senke liegende Örtchen Collan. Der Weg biegt rechts und trifft auf einen querenden Schotterweg. Sie gehen links, nun auch wieder mit der weiß-roten Markierung, und erreichen nach einem knappen Kilometer den **Place de la Fontaine**. Linker Hand befindet sich ein schön angelegtes Waschhaus mit Quelle und einer eingravierten Muschel. Im Innern gibt es ⩩ Sitzbänke, die zu einer Rast einladen.

↳ Wenn Sie wollen, können Sie auch der Rue de l'Église am Waschhaus vorbei hinauf zur sehenswerten Kirche Saint Maurice aus dem 15. Jh. folgen und schauen, ob sie vielleicht zufällig geöffnet ist.

Collan

B&B ✕ ✉ 89700

B&B **Gîte d'étape Le Verger** und B&B **La Marmotte**, Gilles und Elisabeth Lecolle, 2 Rue de l'École, ☏ 03 86 55 26 44, 📱 06 89 45 42 82, ✉ lamarmotte.glecolle@orange.fr, 💻 www.gites-chambresdhotes-chablis.com, ➲ 100 m, 3 Zimmer und eine Gîte mit 7 Plätzen und kleiner Küche, ÜF EZ € 54, DZ € 62, Preise der Gîte auf Anfrage, A möglich, 🚪 das ganze Jahr geöffnet, vorher anrufen

✕ **L'Idee Folle**, 1 Place de la Fontaine, Mo, Di geschlossen, Mi, Do, Sa, So 12:00-13:00, Do-Sa 19:00-21:00

Am Waschplatz hängt eine Information, die an Robert de Molesme (1028-1111), den Mitbegründer des ersten Zisterzienserordens und Abt im Mutterkloster Cîteaux, erinnert. Er stammt aus der Nähe von Tonnerre und hat auch in Collan gewirkt, zu einer Zeit, als hier mehrere Einsiedler lebten (☞ S. 157).

Collan – Chablis 7,2 km

Am Place de la Fontaine geht es geradeaus weiter auf der Rue de Vaucreuse durch den schönen Ort. Im Linksbogen mündet diese in die Rue de Chablis. Kurz danach biegen Sie links in die Rue de Rameau Richtung Fleys und Rameau, den gelb-blauen und weiß-roten Markierungen folgend. An den nächsten beiden Gabelungen gehen Sie jeweils rechts weiter. Der Weg steigt langsam zur Höhe an und Sie können einen schönen Rückblick auf Collan genießen.

Der Weg mündet auf einen von links kommenden Schotterweg. Sie gehen geradeaus weiter. Der Schotterweg biegt rechts. Sie wandern geradeaus nun auf einem Feldweg. Ca. 2,2 km nach dem Waschplatz in Collan queren Sie eine Teerstraße nahe einem rechts liegenden Bauernhof und bleiben weiterhin geradeaus auf dem beginnenden Schotterweg.

Der Weg verläuft sanft über die Höhe, bis Sie die ersten Weinberge des Chablis entdecken und es wieder abwärtsgeht. Zuletzt setzt sich der Weg in einer Betonrinne, die abfließendes Wasser lenken soll, fort. Die Aussicht geht auf Chablis im Tal des Serein.

50 m hinter einem Transformatorenhäuschen zweigen Sie links in einen Schotterweg ab. Der führt Sie zur D965. Sie folgen dem gegenüber beginnenden Sträßchen. An Kleingärten und am Serein entlangspazierend erreichen Sie am Campingplatz einen schönen, schattigen Rastplatz. 350 m weiter treffen Sie auf eine Straßenkreuzung. Sie überqueren hier nach links den Fluss und gleich danach einen Nebenarm. Danach befindet sich auf der linken Seite die Touristinformation.

Chablis

B&B BANK 89800

Office de Tourisme de Chablis, 1 Rue Maréchal de Lattre de Tassigny, ☏ 03 86 42 80 80, contact@escale-chablis.fr, www.escale-chablis.fr, ➲ am Weg, tägl. 10:00-13:00 und 14:00-18:00

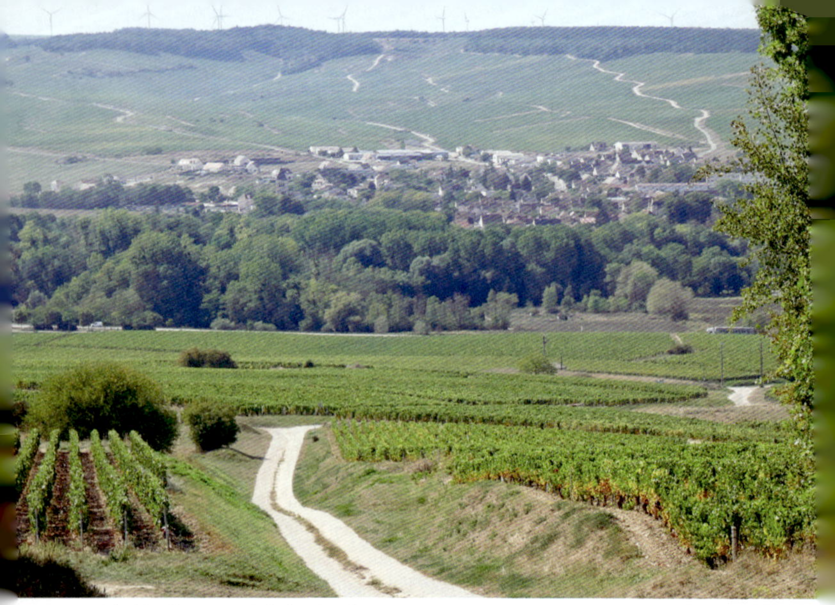

Chablis liegt im Tal des Baches Le Serein

🛏 ✕ **Hostellerie des Clos**, 18 Rue Jules-Rathier, ☏ 03 86 42 10 63, ✉ contact@hostellerie-des-clos.fr, 💻 www.hostellerie-des-clos.fr, ➲ 200 m, 80 Betten, Ü EZ ab € 68, DZ ab € 80, F € 14, 🐕

♦ **Hôtel aux Lys de Chablis**, 38 Route d'Auxerre, ☏ 03 86 42 49 20, ✉ contact@hotel-lys-chablis.com, 💻 www.hotel-lys-chablis.com, ➲ 300 m, 34 Zimmer, Ü EZ € 73, DZ € 83, DBZ € 93, F € 12

B&B **Chambres d'Hôtes du Faubourg Saint Pierre**, 17 Rue Jules Rathier, ☏ 03 86 42 83 90, 📱 06 71 74 48 44, ✉ denise.pico@faubourg-saint-pierre.com, 💻 www.faubourg-saint-pierre.com, ➲ 130 m, 3 Zimmer, ÜF DZ ab € 80

♦ **Apartment Chez Bea**, 23 Rue Auxerroise, ☏ 03 86 18 97 12, 📱 06 38 14 96 10, ➲ 220 m, ÜF DZ ab € 87

♦ **Maison du Moulin des Roches**, Anne und Thierry Grandet, Chemin du Moulin des Roches, 📱 06 73 20 80 50, 💻 www.chablis-maisondumoulindesroches.fr, ➲ 500 m, Wegweiser am Weg Ortseingang, ÜF ab € 125

🏠 **Pilgerherberge der Kirchengemeinde** (Gîte paroissial), Mme Fantin, 13 Rue Benjamin Constant, 📱 09 50 34 80 21, ➲ 170 m, Ü € 20 p. P., einfach, aber sauber, unbedingt vorher anrufen oder im Tourismusbüro buchen, am Haus selbst befinden sich keine Hinweise.

⛺ **Camping de Chablis** (Gemeindecampingplatz), Quai Paul-Louis Courier (am Fluss Le Serein am Weg), ☏ 03 86 42 44 39, ✉ campingduserein@sfr.fr (nur in der Saison, sonst über ✉ mairie@chablis.net), ➲ am Weg, 50 Stellplätze, Stellplatz € 6, Ü € 3, Brotservice am Morgen, 🐕, Mitte Juni-Mitte Sep

🚕 Taxi Gallimard, ☏ 03 86 42 11 15

Der rund 2.300 Einwohner zählende Ort Chablis ist nicht nur ein hübscher Weinort mit ausgezeichneter Infrastruktur zum Essen, Schlafen und Einkaufen. Chablis ist auch eine Marke, die auch in Deutschland einen hohen Bekanntheitsgrad besitzt. Chablis ist ein klarer Weißwein von grünlich-gelbem Farbton mit einer leichten, frischen Säure, gepresst aus der Rebsorte Chardonnay, die einzige, die hier auf den Kalkhängen angepflanzt wird. Chablis ist das nördlichste Anbaugebiet im Burgund.

Es gab eine Zeit, da stand die Zukunft des Weinbaus auf der Kippe. Spätfröste vernichteten regelmäßig das frisch ausgetriebene Weinlaub. Die Weinstöcke starben ab und wurden nicht erneuert. Inzwischen gibt es Techniken, auf die Wetterunsicherheit zu reagieren. Wie im Apfelanbau zur Blütezeit stehen Hunderte von Regnern bereit, die in Frostnächten das Wasser fein über die gefährdeten Bereiche ausbringen. Beim Gefrieren des Sprühnebels entsteht Wärme, die ausreicht, vor Unterkühlung zu schützen. Auf der nächsten Etappe werden Sie solche Anlagen inklusive des nötigen Vorratsspeichers am Ruisseau de Beine sehen. Gefährdet sind besonders die Tallagen, in die der Frost hineinfällt.

Produziert werden Weine unterschiedlichster Qualitätsstufen. Die besten Standorte oder Lagen erfahren eine andere Behandlung als die gewöhnlichen. Sie heißen dann Grand Cru als höchste Qualitätsstufe und Premier Cru als erste Qualität. Konsumierbar sind solchermaßen ausgebaute Weine erst nach einer Reifezeit von wenigsten 8 Jahren. Zum schnellen Konsum sind die einfachen Weine Petit Chablis als unterste Stufe und der am häufigsten produzierte AOC Chablis gedacht.

Chablis – Les Soleines (Venoy) 15,6 km

Vor dem Office de Tourisme, nach der zweiten Brücke, gehen Sie links am Kanal entlang und die dritte Straße rechts (Boulevard de Ferrières) bis zum Place Lafayette, wo sich das Rathaus von Chablis befindet. Gehen Sie links am Rathaus vorbei durch die Rue de Chitry. Sie kommen zu einem Platz vor einer Weinfabrikationshalle, gehen rechts zu einer Kreuzung und dort links auf den Boulevard Pasteur, den Sie nach 40 m nach rechts in die Rue du Champ du Fort verlassen.

Hier finden Sie am Abzweig einen Wegweiser. Rechts weist die weiß-rote Markierung des GR 654 über Auxerre nach Vézelay, links zeigt die gelb-blaue Markierung eine Variante der Via Campaniensis über Cravant nach Vézelay an. Über die Variante wäre der Weg rund 20 km, also eine Tagesetappe, kürzer. Hier beschrieben ist der längere Weg über Auxerre.

Folgen Sie der Straße, auch wenn sie ihren Namen wechselt, geradeaus durch Neubaugebiete. Sie wird zuletzt zu einem Feldweg, dem Sie durch die wieder von Weinbergen geprägte Landschaft folgen. Der Weg biegt schließlich rechts in die Rue de Lechet ein und führt dann geradeaus in das Dorf Milly hinein.

Wenn es geradeaus nicht mehr weitergeht, biegen Sie links ab.

Fahrradfahrer sollten sich das bald folgende, schweißtreibende Wegstück über die Weinberge sparen und hier rechts zur D965 fahren. Diese überqueren Sie schräg nach links und folgen der D131 nach Poinchy. An der Gabelung geht es nach links und an der folgenden Kreuzung auch. Von der Gabelung in den Weinbergen fahren Sie links auf Schotter zum Étang de Beine und dort geradeaus wieder auf dem Pilgerweg weiter.

Sie kommen zur hübschen Kirche von Milly. Kurz vorher, am Château de Milly, befindet sich ein historischer Wasserspender in Funktion.

Sie folgen der Straße zum Dorf hinaus und noch durch den Rechtsbogen. Hier steht ein Wegkreuz mit Pausenbank am Fuß der Weinberge. Biegen Sie nun geradeaus von der wieder links biegenden Straße ab und steigen Sie geradeaus den Weinberg steil hinauf.

Am Buschwerkrand wird ein Schotterweg erreicht, hier geht es rechts weiter. Die Kraxelei wird mit einem wunderschönen Blick belohnt – über Milly im Vordergrund, dahinter liegt Chablis.

Bei der nächsten Gabelung – von rechts erreicht ein Sträßchen die Höhe – biegen Sie in den zweiten links abbiegenden Schotterweg ein und gehen am Waldrand entlang. Der Weg führt bald in den Wald hinein, erreicht dann wieder einen Weinberg am Waldrand mit schöner Aussicht. In einem Waldwinkel gehen Sie nicht geradeaus in den Wald hinein, sondern dem Wegweiser Richtung Beine folgend weiter am Waldrand entlang. Der Weg führt steil bergab und voraus sehen Sie einen kleinen See liegen.

Der Weg biegt rechtsherum in den Hang und nach ca. 140 m, die Markierung ist etwas versteckt angebracht, biegen Sie an der Weggabelung links in den steil abwärtsführenden Schotterweg, der Sie hinunter an die D965 führt. Diese über-

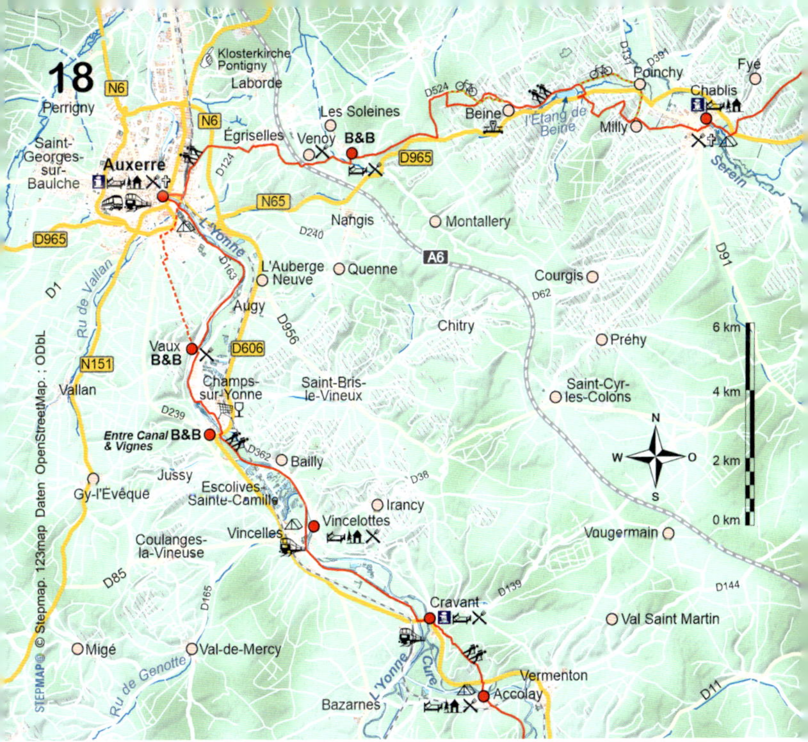

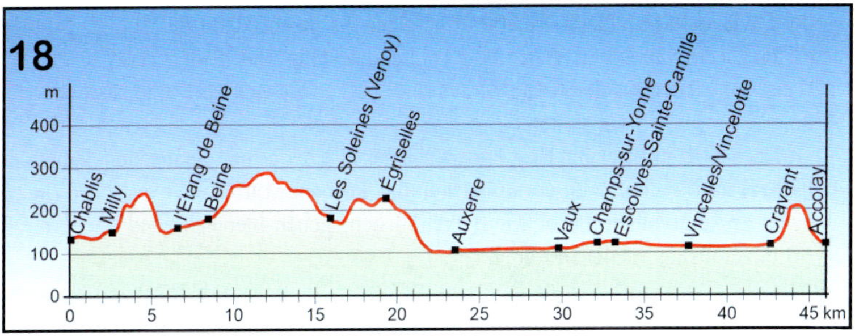

queren Sie am Damm des Wasserspeichers und gehen rechts auf einem Schotterweg zunächst parallel zur Straße und dann im Linksbogen auf die andere Talseite. Sie folgen der querenden Straße links zum See ⛼ (Baden verboten!).

Der Stausee heißt **l'Étang de Beine**. Gespeist wird er vom Ruisseau de Beine, dem kleinen Bach, der durch das Tal fließt. Der See wurde 1978 künstlich angelegt, um im Frühling genügend Wasser zur Verfügung zu haben, wenn eine Frostschutzberegnung notwendig wird (☞ Chablis).

Auf dem Chemin de Beauroy gehen Sie weiter am See entlang bis in das Örtchen Beine. An einer querenden Fahrstraße gehen Sie links Richtung Mairie und treffen auf die Grande Rue, der Sie rechts durch den Ort folgen. Sie passieren dabei den Lebensmittelladen (lange Mittagspause, Mo und So nachmittags geschlossen).

Schon fast am Ortsausgang, an einem Wohnmobilstellplatz, finden Sie frei zugänglich rechts hinten im Eck Trinkwasser.

Danach gabelt sich die Straße.

Radfahrer können hier links der D524 für 2,5 km bis in die Waldecke folgen und dort links, wieder in den Pilgerweg, abbiegen.

Fußgänger gehen rechts. Der Weg wird zum Schotterweg und führt in die Weinberge hinauf. Bei den zwei folgenden Weggabelungen halten Sie sich jeweils links, bei einer Kreuzung geradeaus. Der Weg ist hier etwas weniger steil und führt zu einer Anhöhe mit einem Teersträßchen (D524). Gehen Sie hier links und 50 m weiter rechts wieder vom Sträßchen ab auf einen Schotterweg.

Sie wandern gemütlich ca. 1 km über die Anhöhe, bis Sie zu einer markanten, allein stehenden Eiche gelangen. Hier gehen Sie rechts bis an eine Straße (D524), der Sie links folgen. Nach ca. 600 m, in einer 90°-Rechtskurve der Straße, geht es links weiter zwischen Wald- und Feldrand entlang und in den Wald hinein. Wenn Sie wieder aus dem Wald heraus sind, blicken Sie weit über eine Hochebene, auf der Windräder stehen.

Nach 600 m biegt Ihr Weg kurz vor einer in einer Senke versteckten Straße (D965) nach rechts. Weit voraus ist nun die Talebene von Auxerre zu sehen. In einer Senke kommen Sie an ein Teersträßchen, gehen hier links und nach ca. 80 m geradeaus wieder davon ab.

Wenn Sie diesem Sträßchen über eine Kreuzung hinweg folgen, kommen Sie zum Hotel Le Moulin de la Coudre.

Der Schotterweg trifft auf eine andere Straße, der Sie rechts folgen.

Ganz rechts biegt hier ein schmaler Weg ab zum B&B Domaine de Sainte Anne.

Les Soleines (Venoy) B&B 89219

Hotel/Restaurant Le Moulin de la Coudre, 8 Rue des Gravottes, ☏ 03 86 40 23 79, moulin@moulindelacoudre.com, www.moulindelacoudre.com, 540 m, Ü EZ/DZ ab € 120, VBZ ab € 159, F € 10, € 10,

B&B **Chambres d'hôtes Domaine de Sainte Anne**, 1 Allée de Sainte-Anne, Soleines le Haut, ☏ 03 86 94 10 16, 06 60 68 32 22, 620 m, ÜF EZ/DZ ab € 100

Les Soleines – Auxerre 8 km

Wenig später treffen Sie auf das Ortsschild von Soleines. An der Gabelung, bei den ersten Häusern, halten Sie sich links und biegen kurz danach wieder links in einen abwärtsführenden Feldweg ab.

Fahrradfahrer bleiben auf der Straße und biegen im Tal rechts wieder in den Weg.

Auch Fußgänger könnten die Straße abkürzend nutzen (minus 230 m), treffen anderweitig auf einen Bach und gehen dahinter rechts an ihm entlang. Sie treffen auf ein Sträßchen, gehen geradeaus bis zu dem Wegweiser, der Ihren Weg links aufwärts nach Venoy weist. Oben treffen Sie auf eine Siedlungsstraße, die Sie rechts zu einem Wegdreieck oberhalb des Dorfkerns führt.

Rechts kämen Sie hier in den Ortskern mit der Kirche und dem Dorfladen mit Post und Brasserie, 230 m.

Links führt der Weg weiter Richtung Égriselles über die A6. Sie folgen der sich anschließenden Straßenkurve und biegen dann in den zweiten Schotterweg links ein. Voraus haben Sie einen schönen Ausblick auf das Etappenziel Auxerre.

Der Weg vollzieht einen Rechtsbogen. Drei links abzweigende Wege werden ignoriert. Sie unterqueren eine Überlandleitung und steigen leicht auf nach **Égriselles**, immer der weiß-roten sowie der Muschelmarkierung folgend.

Nahe dem Wasserturm und dem Handymast biegen Sie von der Rue du Pâtis links in die Rue Principale ab. Sie folgen dieser über einen Kreisverkehr hinweg.

Ca. 650 m nach dem Kreisverkehr biegen Sie, noch im Siedlungsgeschehen (rechts zweigt die Rue de Ligny ab), links in einen Feldweg, der auf Auxerre gerichtet ist, ab.

Noch vor dem Umspannwerk biegen Sie nach rechts ab und erreichen hinter dem Umspannwerk die D124. Ihr folgen Sie 50 m nach links und nehmen dann den Feldweg nach rechts bergab. Die ganze Zeit haben Sie einen schönen Blick auf Auxerre.

Sie unterqueren die N6 und wandern weiter bergab. Schließlich überqueren Sie eine Fahrstraße und wandern einen Schotterweg entlang. Sie kommen auf einen Asphaltweg, gehen nach rechts und stoßen auf die Rue des Mignottes, der Sie nach links folgen. Sie kommen am Autohof des Busunternehmens Transdev vorbei und an Gleisen entlang bis auf die Höhe des Bahnhofs von Auxerre.

Wenn rechter Hand der Zaun zum Gleiskörper an einem Stoppschild endet, überqueren Sie die Gleise entweder mithilfe der Fußgängerbrücke oder direkt über die Gleise.

Nach dem Überqueren der Gleise achten Sie mal auf den Radweg, der, noch bevor die Straße erreicht ist, quert und rechts am Bahnhof endet. Links führt er in einem weiten Bogen auf einer eigenständigen Trasse, Straßen werden auf Brücken oder Tunneln gequert, in einem Grünstreifen um die Stadt herum bis ganz in den Westen. Über diesen grünen Weg ist auch der GR 654 mit dem Pilgerweg gelegt. Nach ca. 1,5 km erreicht der Weg eine nach Südwesten gerichtete alte Wegtrasse der Via Agrippa, die jetzt Voie Romaine heißt und heute mit einer stark befahrenen Ausfallstraße überbaut ist. Der GR 654 führt bis dort über den Radweg und dann auf Nebenwegen nach Süden in das Städtchen Vaux am Fluss Yonne. Meine Wegbeschreibung weicht hier am Bahnhof vom GR ab, einmal, um in die Altstadt zu kommen, und zum anderen, da es mir attraktiver erscheint, Auxerre auf dem Radweg entlang des Flusses wieder zu verlassen. Die genaue Beschreibung des GR-Weges muss ich Ihnen schuldig bleiben, ein genauer GPS-Track steht aber zur Verfügung.

Folgen Sie also geradeaus der Avenue Gambetta in Richtung Office de Tourisme und Centre Ville. Sie überqueren die Yonne auf der Brücke Paul Bert. Der Blick auf die Stadt und die Kathedrale Saint Étienne ist im Abendlicht besonders schön. Auf der anderen Seite des Flusses endet diese Etappe. Ihr weiterer Weg biegt hier nach links in den Boulevard Vaulabelle.

In die Altstadt und zu den meisten hier aufgeführten Übernachtungsmöglichkeiten gehen Sie geradeaus entlang der Rue du Pont, wahlweise auch rechts am Ufer der Yonne entlang bis zur Fußgängerbrücke und dort zur Stadt hinauf.

Idylle mit Schwan am Ufer der Yonne

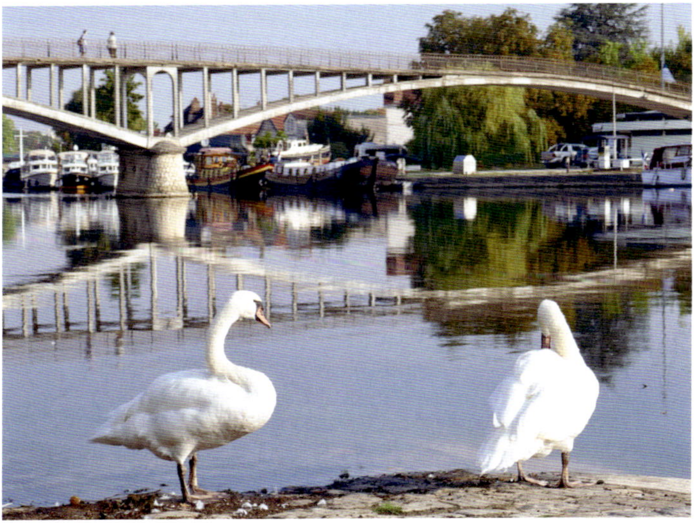

Auxerre

89000

Office de Tourisme, 7 Place de l'Hôtel de Ville (am Uhrenturm), 03 86 52 06 19, info@ot-auxerre.fr, www.ot-auxerre.fr, 770 m, April-Juni u. Sep Mo-Sa 9:00-18:00, So 9:30-12:30 u. 14:00-17:00, Juli, Aug tägl. 9:00-19:00, Okt-März Di-Sa 10:00-13:00 u. 14:00-18:00. Im Touristenbüro bekommen Sie eine deutschsprachige Broschüre, die die Sehenswürdigkeiten kurz und knapp, aber gut beschreibt.

Logis Hôtel Le Seignelay, 2 Rue du Pont, 03 86 52 03 48, contact@leseignelay.com, www.leseignelay.com, 440 m, im Zentrum, 16 Zimmer, Ü EZ ab € 55, DZ ab € 73, F € 7,50, € 5

Ibis budget Auxerre Centre, 28 Rue Étienne Dolot, 08 92 70 00 02, ha1r3@accor.com, am Weg, Ü EZ/DZ ab € 55, DBZ ab € 69, GB

Inter Hôtel Normandie, 41 Boulevard Vauban, ☏ 03 86 52 57 80, reception@hotelnormandie.fr, www.hotelnormandie.fr, 1,25 km, am nordwestlichen Rand des Zentrums, 47 Zimmer, Ü EZ/DZ ab € 83, F € 11, € 8, Sauna, Fitnessraum

♦ **Hôtel Du Commerce Auxerre**, 5 Rue René Schaeffer, ☏ 03 86 52 03 16, contact@hotelducommerceauxerre@wanadoo.fr, www.hotelducommerceauxerre.fr, 830 m, Altstadtzentrum, 16 Zimmer, ÜF EZ € 50, DZ € 55, DBZ € 67, VBZ € 71, gratis, GB

Maison des Randonneurs, 5 Rue Germain Bénard, ☏ 03 86 41 43 22, 07 67 53 72 07, accueil@maison-rando.fr, www.maison-rando.fr, 600 m, im Zentrum, 23 Betten, Ü € 19 p. P, F € 5,90, Bettwäsche € 3,50, Küche vorhanden, , Einchecken ganzjährig in der Zeit von 16:00-19:00, Okt-März aber nur nach vorheriger Reservierung und Verabredung eines Zeitpunkts der Anreise, das Maison des Randonneurs ist auch Sitz der Jakobusbruderschaft im nördlichen Burgund (☞ Informationen). Sie bekommen hier auch eine Liste der speziellen Pilgerunterkünfte für den weiteren Weg nach Vézelay.

♦ **Résidences Jeunes de l'Yonne**, 16 Boulevard Vaulabelle, ☏ 03 86 52 45 38, contact@rjv.fr, www.residences-jeunes-yonne.fr, 450 m, südlicher Altstadtrand, 100 Plätze, ÜF € 35, Mahlzeiten (nur mit Reservierung) € 9-12

Camping municipal d'Auxerre, 8 Route de Vaux, ☏ 03 86 52 11 15 + 03 86 51 17 54, campingauxerre@orange.fr, 350 m, 1,3 km südlich der Altstadt, flussaufwärts, 160 Stellplätze, Stellplatz € 5,10, Ü € 4,10, , April-Sep

GT Auxerre, ☏ 03 73 53 05 30

♦ Abc Taxi, 06 76 60 66 06

♦ Artisans Taxis Auxerre, ☏ 03 86 94 02 02

www.viamobigo.fr ➔ Infos Réseaux ➔ Réseaux régional Mobigo ➔ Yonne-fiche horaires: Wenn Sie diesem Pfad folgen, erhalten Sie eine Liste der Regionalbusfahrpläne im Département Yonne. Sie können auch einfach „Bus Yonne" googlen und kommen auf dieselbe Seite.

Auxerre hat einen Bahnhof (Auxerre-Saint-Gervais) an der Regionalbahnstrecke Avallon–Paris. Es gibt Direktzüge nach Paris-Bercy (Startbahnhof der Flixbusse). Manche Verbindungen sind auch mit einem Umstieg in Laroche-Migennes (Umsteigebahnhof auch Richtung Tonnerre, Dijon, Lyon) verbunden. Nach Süden führt die Strecke nahezu parallel zum Pilgerweg. Die Bahnhöfe Vincelles, Cravant-Bazarnes, Arcy-sur-Cure und Sermizelles-Vézelay liegen direkt oder nahe am Wanderweg. Bedient wird die Strecke 4-5 x am Tag, zum Teil auch als Schienenersatzverkehr (Bus).

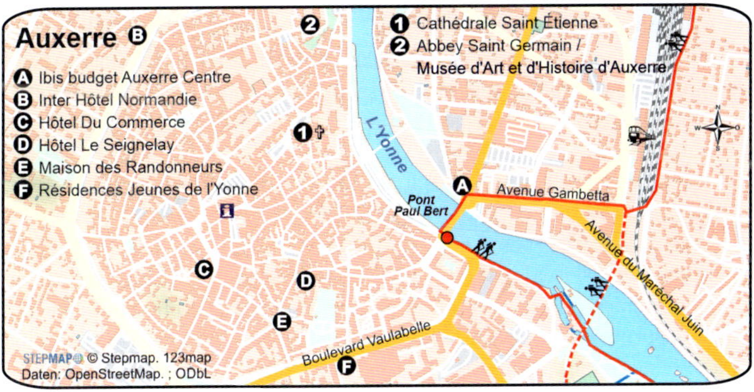

Weg durch Auxerre

✞ Die **Cathédrale Saint Étienne** (dt. „Stephansdom") ist ein Meisterwerk der burgundischen Gotik und bereits der fünfte Kirchenbau an dieser Stelle. Begonnen wurde damit Anfang des 13. Jh., der Turm wurde aber erst im 16. Jh. errichtet. Für den Pilger interessant dürften die vielen Jakobusdarstellungen im Innenraum, den großen Chorfenstern, aber auch in den Ornamenten im Eingangsbereich sein. Nicht leicht fällt es, die Details zu entziffern. Man wünscht sich ein gutes Fernglas. Eine gute Hilfe ist die Webseite 💻 yonne-compostelle.e-monsite.com. Auf der Startseite wählen Sie unter Patrimoine die Seite Saint Jacques dans l'Yonne. In Bild und Schrift sind hier die Jakobusdarstellungen aufgelistet. Wenn man erst mal weiß, wo man suchen soll, ist es einfacher. Eine Fundgrube ist diesbezüglich auch besonders die Schatzkammer (frz. trésor). Das kleine Eintrittsgeld ist da gut angelegt.

🚪 Kathedrale tägl. 9:00-18:00, Krypta und Schatzkammer April-Mitte Okt 10:15-13:00 und 14:15-17:30

✞ Die ehemalige **Abbey Saint Germain** beherbergt die ältesten in Frankreich bekannten Wandmalereien. Sie stammen aus karolingischer Zeit und sind in der vollständig erhaltenen, umfangreichen Kryptenanlage aus dem 9. Jh. zu bewundern. So steht es jedenfalls auf der touristischen Webseite der Stadt. Ich bin nicht ganz sicher, wie das genau gemeint ist. Vermutlich wird hier auf die ältesten bekannten Wandmalereien der christlichen Kultur in Frankreich hingewiesen, denn nur gut einen Tagesmarsch weiter südlich werden Sie direkt am Weg in den Höhlen von Arcy-sur-Cure Wandmalereien mit einem geschätzten Alter von 28.000 Jahren bewundern können.

Die Abtei entstand auf Betreiben des Bischofs Germanus (frz. Germain) von Auxerre an der Stelle, an der eine Begräbnisstätte für den Märtyrer Mauritius und sein Gefolge errichtet worden war. Er selbst wurde im Jahr 448 dort bestattet. 1810 wurde das Kloster säkularisiert und ist heute Musée d'Art et d'Histoire d'Auxerre.

Mi-Mo 10:00-12:00 u. 14:00-17:00, im Sommer verlängerte Öffnungszeiten

Der alte Stadtkern von Auxerre liegt auf einem Hügel, der Ende des 3. Jh. als Castrum befestigt wurde. Bereits im 5. Jh. erhielt Auxerre eine Kathedrale und im 12. Jh. wurden die umliegenden Siedlungen durch eine Stadtmauer geschützt. Die Stadt entwickelte sich durch ihre günstige Lage an der Yonne sehr gut und da Auxerre nur wenige Zerstörungen erlebte, ist heute ein großer Teil der Altstadt wirklich alt und denkmalgeschützt. Die Stadt trägt den offiziellen Titel „Stadt der Kunst und der Geschichte" und wurde im Wettbewerb Villes et Villages Fleuris mit dem Grand Prix, der vierten Blume, ausgezeichnet.

Auxerre ist wirklich eine bemerkenswert schöne und interessante Stadt mit vielen malerischen Ecken, mit Straßencafés, Restaurants und kleinen Läden, die so richtig zum Bummeln und Entspannen einlädt. Wie wär's mit einem Pausentag?

Reich verziertes Fachwerk in Auxerre

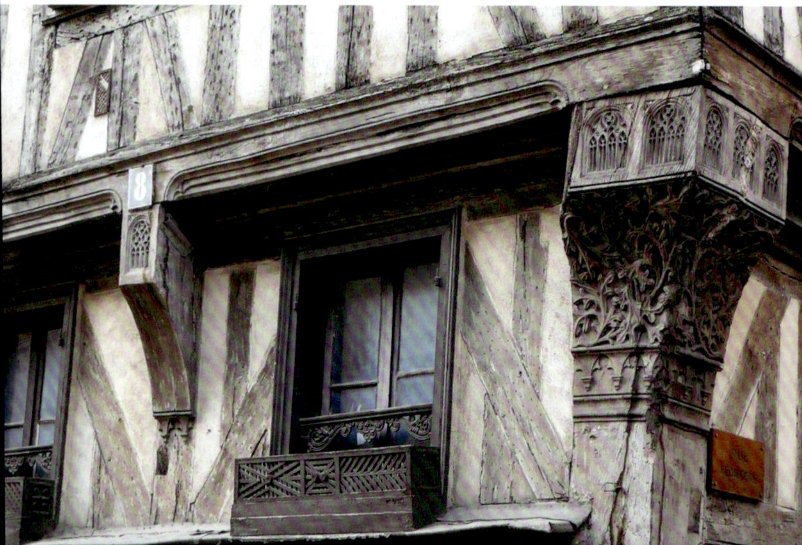

☺ Nur rund 20 km von Auxerre entfernt befindet sich in **Pontigny** die größte erhaltene Abteikirche des Zisterzienserordens. Es handelt sich hier um eine direkt von Cîteaux ausgehende Gründung (Primarabtei). Bei Interesse könnten Sie sich an der Radstation, die nur 400 m von der Brücke Paul Bert (über die Sie Auxerre erreicht haben) entfernt ist, ein Rad leihen, auch E-Bikes sind dort zu mieten (💻 www.maison-velo.fr, ☞ Wegbeschreibung).

✞ Klosterkirche Pontigny, 🚪 tägl. 9:00-19:00

Auxerre – Vaux 6,3 km

Von der Brücke Paul Bert wandern Sie nach links entlang der Yonne. Nach 300 m biegen Sie links in einen beschrankten Weg ein, der über eine Brücke auf ein Schleusengelände führt. Hier befindet sich eine 🚲 Radstation. Sie könnten sich auch ein Fahrrad leihen und bis Cravant am Kanal entlangfahren. Dort lässt sich das Rad zurückgeben (💻 www.maison-velo.fr).

Von der Schleuse spazieren Sie nun am Canal du Nivernais entlang auf der piste cyclable (dt. „Radweg"). Sie kommen am olympischen Kanu- und Kajakklub Auxerre vorbei und wandern immer weiter am Kanal entlang.

⌘ Canal du Nivernais

Der 174 km lange Schifffahrtskanal, der die Loire und die Seine miteinander verbindet, gilt als einer der schönsten Wasserwege in Frankreich. Gebaut wurde er, um Paris mit Brennholz zu versorgen. Besonders der kalte Winter 1782/83 mit seinem eklatanten Brennholzmangel führte dazu, dass der Bau des Kanals geplant und vorangetrieben wurde. Durch die Revolution verzögerte sich der Bau, der erst 1843 vollständig abgeschlossen war. Zwischen Auxerre und Cravant zeigt sich der Kanal durch Staustufen und Bypässe eng mit dem Fluss verwoben. Er bildet in großen Bereichen keine isolierte Wasserstraße, sondern ist Teil der Flusslandschaft, in der sich nicht nur die Freizeitkapitäne, sondern auch eine vielfältige Fauna wohlfühlen.

Nach rund 4 km erreichen Sie eine Straße und biegen nach links ein, nach 300 m aber wieder rechts in den Chemin de Poyry ab. (Es gibt nun eine gelb-rote Markierung, die aber für diesen Weg keine Bedeutung hat.) Der Chemin entfernt sich ein bisschen vom Kanal und trifft wieder auf die Straße.

Nach 400 m verlassen Sie die Straße nach links zum Kanal hin. Sie wandern weiter an einem schönen, schattigen ⛺ Rastplatz vorbei und kommen zu einer Brücke, die über den Fluss führt. Rechts kämen Sie in den Ortskern von Vaux.

Vaux

B&B ✕ 89290

B&B **Domaine Dessus Bon Boire**, Catherine et André Donat, 19 Rue de Vallan, ☏ 03 86 53 89 99, 06 61 43 17 49, catherine@dessusbonboire.com, www.dessusbonboire.com, ➲ 250 m, 5 Zimmer, ÜF EZ € 58, DZ € 68, DBZ € 78, , GB

Vaux – Escolives-Sainte-Camille 3,2 km

In Vaux erreicht der GR 654 wieder den hier vorgeschlagenen Weg. Gemeinsam überqueren Sie den Fluss auf der Brücke. Direkt danach gehen Sie rechts die Stufen hinab und damit wieder vom GR ab, denn der hat anderes vor. Der GR nimmt hier Kurs auf die den Fluss und den Kanal begleitenden (Wein-)Berge. Sicher auch ein schöner Weg und für manchen vielleicht eine Option. Rechnen müssen Sie allerdings mit vielen Auf- und Abstiegen und einer etwas längeren Wegstrecke. In Cravant treffen GR und die hier beschriebene Variante wieder zusammen.

Auch der nun folgende Uferweg ist mit einer Jakobsmuschel markiert. Sie sitzt auf der bereits bekannten gelb-blauen Markierung. Diese gehört hier zur Via Senonensis, die aus Paris kommend Auxerre erreicht hat und gemeinsam mit dem GR 654 bis Vaux markiert war.

✕ Bevor Sie weitergehen, könnten Sie in dem kleinen, von der Brücke aus voraus bereits sichtbaren ✕ Restaurant Chez Emeline zu Mittag speisen (Mo u. So geschlossen, Sa nur am Abend geöffnet, ➲ 60 m).

Für Radfahrer ist der Uferweg gesperrt. Sie fahren geradeaus von der Brücke und am Chez Emeline nach rechts. So kommen Sie automatisch wieder auf den Pilgerweg.

Auf lauschigem Pfad wandern Sie zwischen Ufer und den Zäunen der Privatgrundstücke ca. 1,6 km bis zur Anlegestelle für Haus- und Motorboote in **Champs-sur-Yonne** . Die gelb-blaue Markierung weist die Zufahrt links vom Ufer weg. An der ersten Querstraße gehen Sie rechts durch eine ufernahe Siedlungsstraße.

Die zweite Straße links (Rue Saint Blis) würde Sie zu einem Supermarkt führen, ➲ 475 m.

Ihr Weg führt aber geradeaus bis an eine Gabelung. Hier zeigt die Markierung links (geradeaus ist eine Picknickarea am Wasser zu erkennen) und führt Sie durch das Ortszentrum an einer Bäckerei und der Kirche vorbei auf der Grande Rue Charles de Gaulle bis an das Ortsende.

Gehen Sie halb rechts durch den Park, über eine kleine Brücke, am Ufer der Yonne entlang und queren Sie dann den Fluss auf der großen steinernen Brücke in das jenseitige Escolives Saint Camille.

☺ Rechts am Ufer finden Sie hier eine Unterkunft.

Escolives-Sainte-Camille B&B 89290

B&B **Chambres d'hôtes Entre Canal & Vignes**, Paricia Coste, 4 Rue du Canal, Escolives, La Cour Barrée, 06 14 32 01 93, contact@entre-canal-et-vignes.fr, www.entre-canal-et-vignes.fr, 60 m, 5 Zimmer, ÜF EZ € 50 DZ € 60, A € 16 (nur bei rechtzeitiger Reservierung), Preise nur nach Vorlage eines Pilgerausweises, großer Garten, Kochnische,

Escolives-Sainte-Camille – Vincelles/Vincelotte 4,4 km

Von der Brücke biegen Sie nach links in den Uferweg. Nach 4,4 km quert eine Straße (D38), die links über Kanal und Fluss nach Vincelottes führt, 420 m. Das Hotel/Restaurant ist ausgeschildert.

Vincelottes 89290

Hôtel Restaurant Auberge des Tilleuls, 12 Quai de l'Yonne, 03 86 42 22 13, lestilleulsvincelottes@yahoo.fr, www.auberge-les-tilleuls.com, 420 m, ÜF EZ ab € 83, DZ ab € 98, DBZ ab € 148, VBZ ab € 180, € 12,50, F für Menschen, die nicht im Hotel übernachtet haben € 15

Ganz in der Nähe der Auberge befindet sich auch eine Privatunterkunft für Pilger, bei der Sie sich aber einen Tag vorher anmelden müssen. Die Adresse finden Sie auf folgender Webseite yonne-compostelle.e-monsite.com → Pelerins → hébergements → Auxerre – Vézelay ☞ Maison des Randonneurs

Nach rechts ginge es zum Campingplatz in Vincelles und zu einem Supermarkt.

Vincelles 89290

Camping Les Cerilles, Route de Vincelottes, 03 86 42 50 47, camping@cc-payscoulangeois.fr, www.campingceriselles.com, am Weg, 80 Stellplätze, Stellplatz u. Ü € 7,50-10:00 (je nach Saison), 20 Chalets ab € 21 p. P., , April-Sep

Auxerre

Vincelles/Vincelotte – Cravant 5,4 km

Sie folgen geradeaus dem Uferweg, bis Sie die D606 (N6) erreichen. Dieser folgen Sie nach links über den Kanal und die Yonne hinüber nach Cravant, das Sie durch die Porte d'Orléans (14. Jh.) betreten.

Cravant (Deux Rivières) 89460

Syndicat d'initiative, 55 Rue d'Orléans, 03 86 42 23 34, mairie-cravant@wanadoo.fr, www.cravant-yonne.fr, 200 m, Mo-Fr 10:30-11:00, So 10:00-12:00

Hôtel Les Lilas des Deux Ponts, 12 Route Paris, 03 86 42 23 91, leslilas.desdeuxponts@laposte.net, am Weg, 15 Betten, für Pilger Ü € 30, kein F, kein A, , GB, ☹ etwas in die Jahre gekommenes, ungepflegtes Hotel

♦ **Village-Châlets – le Rû du Pré**, 7 Route de l'Emoulerie, 03 86 42 56 13, 06 80 30 30 99, 450 m, Wohnwagen mit je 2 Plätzen € 30 p. P., Halbpension € 50, , @ , ganzjährig

Auxerre

Cravant liegt am Zusammenfluss von Cure und Yonne noch im Weinbaugebiet Irancy. Rund 800 Jahre lang wurde hier Kalkstein bergmännisch abgebaut, sodass riesige unterirdische Hohlräume entstanden sind. Die mittelalterliche Bedeutung lag in einem großen Hafen mit Warenlagern. Es soll der erste Hafen an der Yonne gewesen sein.

Aus dieser Zeit stammen auch die Reste der Befestigungsanlagen. Cravant hat eine Burg mit bewohntem Wehrturm (Donjon, am Weg) und einen Rundturm mit Glocke (im Norden der Altstadt). Der Rundturm ist das höchste Gebäude im Ort und diente der Überwachung der Umgebung. Die Kirche Saint Pierre et Saint Paul geht zurück auf das 9. Jh. Der imposante, dreistöckige Glockenturm ist von 1551.

Cravant – Accolay 3 km

☺ Nach Accolay ist der Weg nun wieder weiß-rot (GR 654), gelb-blau und mit der Jakobsmuschel markiert. Er folgt ab Cravant dem in die Yonne mündenden Flüsschen Cure, kürzt hier aber eine Flussschleife über eine Zwischenhöhe ab.

🚲 Radfahrer fahren auf der D606 nach Accolay. Ich kenne leider keine Alternative.

Vom Stadttor aus gesehen führt die nächste Straße rechts zur Kirche. (↳ Geradeaus kämen Sie zu einem Lebensmittelladen.) Sie gehen links an der Kirche vorbei auf der Rue de l'Église, kommen zu einem Mahnmal und biegen dort noch mal links ab. An der Stadtmauer entlang, am Donjon und an einem Waschhaus vorbei, kommen Sie aus der Parkanlage an eine Querstraße. Überqueren Sie diese geradeaus in die Rue de Monteloup.

Sie folgen der Straße durch eine Rechtskurve und biegen dann links in den aufwärtsführenden Schotterweg ab. An einer Gabelung halten Sie sich links auf dem schmaleren Weg. Der schöne Bergweg führt aufwärts durch den Wald. An einer Kreuzung gehen Sie geradeaus bis zum Waldrand und dort rechts in einen Feldrandweg. Es folgt noch eine Kreuzung, an der es geradeaus geht. Dann ist die Höhe auch schon überwunden. Der Blick geht zunächst nach Vermenton, Accolay taucht (weiter rechts) erst auf, wenn Sie in den Weinbergen abwärtswandern. Sie kommen an einer allein stehenden Linde mit Wegkreuz vorbei und erreichen die D606 (N6), auf der Sie 50 m nach links gehen, bevor Sie dann rechts in eine Nebenstraße abbiegen. Es gibt eine ⛩ Picknickarea vor dem Fluss (Cure). Nach der Brücke biegt der Weg nach links in die Rue du Canal, ↳ geradeaus kämen Sie zur Kirche und zur Ortsmitte.

Accolay (Deux Rivières) 🛏 B&B 🏠 ⛺ ✕ 🏦 ✉ 89460

B&B ✕ **Hostellerie de la Fontaine und Chambres d'Hôtes**, 16 Rue de Reigny, ☎ 03 86 81 54 02, 📱 06 37 51 83 82, ✉ hostellerie.fontaine@gmail.com, 💻 hostellerie-de-la-fontaine.fr, ➲ 140 m, 2 Zimmer, 5 Betten, ÜF EZ/DZ ab € 58

🏠 **Maison de Pèlerins**, „ruhe dich aus und atme“, Petra Beerens, 6 Rue du Canal, ☎ 03 86 34 08 26, 📱 06 37 51 83 82, ✉ petrabeerens1@gmail.com, ➲ am Weg, Ü auf Spendenbasis, 7 Plätze, D, GB, NL

⛺ **Camping privé La belle Étoile**, Le Moulin Jacquot, ☎ 03 86 42 82 97, ➲ 350 m, ÜHP, vorher anrufen, auf Spendenbasis

Accolay – Bessy-sur-Cure 6 km

☺ Der Pilgerweg passiert nach 2,6 km das ehemalige **Zisterzienserkloster Reigny**. Es wird heute für Veranstaltungen benutzt. Für hohe Summen kann man dort auch übernachten. Einige historische Räumlichkeiten können aber auch im Rahmen einer Führung besichtigt werden. Falls Sie daran Interesse haben, empfehle ich Ihnen in Accolay nach dem besten Weg zu fragen. Vielleicht muss ja gerade jemand zum Einkaufen nach Vermenton und kann Sie am Kloster absetzen? Der Fußweg erscheint mir, nach Kartensicht zu urteilen, wenig vergnüglich. Vom Weg aus sind die Klostergebäude zwar zu sehen, es liegt allerdings jenseits der Cure und da es keine Brücke gibt, ließe es sich allenfalls, einen niedrigen Wasserstand vorausgesetzt, im Kneipp'schen Storchengang erreichen.

♦ **Abbaye de Reigny**, 💻 www.abbayedereigny.com, 🚪 Mai, Juni, Sep So um 15:00, 16:00, 17:00, Juli/Aug tägl. (außer So/Mo am Vormittag) um 10:15, 11:15, 15:00 16:00, 17:00 und ab Mitte Juli auch um 18:00, für Gruppen nach Voranmeldung ganzjährig

Bahnbrücke im Tal der Cure

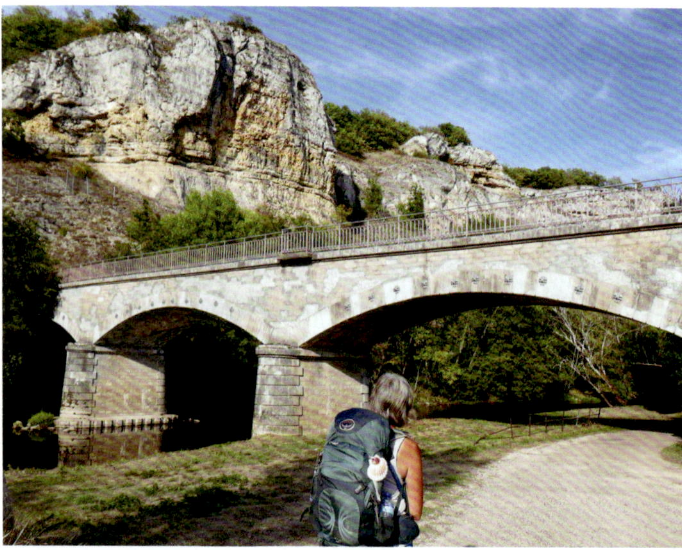

Sie folgen der Rue du Canal durch die Rechtskurve, passieren das Maison de Pèlerins und kommen dann in die Rue de Reigny, der Sie links folgen. Sie gehen geradeaus über das Gleis der Bahnstrecke und dann in die Felder. An einem Wegkreuz mit Bank zweigt links ein Weg nach Vermenton ab. Sie gehen geradeaus weiter und kommen in den Wald.

Sie kommen an der gotischen Abtei Reigny vorbei, die auf der gegenüberliegenden Flussseite liegt. Eine Brücke gibt es hier nicht. Kurz nachdem Sie die Abtei passiert haben, erreichen Sie eine Waldwegkreuzung. Hier gehen Sie nach links auf den Fluss zu. Am Fluss entlangwandernd erreichen Sie Bessy-sur-Cure über den Chemin Rural de la Vernault. An der querenden Fahrstraße gehen Sie links und kommen an eine Kreuzung. Der Pilgerweg biegt gleich nach der Kreuzung, noch vor dem ersten Haus, links in einen schmalen Fußweg.

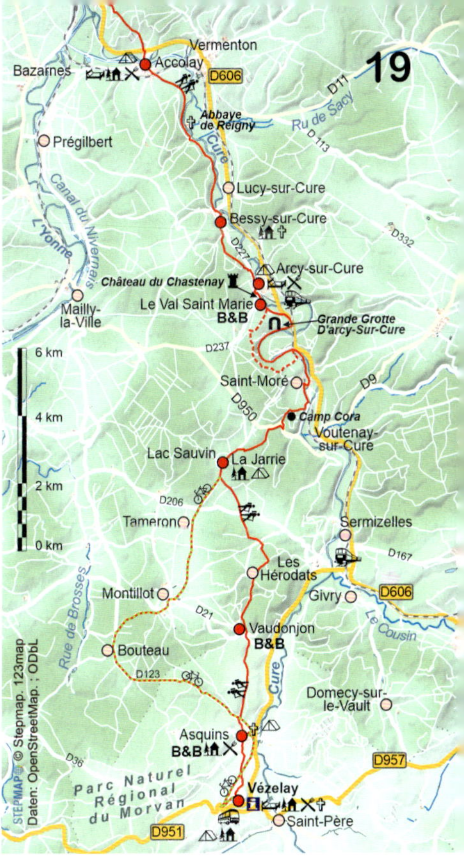

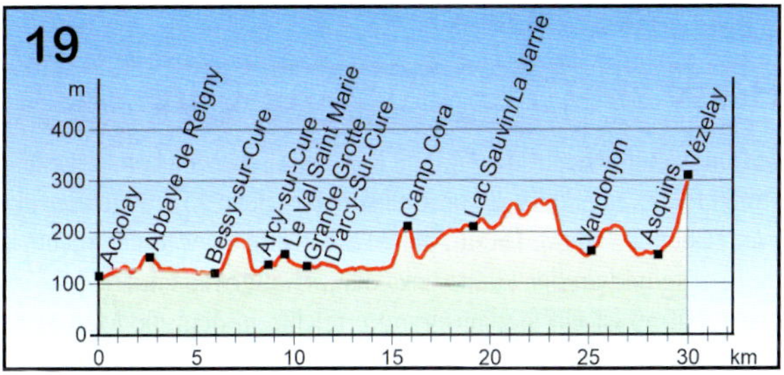

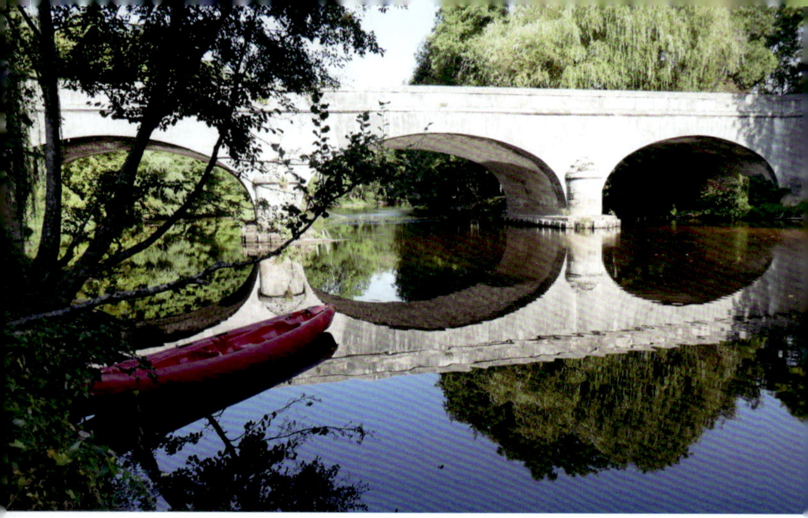

Brücke über die Cure in Bessy-sur-Cure

Radfahrer fahren geradeaus auf der Grande Rue durch Bessy-sur-Cure und im Folgenden auch weiter auf der Straße nach Arcy-sur-Cure.

Fußgänger laufen ein Stück am Flussufer entlang zu einem Picknickplatz, biegen dann wieder rechts ab und kommen an der Mairie vorbei zurück zur Grande Rue.

Sie gehen links und erreichen 150 m weiter die Gîte d'étappe municipal.

Bessy-sur-Cure 89270

Gîte d'étappe municipal, Mme. Cuny, 107 Grande Rue, 06 33 04 69 42, am Weg, 8 Zimmer mit Bad, 25 Plätze, Ü € 22,48, Abendessen auf Vorbestellung € 10,

Bessy-sur-Cure – Arcy-sur-Cure 2,1 km

150 m weiter erreicht die Grande Rue die Kirche. Sie könnten einfach der Hauptstraße folgen, markiert ist kurzweiliger, aber auch anstrengender über den oberen Weg (Chemin Haute). Hierfür gehen Sie in Höhe der Kirche rechts über den Place de l'Église und an der Kirche links den Schotterweg am Friedhof vorbei aufwärts. Nach 200 m ist ein Siedlungsrand erreicht, an dem die Markierung nach rechts zeigt.

Gemeint ist der zweite rechts abzweigende Weg (Chemin de Vermenton à Vézelay).

An der nachfolgenden Gabelung gehen Sie halb links im Wald steiler aufwärts.

Auf der Höhe gibt es eine Kreuzung. Gehen Sie links, bald sehr steil, abwärts. Erneut geht es bergan und wieder bergab an einen Ackerrain. Hier gehen Sie links entlang und wieder in den Wald. Schließlich treffen Sie wieder auf die Straße und gehen dort rechts weiter.

An den ersten Häusern schwenkt der markierte Weg noch einmal rechts in einem Bogen um das Dorf. Dies schien mir nicht mehr attraktiv. Gehen Sie geradeaus an der Kirche vorbei bis zum Abzweig der Rue du Pont. Die führt links über die Brücke zu den Unterkünften.

Arcy-sur-Cure B&B 89270

B&B **Chambres d'hôtes L'Expatisserie**, Steve Lytton & Chriss Guy, 7 Rue de l'Orme, 03 86 81 90 75, 06 80 82 93 55, steve.lytton@orange.fr, www.expatisserie.eu, 250 m, 4 Zimmer, 1 Gîte, ÜF EZ/DZ € 60-85 je nach Zimmer, Aufbettung € 20, GB, D

♦ **La Maison de Rafah**, 18 Rue de L'Orme, 03 86 81 90 23, 06 83 32 90 73, lamaisonderafah.com, maisonderafaharcy@gmail.com, 250 m, 4 Zimmer, ÜF EZ/DZ ab € 60, A möglich

L'Chaumière, 5 RN6 (D606), 03 86 81 91 47, contact@lachaumierearcy.fr, www.lachaumierearcy.com, 500 m, 5 Zimmer, Ü EZ/DZ € 72, F € 10, auf Anfrage können auch Gruppen von bis zu 20 Pers. auch mit HP untergebracht werden (es gibt weitere Gästezimmer in der Nähe), April-Okt.

Camping de l'Isle St-Jean, Rue Tardy, 09 67 75 27 36 und 07 88 66 71 08, stephane.michel519@orange.fr, 400 m, 49 Stellplätze, Zelt € 2,50, Ü € 6,10, € 1, Bungalow ab € 38, Mai-Okt

Auxerre

Ary-sur-Cure - Le Val Saint Marie 0,6 km

Zur Fortsetzung biegen Sie nicht links zur Brücke ab, sondern folgen geradeaus der Rue Cottin aufwärts. Vor dem Schlosspark (Château du Chastenay) biegen Sie links in die Querstraße und nach 50 m rechts in einen Weg mit einem Wegweiser zum GR 13 ab. Auch der GR 654 müsste hier verlaufen. Einen Hinweis habe ich nicht gesehen.

Sie laufen unterhalb der Mauer des Schlossparkes im Wald und erreichen wieder Besiedlung und die Grande Rue. Es ist der Ortsteil Le Val Sainte Marie. Folgen Sie der Grande Rue links zum B&B Couleur Caramel.

Le Val Saint Marie B&B ✉ 89270

B&B **Couleur Caramel**, Clotilde Lequin, 21 Grande Rue, ☏ 03 86 81 91 03, 📱 06 59 77 98 16, ✉ cloditel1@live.fr, ➲ am Weg, ÜF EZ/DZ € 50, kein A, Reservierungswunsch gerne per SMS

Le Val Saint Marie – Lac Sauvin/La Jarrie

9,9 km

Wenn Sie an dem B&B vorbeigehen, kommen Sie an eine Gabelung.

➪ Hier zeigen die weiß-rote Markierung des GR 13 und die des GR 654 rechts. Falls Sie die Höhlen von Arcy nicht besuchen wollen, könnten Sie diesem Weg über die Höhe folgen. (Die Weglänge bleibt zwar unberührt. Allerdings steht Ihnen ein nicht unerheblicher Anstieg von 90 und ein steiler Abstieg von etwa 100 Höhenmetern bevor und es entgeht Ihnen das wunderbare Wegstück entlang der Cureschleife. Ein GPS-Track ist vorhanden.)

Andernfalls folgen Sie dem Sträßchen nach links. Sie erreichen die D606, betreten sie aber nicht, sondern folgen dem Nebensträßchen halb rechts, das im Bogen den Besucherbereich zur Grand Grotte erreicht.

⌘ Höhlen von Arcy

Die Höhlen von Arcy wurden einst vom Flüsschen Cure in den Kalkstock eingegraben. Es handelt sich dabei um eine ganze Reihe von Höhlungen, die längst nicht alle abschließend erforscht sind. Nur eine der Höhlen, die größte allerdings, die Grand Grotte, ist für Besucher im Rahmen einer Führung zugänglich. Wer bereits andere Tropfsteinhöhlen gesehen hat, wird hier nicht sonderlich verwöhnt, denn die Höhle ist aufgrund ihrer leichten Zugänglichkeit in der Vergangenheit geplündert worden. Gleichwohl gibt es einige eindrucksvolle Stalaktiten und Stalagmiten zu bewundern. Die eigentliche Bedeutung der Höhle liegt in ihrer prähistorischen Vergangenheit. Sowohl Neandertaler als auch Cro-Magnon-Menschen haben hier gelebt und ihre Spuren hinterlassen. Einige der rund 28.000 Jahre alten Felszeichnungen können Sie besichtigen.

Erst 1990 wurde die erste Zeichnung, die unter einer fast undurchsichtigen Calcitschicht verborgen war, zufällig bei archäologischen Arbeiten entdeckt. Seither hat man in mühevoller Kleinarbeit eine ganze Reihe von Bildern freigelegt. Als in der letzten Kaltzeit die erstaunlich lebendigen Darstellungen entstanden, gab es hier noch Mammut, Nashorn und Bison.

♦ www.grottes-arcy.net, tägl. 10:30, 11:30, 14:30, 15:30 und 16:30. Die Führungen sind auf Französisch. Gibt man sein mangelndes Sprachvermögen bekannt, bekommt man aber auch, in Kurzform, die Übersetzung ins Englische und manchmal auch ins Deutsche. Das hängt von der Führung ab.

Von der Haupthöhle aus spazieren Sie weiter am Fluss entlang auf einem wunderschönen und leicht zu gehenden Weg, links murmelt und plätschert die Cure vor sich hin, rechts liegen steile Felsen mit Höhlen und Grotten, die Sonne blitzt durchs Gebüsch und Eidechsen flitzen über den Weg. Man müsste ein romantischer Dichter sein, um das alles richtig beschreiben zu können.

Einmal gibt es eine Gabelung, an der es links weitergeht. Sie kommen an ein kleines Sträßchen, das Sie in Flussnähe im nun breiteren Tal mit Sicht auf die schroffen Kalkabbrüche weiterführt. Sie unterqueren die Bahnstrecke im Curetal und erreichen Saint-Moré nun auch wieder bei weiß-roter Markierung (Hinweis auf den GR 13).

An der Kirche gehen Sie rechts zum Gasthof und dort rechts in die Rue de Crot. Nach dem Überqueren der Bahnlinie gehen Sie links in der Rue de la Roche, aber gleich wieder links davon ab in einen Feldweg, der parallel zum Gleis verläuft.

Der Weg biegt bald nach rechts und steigt in den Wald. Auf der ersten Anhöhe lassen Sie einen links abzweigenden Weg außer Acht und erreichen wenig weiter das Camp Cora. Hierbei handelt es sich um einen ovalen, befestigten Platz von 600 x 400 m, der bereits in der Bronzezeit strategische Bedeutung hatte und den Römern sehr viel später als Lager zur Sicherung des Cureübergangs an der Via Agrippa diente. Ihr Weg biegt hier, gut markiert, nach links zu einer Gabelung ab, an der es rechts nun abwärtsgeht. An der nächsten Gabelung gehen Sie links steil hinunter an eine Straße. Der Straße folgen Sie links 200 m abwärts und biegen dann rechts in einen Waldweg ab. Der trifft auf einen weiteren Weg, dem Sie rechts folgen. Es gibt weitere Abzweige, die aber nicht ernsthaft vom guten Talweg ablenken. Dann folgt eine Gabelung, an der es rechts weitergeht. Schließlich landen Sie auf einem Querweg, an dem Sie auch rechts abbiegen, und wenig weiter biegen Sie links in einen Weg ein, der zu einem Sträßchen führt. Links folgen Sie diesem in den Doppelort Lac Sauvin/La Jarrie.

La Jarrie 89270

Gîte d'étape Loisi-Yonne, 7 Route de Montillot, 06 85 52 65 45, contact@loisi-yonne.com, www.loisi-yonne.com, am Weg, 100 Schlafplätze, Ü € 10, HP € 35, Campingmöglichkeit auf Anfrage, . Unbedingt einen Tag vorher anrufen. Sehr einfache, aber saubere Unterkunft.

Lac Sauvin/La Jarrie – Vaudonjon 6,1 km

200 m hinter dem Ortsende biegen Sie nach links auf eine weiß-rot markierte Schotterpiste ab.

Radfahrer könnten, um die Wald- und Feldwege, die nun im bergig werdenden Land bis Vézelay anstehen, zu vermeiden, auf dem Sträßchen geradeaus weiter bis Montillot fahren. Dort nehmen Sie die D21 Richtung Südwesten, biegen aber am Ortsausgang links in das Sträßchen Richtung Asnières und Clamecy ab. Mitten im Wald quert nach 1,7 km die D123. Hier biegen Sie links ein und fahren bis Asquin. Von der Kirche Saint-Jacques-le-Majeur radeln Sie in südwestlicher Richtung zum Place de la Chêvrerie und biegen dort rechts in die Grande Rue, einer parallelen Nebenstraße zur D951. Die Verlängerung heißt Chemin de Saint-Jacques und führt schnurgerade nach Vézelay hinauf.

Die Schotterpiste führt in die Weite und über eine Kreuzung mit untergeordneten Wegen hinweg an eine Straße (D206), die Sie geradeaus zu einem schmalen Waldweg hin überqueren. Der kleine Weg stößt auf einen größeren, dem Sie nach links an eine Querstraße folgen. Gehen Sie geradeaus darüber hinweg zu einer Jagdhütte (Schutzdach mit Tischen und Bänken). Hier trennen sich GR 654 und GR 13.

Den GR 13 könnten Sie nutzen, um zum **Bahnhof Vézelay-Sermizelles** zu gelangen. Er ist bis dort weiß-rot markiert und biegt vor der Jagdhütte nach links, 3,3 km.

Sie folgen dem GR 654. Der biegt bald nach links und erreicht einen Querweg. Hier geht es rechts weiter. Im Weiler **Les Hérodats** folgen Sie geradeaus dem Teerweg. Wenn dieser am Ortsende nach rechts biegt, gehen Sie geradeaus davon ab. An der folgenden Gabelung gehen Sie rechts weiter auf gut markiertem Weg.

Hier ist zum ersten Mal voraus auf einem Hügel die Abtei in Vézelay zu sehen.

Durch ein Wiesental steigen Sie ab. In Sichtweite vom Weiler **Vaudonjon** biegen Sie links in einen Weg, der am Dorf vorbeiführt, und erreichen doch noch einen Siedlungsteil, an dem Sie geradeaus über eine Kreuzung hinweg zur Hauptstraße gehen.

Würden Sie an der Kreuzung in der Siedlung rechts gehen, kämen Sie zu einem B&B.

Vaudonjon le bas (Montillot) B&B 89660

B&B **Le Repos Coquelicot**, 15 Rue des Maraîchers, info@lereposcoquelicot.com, lereposcoquelicot.com, 03 86 40 72 81, 220 m, ÜF EZ ab € 71, DZ ab € 90, DBZ ab € 120

Vaudonjon – Asquins 3,2 km

Auf der Hauptstraße wenden Sie sich nach links. Nach 150 m wandern Sie rechts auf einem Schotterweg leicht bergan. Er führt Sie über eine Höhe hinweg an ein Sträßchen, auf dem Sie wieder abwärtswandern. Im Talgrund biegen Sie an der Kreuzung rechts zu einem Solitärgehölz (Linde) mit (rotem) Kreuz und Pausenbank ab und dort links in einen Feldweg.

Der führt nach Asquins. Noch vor den ersten Häusern gehen Sie an einer Kreuzung geradeaus auf dem Chemin de Croix Rouge weiter. Es folgt ein Abzweig links, der ignoriert wird, und dann eine Kreuzung mit weißem Kreuz und zwei Linden.

Hier könnten Sie links in den Ort laufen und die schöne Jakobuskirche besuchen.

Asquins B&B 89450

B&B **La Canotte**, Ruben Koelewijn, Judith van der Helm, 1 Chemin de la Canotte, 03 86 33 50 04, chambre@lacanotte.com, www.lacanotte.com, am Weg, am weißen Kreuz, Preise auf Anfrage, Reservierung erst ab 2 Nächten möglich, NL

Gîte d'étape Le Soleil Rayonnant, 48A Rue de la Chèvrerie, ☏ 03 45 45 11 00, 06 41 07 10 69 und 07 85 32 84 29, fantonetienne@gmail.com, fantonetienne.wixsite.com/gite, ➲ 220 m, DZ mit Gemeinschaftsbad, ÜF EZ € 36, DZ € 42, nur nach vorheriger Reservierung und mit Vorlage des Pilgerausweises, ganzjährig geöffnet, Check-in 18:00-20:00

Camping municipal, Route de Givry, ☏ 03 86 33 30 80, Buchung im Winterhalbjahr über Mairie: ☏ 03 86 33 20 14, lesroulottesdasquins@hotmail.fr, asquins-sous-vezelay-camping-roulottes.com, ➲ 800 m, Stellplatz € 3, Ü € 2,50 p. P., € 0,50, Wohnwagen bis zu 5 Personen ab € 75, , Mitte Mai-Mitte Sep

✞ **Église Saint-Jacques-le-Majeur**. Die Jakobskirche in Asquins wurde zusammen mit Vézelay und der Via Lemovicensis 1998 in die Weltkulturerbeliste aufgenommen. Das Kirchenschiff aus dem 12. Jh. ist der älteste Gebäudeteil, der 1569 der Zerstörung im Zuge der Hugenottenkriege entging. Der Kirchturm stammt aus der letzten Bauphase zwischen 1762 und 1775. Als wertvollstes Inventar wird eine bemalte, hölzerne Büste, die Jakobus den Älteren darstellt, angesehen. Sie stammt aus dem 16. Jh. und wurde als Reliquiar verwendet.

Asquins ist der letzte Ort vorm Erreichen der Basilika Sainte Marie-Madeleine in Vézelay. Im Codex Calixtinus wird Asquins als Ausgangspunkt der Via Lemovicensis bezeichnet. Der mögliche Autor des mittelalterlichen Pilgerführers, Aimeric Picaud, soll von hier aufgebrochen sein und auch einen Teil des Buches hier verfasst haben. Sehr wahrscheinlich ist Asquins in früheren Jahrhunderten Sammelpunkt vieler Jakobspilger gewesen. Anlaufpunkt war die Pilgerkirche Saint-Jacques-le-Majeur. Horst Degen (☞ Literatur) verweist auf den möglichen Platzmangel auf dem Hügel von Vézelay und schätzt, dass vor allem Pilger mit Pferden hier Unterstellmöglichkeiten und Futter für ihre Tiere fanden. Hinweis gäbe eine Flurbezeichnung an der Kirche: Pre des Pelerins (dt. „Pilgerwiese").

Asquins – Vézelay 2,1 km

Der Pilgerweg bleibt oberhalb des Ortes. Geradeaus laufen Sie nun auf dem Chemin de Croix Blanche und erreichen weitere Besiedlung an einer Querstraße. Sie gehen links und wenig weiter wieder rechts auf die Rue de la Bouillière. Nach einer Senke führt das Sträßchen wieder bergauf und dann biegen Sie in den ersten Weg rechts (Chemin de la Cordelle). Der verliert seinen Teer und steigt zum Franziskanerkloster La Cordelle mit der Chapelle de la Croix hinauf.

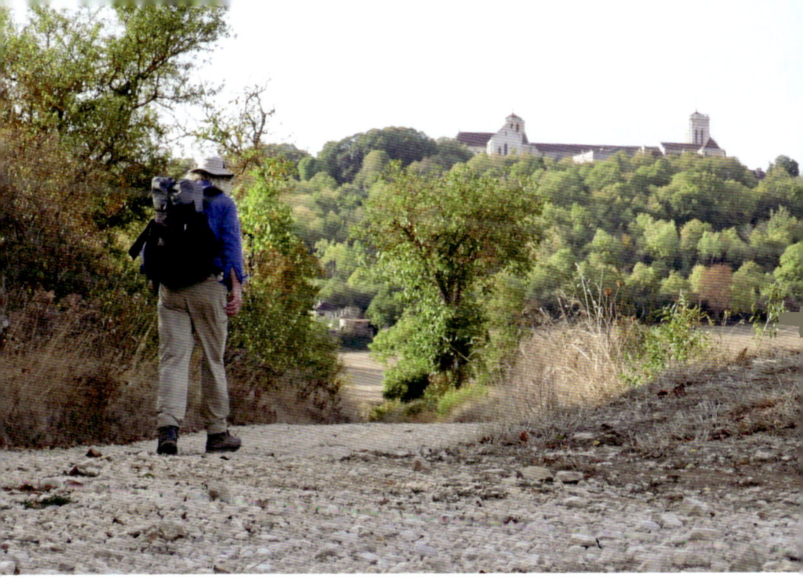

Nur noch wenig Schritte sind bis zur Wallfahrtsbasilika in Vézelay zu gehen

Chapelle de la Croix und La Cordelle

Die Chapelle de la Croix wurde vom damaligen Abt in Vézelay in Erinnerung an die Ereignisse, die zum Beginn des Zweiten Kreuzzugs führten, errichtet. Denn am 31. März 1146 wählte kein Geringerer als Bernhard von Clairvaux diese Stelle, um für den Zweiten Kreuzzug zu werben. Die Kirche auf dem Hügel wäre zu klein gewesen, um all die Ritter und Edelleute, die gekommen waren, zu fassen. So wählte Bernhard diesen Platz im Schatten des Nordhangs vom damals noch mächtigen Kloster für seine Überzeugungsreden.

Gut 50 Jahre später kamen die Minoriten (Franziskaner), noch zu Lebzeiten des Franz von Assisi, an diesen Ort und bauten um die Kapelle herum ihr erstes Koster in Frankreich auf. Die Franzosen tauften die Neusiedler nach ihrem Gewand mit dem Namen Kordelträger (frz. Cordeliers). Hieraus leitet sich der Name für das Kloster ab (La Cordelle = dt. „die Kordel"). Franz von Assisi selbst hatte bestimmt, dass das einfache Gewand aller seiner Brüder von einer Kordel, die mit drei kunstvollen Knoten versehen war, zusammengehalten werden sollte. Die drei Knoten symbolisieren die drei franziskanischen Tugenden Armut, Gehorsam und Keuschheit und bis heute ist ein solcher Gürtel Erkennungszeichen der Franziskaner.

Nach langen Jahren der Abwesenheit der Franziskaner leben heute wieder drei Brüder an diesem, nach wie vor La Cordelle genannten, Ort. Die romanische Kapelle de la Croix hat die Wirren der Zeit überdauert. Sie ist immer geöffnet. Die Brüder freuen sich auf Besuch, insbesondere zur Morgenmesse um 8:00.

☺ Von Vézelay aus können Sie nicht nur nach Santiago de Compostela weiterlaufen. Beim Kloster La Cordelle startet auch ein markierter Pilgerweg nach Assisi, dem Geburts- und Sterbeort von Franz von Assisi. Informationen bekommen Sie auf folgender Webseite: 💻 chemindassise.org.

Sie steigen weiter am Croix Saint Bernhard vorbei zum Ziel des Pilgerwegs hinauf, der Basilika Sainte Marie-Madeleine am Gipfel des Hügels.

Vézelay 89450

Office de Tourisme, 12 Rue Saint-Étienne, ☎ 03 86 33 23 69, ✉ vezelay.otsi@wanadoo.fr, 💻 www.vezelay.fr, ➲ von der Basilika 500 m, Mo-Sa 10:00-13:00 und 14:00-18:00, So nur 14:00-18:00

♦ **La Maison du Visiteur**, Place Adolphe Guillon, ☎ 03 86 32 35 65, ✉ maisonduvisiteur@orange.fr, 💻 www.vezelay-visiteur.com, ➲ von der Basilika 500 m, hier können Sie u. A. Führungen in der Basilika buchen, vermutlich wie bei der Information. Fragen Sie, falls abweichend, dort nach.

♦ **Amis et Pèlerin de Saint-Jacques**, 24 Rue Saint-Pierre, ☎ 03 86 32 38 11, 💻 www.vezelay-compostelle.eu, ➲ von der Basilika 80 m, 7. April-21. Sep tägl. und ganztägig, 13. März-6. April und 18. Sep-12. Okt Fr-Mo ganztägig, Informationszentrum für die Via Lemovicensis

Hôtel le Compostelle, 1 Place du Champ Foire, ☎ 03 86 33 28 63, ✉ le.compostelle@wanadoo.fr, 💻 le.compostelle@wanadoo.fr, ➲ von der Basilika 550 m, 18 Zimmer ab € 60

Auberge de Jeunesse und Camping, Route de l'Étang, ☎ 03 86 33 24 18, 📱 06 38 77 15 33, ✉ auberge.jeunesse.vezelay@orange.fr, 💻 www.camping-auberge-vezelay.com, ➲ von der Basilika 1,4 km, südlich der großen Parkplätze, 38 Betten, Ü ab € 14 im Schlafsaal (Pilgerpreis), € 20 im Studio, Ü Zelt € 2, € 4 p. P., € 0,50, GB, April-Okt 8:00-11:00 und 16:00-19:00, übrige Zeit auf Anfrage

Maison d'accueil de Vézelay, Centre Madeleine, Rue Saint-Pierre, ☎ 03 86 33 22 14, ✉ hotellerie@basiliquedevezelay.org, 💻 hotellerie-vezelay.fr, ➲ von der Basilika 80 m (neben dem Pilgerbüro), 18 Plätze, Ü € 12, F € 3, April-Okt, Check-in 11:30-12:00, 16:00-17:45, 19:30-21:00

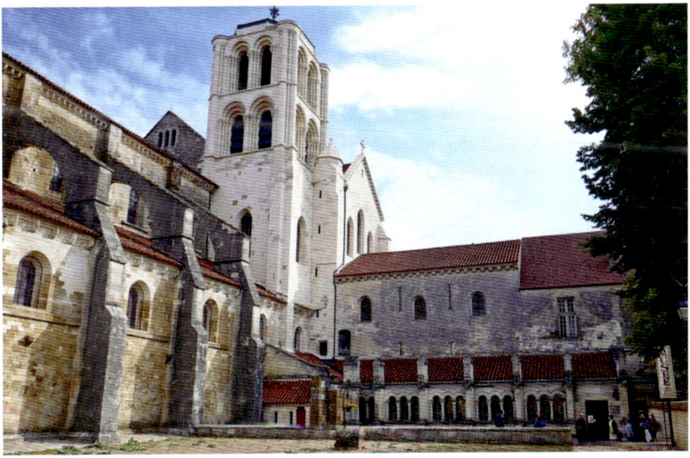

Der Zugang zum Kreuzgang der Basilika Sainte Marie-Madeleine liegt im Innenhof

⊙ ☞ Amis et Pèlerin de Saint-Jacques

🚗 Cathy Taxi, 📱 06 74 53 45 76

♦ Du Crescent, ☎ 03 86 31 62 42, 📱 06 48 17 85 69

♦ Annette Devry Taxis, ☎ 03 86 32 36 63

🚌 Über folgende Webseite finden Sie die wenigen Kleinbusverbindungen von Vézelay nach Sermizelles (Bahnhof): 💻 www.viamobigo.fr.

🚆 in Sermizelles, ☞ Auxerre

✞ **Sainte Marie-Madeleine**. Die Basilika steht seit 1979 auf der Weltkulturerbeliste der UNESCO. Sie ersetzt an gleicher Stelle eine Kirche, die 1120 durch einen Brand zerstört wurde. Das Hauptschiff der heutigen Basilika wurde 1140 fertiggestellt, von 1145 bis 1150 wurde die Vorhalle zur Unterbringung der Pilger angebaut und zwischen 1185 und 1215 wurden Querschiff und Chor nach einem weiteren Brand erneuert. Den Südwestturm fügte man 1260 hinzu, ursprünglich mit einer hölzernen Spitze, die 1819 abbrannte. Das Besondere an der Basilika sind ihre figürlichen Darstellungen in der Vorhalle über dem Portal, dem Tympanon, und auf den Kapitellen im Hauptschiff, die aus der Zeit zwischen 1125 und 1140 stammen. Sie erzählen symbolhaft die kirchliche Geschichte und geben Einblick in die damalige Vorstellungswelt.

Rings um die Christusszene im Tympanon sind die verschiedenen Völkerschaften dargestellt und besonders aufschlussreich ist die Darstellung der Afrikaner. Da in den Beschreibungen der wenigen Augenzeugen auf die platte Nase der „Äthiopier" (seit Herodot die Bezeichnung der Menschen südlich von Ägypten) hingewiesen wurde und der Künstler platte Nasen nur von Schweinen kannte, stellte er die armen Äthiopier mit Schweineschnauzen dar.

Die Araber sind dagegen sehr gut weggekommen. Sie werden symbolisiert durch einen Arzt, der einen Mann mit einem verdrehten Arm behandelt – eine Verbeugung vor den erstaunlichen Fähigkeiten dieses Volkes.

In den Läden bei der Basilika können Sie sich ein deutschsprachiges Heft über Vézelay kaufen, in dem die Basilika und vor allem diese Figuren ganz ausführlich beschrieben werden. Noch besser: Schließen Sie sich einer Führung an.

tägl. 8:00-20:00

Vézelay ist ein mittelalterlich anmutender und sehr hübscher Wallfahrtsort. Da das auch weithin bekannt ist, übersteigt die Anzahl der Besucher die Einwohnerzahl (nur 500 Seelen) um ein Vielfaches und an sonnigen Ferientagen ist es richtiggehend voll. Die Ortsansässigen haben sich auf den Rummel eingestellt und betreiben zahlreiche Restaurants, Hotels, Cafés und Läden aller Art. Zu einem bedeutenden Wallfahrtsort wurde Vézelay, als 1037 die Reliquien Maria Magdalenas hier zur Schau gestellt wurden. Eine neue Kirche, die Vorgängerin der heutigen Basilika, wurde gebaut, um dem Ansturm der Pilger gerecht zu werden.

Da sich seit dem 13. Jh. die Annahme durchsetzte, die echten Gebeine Maria Magdalenas lägen in Saint-Maximin-la-Sainte-Baume in der Region Provence-Alpes-Côte d'Azur, nahm der Pilgerstrom deutlich ab. Im 16. Jh. war Vézelay ein Stützpunkt der Hugenotten, die in Anlehnung an die strenge Auslegung Calvins keinen Bilderschmuck duldeten und die Kirchenausstattung demontierten. Dabei gingen auch die Reliquien Maria Magdalenas verloren. Erst die Restaurierung der Basilika und das Einsetzen neuer Magdalenenreliquien in der zweiten Hälfte des 19. Jh. lockten wieder mehr Pilger nach Vézelay und 1946 kamen unglaubliche 40.000 Besucher zum 800-jährigen Gedenken an den Zweiten Kreuzzug.

Maria Magdalena (um 1 n. Chr.-?)

Maria Magdalena aus Magdala am See Genezareth war eine der Frauen, die zu den Jüngern Jesu gehörten. Die Annahme, sie könnte die Geliebte von Jesus gewesen sein, ist nicht nachweisbar, aber ihre besondere Stellung und Nähe zu Jesus ist unstrittig.

Maria soll aus Judäa geflohen und in Aix-en-Provence gestorben und begraben worden sein. Im 9. Jh. wurden ihre Gebeine der Überlieferung zufolge nach Vézelay überführt. Seit dem 13. Jh. wurde aber auch verbreitet, ihre echten Gebeine lägen in einer Krypta der Basilika in Saint-Maximin-la-Sainte-Baume in Südfrankreich. In der Nähe dieses Ortes soll sie lange Zeit als Einsiedlerin in einer Grotte gelebt haben (la sainte baume bedeutet „Heilige Grotte").

Spätestens als 1295 Papst Bonifatius VIII. (1235-1303) das Grab in Saint-Maximin als echt erklärte, wurde Vézelay von Saint-Maximin als Wallfahrtsort überflügelt. Nach orthodoxer Überlieferung starb Maria Magdalena allerdings in Ephesus in der Türkei und ihre Gebeine ruhen heute in Istanbul. Und schließlich sollen weitere Reliquien in Exeter, Halberstadt und Paris liegen.

Kreuzzüge

Die Bedrohung des Byzantinischen Reiches durch die Türken sowie die Expansion der Araber und die damit verbundene Gefährdung der christlichen Bevölkerung und der Pilger in Jerusalem veranlassten Papst Urban II. (1035-1099) zur Ausrufung des Ersten Kreuzzuges. 1099 gelang es tatsächlich, Jerusalem zu erobern. Die Kreuzfahrer unter der Leitung von Gottfried von Bouillon (um 1080-1100) richteten in der Stadt ein unglaubliches Gemetzel an, das von einem anonymen Augenzeugen im Gesta Francorum beschrieben wurde:

„… und die Unseren kamen ihnen hinterher, töteten sie und hieben sie nieder bis zum Tempel Salomons, wo es ein solches Massaker gab, dass die Unseren bis zu den Knöcheln in Feindesblut wateten. (…) Keiner hat jemals ein solches Abschlachten von Heiden gesehen oder je davon gehört, denn sie wurden auf Scheiterhaufen verbrannt, die Pyramiden glichen, und keiner außer Gott allein weiß, wie viele es waren."

Moralische Bedenken gab es nicht, denn Papst Urban II. hatte den Kreuzzüglern Vergebung aller Sünden und Einzug ins Paradies versprochen und erwartete dafür unbedingten Gehorsam und unerbittlichen Kampf gegen alle Ungläubigen.

Die unglaublich rohen Exzesse beim Massaker von Maarat an-Numan bei Antiochia erlangten traurige Berühmtheit. Der fränkische Chronist Petrus Tudebodus schreibt: „Die Armen unter unseren Pilgern hatten begonnen, die Körper der Heiden zu zerlegen, um die in deren Mägen versteckten Goldmünzen zu finden; andere, vom Hunger gequält, zerteilten deren Fleisch in Stücke und kochten es, um es zu verzehren". Raoul de Caen, ebenfalls fränkischer Chronist, berichtet:

„Die Unseren kochten die erwachsenen Heiden in Töpfen und steckten die Kinder auf Spieße, um sie gegrillt zu verschlingen." Die Araber waren entsetzt über die Entgleisungen der barbarischen Invasoren und an dieses Trauma erinnert al-Qaida noch heute bei ihrem Aufruf zum „Kampf gegen die Kreuzritter".

Nach der Eroberung Jerusalems wurde das Königreich Jerusalem gegründet. Durch die anhaltende Gefährdung mussten weitere Kreuzzüge ausgerufen werden, so auch der Zweite Kreuzzug, für den sich Bernhard von Clairvaux so stark machte (☞ S. 211).

Nach einigen Schwierigkeiten und Niederlagen gab man das eigentliche Ziel des Zweiten Kreuzzuges, die Stadt Edessa zurückzuerobern, auf und belagerte stattdessen das neutrale Damaskus. Das war strategisch günstig gelegen und schien lohnender und leichter zu erobern zu sein. Damaskus, das vor der Belagerung dem Emir gegenüber feindlich gesonnen gewesen war, ersuchte nun den ehemaligen Feind um Hilfe, der schließlich das Kreuzfahrerheer vertrieb. Nach weiteren Fehlschlägen kehrte Ludwig VII. 1149 nach Frankreich zurück.

1187 gelang es Sultan Saladin (1137 oder 1138-1193), Jerusalem zurückzuerobern. Das war der Auslöser für den Dritten Kreuzzug, an dem Richard Löwenherz (1157-1199), Friedrich I. Barbarossa (1122-1190) und Philipp II. (1165-1223) teilnahmen. Im Juli 1190 brachen Philipp II. und Richard Löwenherz gemeinsam von Vézelay aus auf.

Obwohl die Kreuzfahrer ihr Ziel, Jerusalem zu erobern, nicht erreichten, konnte Richard doch einen dreijährigen Waffenstillstand aushandeln, der außerdem den christlichen Pilgern freien Zugang nach Jerusalem garantierte. Saladin und Richard handelten außerordentlich fair und aufrecht und daher ranken sich in beiden Kulturkreisen zahlreiche Legenden um sie.

Es gab noch etliche weitere Kreuzzüge, die aber militärisch ohne große Wirkung blieben. Allerdings kam es im Gefolge der Kreuzzüge zu einem kulturellen und wirtschaftlichen Austausch, von dem besonders das rückständige Abendland profitierte.

☺ Haben Sie Dank dafür, dass Sie mit diesem Outdoorführer von Trier nach Vézelay gepilgert sind. In Vézelay beginnt die Via Lemovicensis, der Jakobsweg über Limoges und Perigueux nach Saint-Jean-Pied-de Port. Dazu können Sie sich unter www.vezelay-compostelle.eu informieren, zur genauen Wegstrecke gibt es in bekannter Qualität im Conrad Stein Verlag ebenfalls einen Pilgerführer (☞ Literatur).

Kleiner Sprachführer

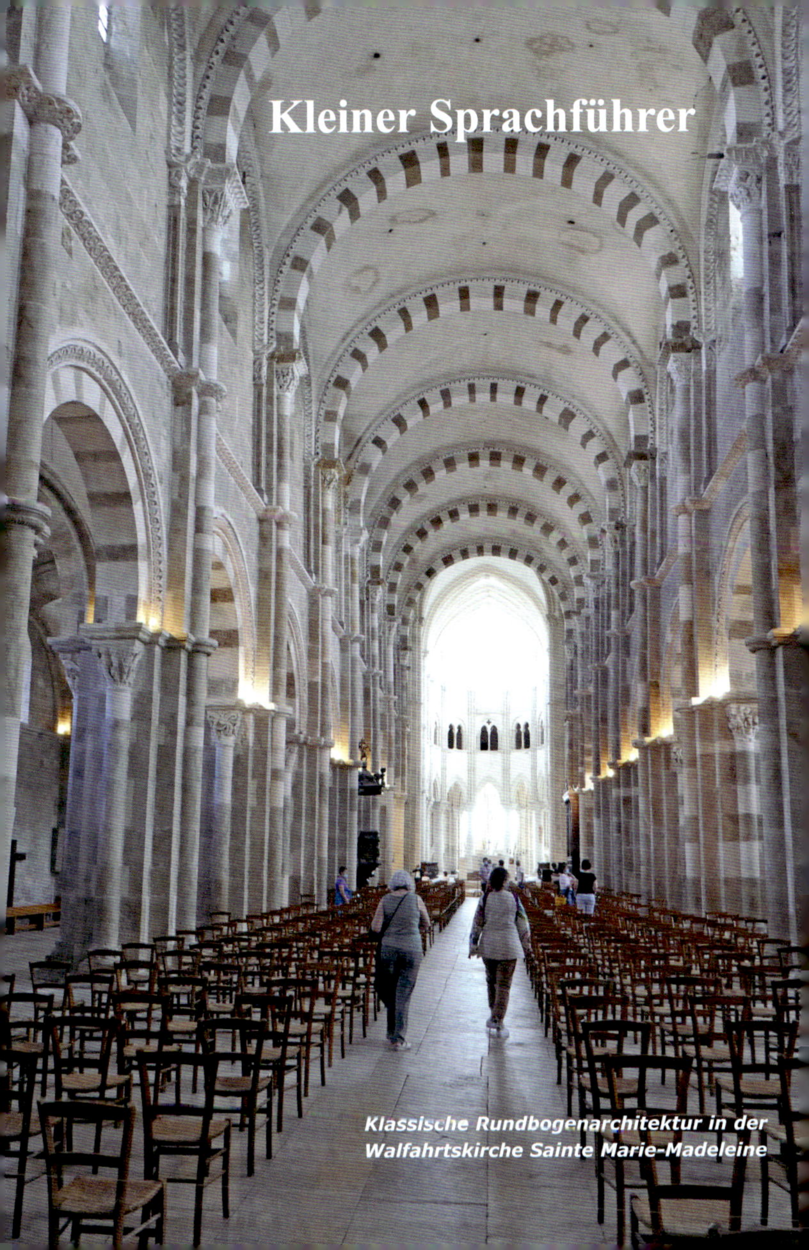

Klassische Rundbogenarchitektur in der Walfahrtskirche Sainte Marie-Madeleine

Wichtige allgemeine Floskeln und Wörter:

ja	*oui*
nein	*non*
danke	*merci*
bitte	*s'il vous plaît*
Auf Wiedersehen.	*Au revoir.*
Entschuldigung!	*Excusez-moi!*
Wie bitte?	*Comment?*
Wiederholen Sie bitte.	*Répétez, s'il vous plaît.*
Sprechen Sie bitte langsamer.	*Parlez plus lentement, s'il vous plaît.*
Können Sie mir das bitte aufschreiben?	*Pourriez-vous me l'écrire, s'il vous plaît?*
Helfen Sie mir bitte!	*Aidez-moi, s'il vous plaît!*
Ich spreche kein Französisch.	*Je ne parle pas français.*
Sprechen Sie Englisch (Deutsch)?	*Parlez-vous anglais (allemand)?*

Beim Essen:

Ein Flasche Weißwein, bitte.	*Une bouteille de vin blanc, s'il vous plaît.*
Ein Glas Rotwein, bitte.	*Un ballon de vin rouge, s'il vous plaît.*
Guten Appetit!	*Bon appétit!*
Zum Wohl!	*A votre santé!*
Die Rechnung bitte.	*L'addition, s'il vous plaît.*
Vorspeisen	*entrées, hors-d'œuvres*
Hauptspeise	*le plat*
Käse	*fromage*
Nachspeise	*dessert*

... und danach:

Wo sind die Toiletten?	*Où sont les W. C., s'il vous plaît ?*
Männer	*messieurs*
Frauen	*dames*
besetzt	*occupé*
frei	*libre*

Beim Einkaufen:

Gibt es ... ?	*Est-ce qu'il y a ...?*
Haben Sie ... ?	*Est-ce que vous-avez ...?*

Geben Sie mir bitte ...	*S'il vous plaît, donnez-moi ...*
Wo kann man ... kaufen?	*Où est-ce qu'on peut acheter ... ?*
Wie viel kostet ... ?	*Combien coûte ... ?*
Ich suche ...	*Je cherche ..., s'il vous plaît!*
... eine Apotheke	*une pharmacie*
... eine Bäckerei	*une boulangerie*
... eine Konditorei	*une pâtisserie*
... eine Fleischerei	*une boucherie*
... einen Schreibwarenladen	*une papeterie*
... einen Tabakladen	*un bureau de tabac*

Auf dem Weg:

Wo ist ... ?	*Où est ... ?*
Wo befindet sich ... ?	*Où se trouve ... ?*
Wie weit ist es nach ... ?	*..., c'est à combien de kilomètres?*
rechts	*à droite*
links	*à gauche*
geradeaus	*tout droite*
hier	*ici*
da	*là*
da hinten	*là-bas*

Übernachtung:

Haben Sie ein freies Zimmer ...	*Est-ce que vous avez une chambre libre ...*
... für eine Person	*... pour une personne*
... für zwei Personen	*... pour deux personnes*
... mit zwei Betten	*... avec deux lits*
Wie viel kostet es?	*C'est combien?*
Ist das Frühstück mit inbegriffen?	*Est-ce que le petit déjeuner est compris?*
Ich bleibe eine Nacht.	*Je reste une nuit.*
Kann ich per Kreditkarte zahlen?	*Je peux payer par carte de crédit?*
alles besetzt	*complet*

Post:

Kann ich mal telefonieren?	*Est-ce que je peux téléphoner?*
Briefmarke	*le timbre*
Postkarte	*carte postale*

Als Pilger:

Sankt Jakobus	*Saint-Jacques*
Jakobsmuschel	*le coquille Saint-Jacques*
Pilger	*le pèlerin*
Pilgerfahrt	*le pèlerinage*
Stempel	*le tampon*
Können Sie mir bitte dieses Dokument abstempeln?	*Pouvez-vous tamponner cette document, s'il vous plaît?*

Index

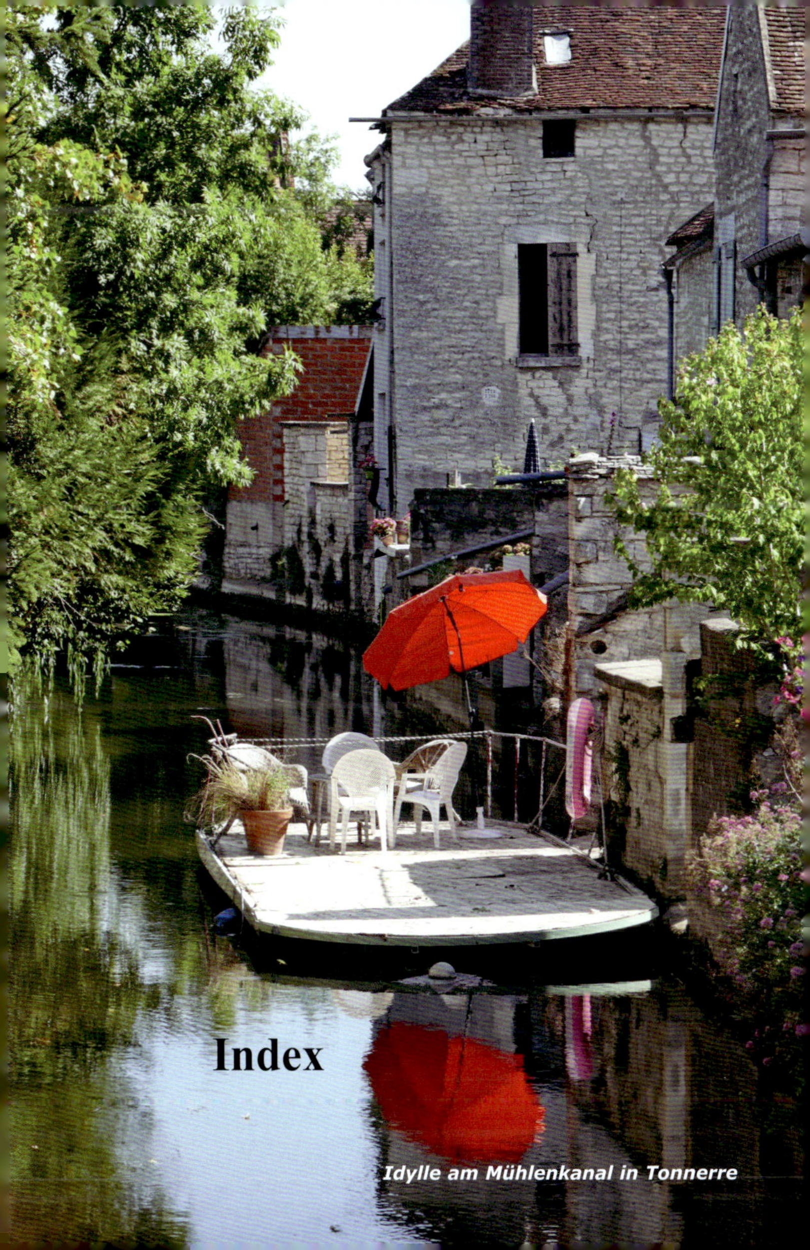

Idylle am Mühlenkanal in Tonnerre

A

B

C

D

E

F

G

H/I/J

K

L

M

N/O

P

R

S

T

U

V

W/Z